江苏省社科基金后期资助项目"现代汉语主观极量图式构式研究"[22HQB56]

XIANDAI HANYU
ZHUGUAN JILIANG TUSHI GOUSHI YANJIU

现代汉语主观极量图式构式研究

吉益民◎著

南京大学出版社

图书在版编目(CIP)数据

现代汉语主观极量图式构式研究 / 吉益民著.
南京：南京大学出版社，2024.7. -- ISBN 978-7-305-28226-3

Ⅰ. H109.4

中国国家版本馆 CIP 数据核字第 2024FM2039 号

出版发行	南京大学出版社		
社　　址	南京市汉口路 22 号	邮　　编	210093

书　　名　**现代汉语主观极量图式构式研究**
　　　　　　XIANDAI HANYU ZHUGUAN JILIANG TUSHI GOUSHI YANJIU
著　　者　吉益民
责任编辑　黄隽翀　　　　　　　　　　编辑热线　025 - 83592315
照　　排　南京开卷文化传媒有限公司
印　　刷　苏州市古得堡数码印刷有限公司
开　　本　718 mm×1000 mm　1/16　印张 17.25　字数 275 千
版　　次　2024 年 7 月第 1 版　2024 年 7 月第 1 次印刷
ISBN　　 978 - 7 - 305 - 28226 - 3
定　　价　88.00 元

网　　址：http://www.njupco.com
官方微博：http://weibo.com/njupco
微信服务号：njuyuexue
销售咨询热线：(025)83594756

* 版权所有，侵权必究
* 凡购买南大版图书，如有印装质量问题，请与所购
　图书销售部门联系调换

目 录

第 1 章 绪论 ………………………………………………… 001
  1.1 研究对象与选题意义 ………………………………… 001
  1.2 研究概况与发展趋势 ………………………………… 006
  1.3 理论基础与研究方法 ………………………………… 012
  1.4 本书结构框架 ………………………………………… 019

第 2 章 图式构式与主观极量表达 …………………………… 023
  2.1 构式与图式构式 ……………………………………… 024
  2.2 语法构式与修辞构式 ………………………………… 025
  2.3 语言表达中的主观因素 ……………………………… 029
  2.4 主观极量义的构式化表达 …………………………… 032

第 3 章 主观极量图式构式的多维考察 ……………………… 036
  3.1 构式语法综观性理论概说 …………………………… 036
  3.2 主观极量图式构式建构机制考察 …………………… 038
  3.3 主观极量图式构式表义特点分析 …………………… 042
  3.4 主观极量图式构式语用功能透视 …………………… 051

第 4 章 同语差比图式构式的主观极量表达 ………………… 067
  4.1 同语差比图式构式比较框架的生成机制 …………… 068

  4.2 同语差比图式构式的主观评价性 ·············· 071
  4.3 同语差比图式构式比较客体的优选性 ·············· 073
  4.4 同语差比图式构式比较结果的认知性 ·············· 078
  4.5 同语差比图式构式极性义的生成机制 ·············· 082

第 5 章 同语限制图式构式的主观极量表达 ·············· 088
  5.1 同语限制图式构式特征分析 ·············· 089
  5.2 同语限制图式构式主观极量义的生成机制 ·············· 093
  5.3 同语限制图式构式的语境依存与功能拓展 ·············· 100

第 6 章 紧缩倚变图式构式的主观极量表达 ·············· 106
  6.1 紧缩倚变图式构式的结构模框与待嵌成分 ·············· 107
  6.2 紧缩倚变图式构式的紧缩倚变与极量表达 ·············· 116
  6.3 紧缩倚变图式构式的语篇组织与情感强化 ·············· 123

第 7 章 喻化唯补图式构式的主观极量表达 ·············· 128
  7.1 喻化唯补图式构式的跨域建构 ·············· 129
  7.2 喻化唯补图式构式的运行状况 ·············· 140
  7.3 喻化唯补图式构式用例的衍生动因 ·············· 146

第 8 章 跨域类比图式构式的主观极量表达 ·············· 149
  8.1 跨域类比图式构式的义域类型 ·············· 150
  8.2 跨域类比图式构式的认知阐释 ·············· 156
  8.3 跨域类比图式构式的语义表达 ·············· 161

第 9 章 元语否定图式构式的主观极量表达 ·············· 165
  9.1 元语否定图式构式的建构机制 ·············· 166

9.2 元语否定图式构式的语义表达 …………………………… 171
9.3 元语否定图式构式的修辞特质与流行动因 ………………… 176

第 10 章 范畴重置图式构式的主观极量表达 …………………… 183
10.1 范畴重置图式构式的建构机制 ……………………………… 184
10.2 范畴重置图式构式的语义表达 ……………………………… 200
10.3 范畴重置图式构式的语用功能 ……………………………… 207

第 11 章 语用转移图式构式的主观极量表达 …………………… 214
11.1 关于两个图式构式的多功能性 ……………………………… 214
11.2 "不要太 X":从减量劝告到程度夸张 ……………………… 216
11.3 "还能再 X 点吗":从加量征询到程度夸张 ………………… 234

第 12 章 结语 ………………………………………………………… 248
12.1 研究总结 ……………………………………………………… 248
12.2 研究展望 ……………………………………………………… 252

参考文献 ……………………………………………………………… 259

后　记 ………………………………………………………………… 267

第1章 绪 论

1.1 研究对象与选题意义

1.1.1 研究对象

大千世界万事万物无不包含"量"的因素,这些"量"因素经过认知处理之后投射到语言中就形成了"量范畴",即实现"量"概念的语言化。在诸多概念范畴系统中,这种量范畴已经成为人类认知世界中最基本的范畴之一。相关研究由来已久,且已成为热点,引起了学界的极大关注。赵国军(2009)曾根据研究对象、范围、方法的变化将汉语中"量"研究大致梳理为四个阶段:第一阶段(20世纪50年代以前)研究对象多限于"数"(数词及表数助词)、计量单位(量词)及其组合;第二阶段(20世纪50年代到90年代中期)出现了量的主观性研究,朱德熙引用苏联学者龙果夫《现代汉语语法研究》的观点,确认汉语形容词的复杂形式中隐含着量,并指出这种量具有主观性,是隐性的性状量;第三阶段(20世纪90年代下半期)研究对象集中在语法形式及语用中的量,特别重视量的主观性问题,研究方法偏重于功能与认知,代表性成果中有陈小荷(1994)提出的"广义的量""主观量"等概念,成为此后持续至今的量范畴研究的热点;第四阶段(2000年至今)研究对象涉及与量有关的各种问题,对量的研究更加深入。其中李宇明的《汉语量范畴研究》成为"第一部全面系统研究量范畴在汉语中的反映的著作"。由此可见,"量范畴"研究已经历较为漫长的发展,研究的广度与深度都有了显著提升。

就具体研究对象而言,国外相关研究可以追溯到古希腊著名思想家亚里士多德(1959)的《范畴篇》和《解释篇》,其中列举的十种逻辑范畴已经涉及"数量"与"性质";国内则始于马建忠的《马氏文通》"状字"研究,其后20世纪现代语法八大家中的黎锦熙、吕叔湘、王力、朱德熙等都关注过量范畴中程度量的表达问题,"语法论著多设专章论述数的系统、数词、量词"(赵国军,2009)。其中吕叔湘先生的研究最具代表性,他在《中国文法要略》(1956)里将"程度"视为"数量"这一范畴的次范畴,并通过具体例证深入分析了高程度量级表达问题:"一切表高度的词语,用久了就都失去锋芒。'很'字久已一点不'很','怪'字也早已不'怪','太'字也不再表示'超过极限'。旧的夸张没落了,新的夸张跟着起来,不久又就平淡无奇了。"这充分说明高程度量级表达形式容易落入俗套,语义强度极易受损,需要不断更新强化。相关研究已经涉及"磨损"与"补偿"以及语言表达系统的动态发展问题。

　　从上述相关研究发展阶段梳理以及高程度量级表达特点分析可以看出,汉语中"量范畴"表达中的主观性与易变性已经成为目前研究的热点。因为事物本身性状具有无界的弥散性特征,相应的程度表达也是一个连续统,呈现出了模糊性。而程度范畴本身的模糊易损性在网络新媒介的加持下被无限放大,于是新创极性程度副词、程度副词二次赋量、补位优选强化、构式化表达等便应运而生,成为强化极性程度表达的创新手段。其中,构式化表达便是一种很有特点的程度化补偿手段,在具体语言运用中具有较高的使用频率。因此,本书便将现代汉语中具有主观极量表达特点的诸多图式构式作为研究对象。所谓图式构式,是指结构中的词汇处于完全开放、部分开放和半开放状态的表达结构,此处所言的图式构式隶属于构式类型中的半固定习语构式,其结构中的词汇处于部分开放状态,可以允准(licenses)多个实例。例如,"再X不过"构式便属于图式构式,其中的"X"处于开放状态,可以接纳需要赋予极性语义值的不同构件,即该构式可以允准多个实例,如人民网中就有"再好不过""再美不过""再妙不过""再爽不过""再正常不过""再惬意不过""再熟悉不过""再普通不过""再合适不过"等多种结构用例。本书拟重点探究现代汉语中具有主观极量表达特点的图式构式的建构机制、生成理据、语义表达和语用功能等问题,以期在特定义类构式的系统性研究和理据性研究等方面有所建树。

　　所谓"主观极量",是指"低量—中量—高量—极量"连续统中的一个量级,位于量范畴中的上限极值量域。这种量级"含有说话人的主观评价因素"(李宇明,1997),是语言主观性在量范畴表达中的一种具体表现。在言语交际过程中,这种主观极量需要诉诸特定的表达形式,能够表达这种主观极量的图式性结构形式可称为主观极量图式构式。考察发现,为了满足各种主观极量表达需求,缺乏量级表达形态标记的汉语中产生了大量规约性图式构式[①]。比如,同语图式构式中有差比构式"比 X 还 X"、修饰构式"X 中的 X"、排除构式"除了 X 还是 X"、补充构式"X 得不能再 X"、倚变构式"要多 X 有多 X"、反衬构式"见过 X,没见过这么 X 的"等;范畴重置图式构式中有陈述构式"那叫一个 X"、反诘构式"怎一个 X 了得"等;喻化唯补图式构式中有"X 到家了""X 透顶""X 至极""X 之至""X 了去了"等;跨域映射图式构式中有对举构式"A+X,B+Y"(如"上有天堂,下有苏杭")、压缩称名性构式"X(的)Y"(如"东方威尼斯")等;紧缩性图式构式"再 X 不过""最 X 不过"等;新兴元语否定图式构式"最 X,没有之一";语用转移图式构式"不要太 X"和"还能再 X 点吗"等。

由此可见,汉语中具有主观极量表达特点的规约性图式构式具有多样化特点。为了使研究对象相对集中,以便于深入细致地考察探究相关问题,本书不打算对上述所列构式进行拉网式的全面研究,而是从不同类别中选取具有代表性的个例进行系统性研究。全书除了总括性研究外,个案性研究主要有:① 同语差比图式构式"比 X 还 X";② 同语限制图式构式"X 中的 X";③ 紧缩倚变图式构式"要多 X 有多 X";④ 喻化唯补图式构式"A/V+C+(了)";⑤ 跨域类比图式构式"X(的)Y";⑥ 元语否定图式构式"最 X,没有之一";⑦ 范畴重置图式构式"那叫一个 X";⑧ 语用转移图式构式"不要太 X"和"还能再 X 点吗"。

1.1.2 选题意义

目前,具有认知语言学特质的构式语法理论的引介与运用已经成为现代汉语语法研究中的热点,受到普遍关注。其提出的"构式是形式与意义的匹配

[①] 此处提及的"图式构式",是构式语法理论根据构式组成成分是由固定的词项填充还是开放性的(lexically open)所做出的一种区分,前者称为实体构式(substantive construction),后者称为图式构式(schematic construction)。可参见 Fillmore, Charles J., Kay and M. O'Connor: Regularity and Idiomaticity in Grammatical Construction: The Case of Let Alone. *Language*, 1988(64):501-38.

体"与"构式本身表示一定的语法意义"符合认知语言学"整体大于部分之和"的完形原则,与具有"人治"[①]特质的汉语语法研究具有较强的兼容性和适配性,因此,在汉语语法研究中已经显示出极高的理论价值与应用价值。基于汉语主观极量语义范畴的表达特点和构式语法的理论优势,本书在系统考察了相关语言现象及其研究状况的基础上,便将研究对象锁定为现代汉语中那些"边缘性"的主观极量图式构式,拟将这些语言现象置于构式语法理论视阈中进行系统探究,以期揭示这些被排除在传统核心语法研究之外的诸多"副现象"的生成机制与运作奥秘。具体来说,该选题的研究意义主要有以下三方面。

1. 特定义类构式的系统性研究和理据性研究

检索发现,目前关于主观极量图式构式的研究以小角度、窄范畴的单篇论文为主,系统性研究成果较为罕见。有鉴于此,本书便将具有主观极量表达特点的诸多图式构式统一纳入研究框架,尝试开展现代汉语特定义类构式的系统性研究。此外,在借鉴西方语言学理论研究汉语语法现象时,如何兼顾适配性和解释力应该是我们需要重点考虑的问题。具有人文主义色彩的构式语法理论满足了"人治"性汉语语法的研究需求。尤其对于那些游离于传统核心语法和规则表达之外的诸多"非核心结构"来说,强调"整合"的构式语法理论可以"自上而下"[②]地洞察其建构理据和语义表达等问题。该研究有望在构式语法理论运用与汉语特定义类构式研究相结合方面求得突破。

2. 特定义类构式的主观性研究和主观化研究

关于语言表达的主观性与主观化问题,具有代表性的观点认为,"主观性"(subject-ivity)是指"在话语中多多少少总是含有说话人'自我'的表现成分"(Lyons,1977:739),而"主观化"(subjectivisation)则是"语言为表现这种主观性而采用相应的结构形式或经历相应的演变过程"(沈家煊,2001)。二者之间有内在关联,即"主观性"需要诉诸特定的表达形式,这些表达形式往往是"主观化"的产物;而"主观化"则是为了满足"自我"表现的需要,即"主观性"表达

---

① 王力先生曾经说过:"就句子的结构而论,西洋语言是法治的,中国语言是人治的。"(见《中国语法理论》,《王力文集》第一卷,山东教育出版社,1984年版,第35页。)

② 此处的"自上而下"强调构式自身具有独立于动词的意义,意在挑战传统"动词中心论",并非否定动词意义在结构语义表达中的作用。实际上,正如 Goldberg 所言,"语法分析既是自上而下的,也是自下而上的。"(见[美]Adele E. Goldberg:《构式:论元结构的构式语法研究》,吴海波译,北京大学出版社 2007 年版,第 23 页。)

需要。基于这一理论认知,我们在对现代汉语中诸多主观极量图式构式进行研究时也打算从这种关系入手,即坚持形义互证原则。一方面,遵循构式语法理论所倡导的"基于用法的模型"(Usage-based Model)和"所见即所得"(What You See is What You Get)原则,以现实文本语料为依托,系统考察探究诸多极量语义表达中的"主观化"问题,从而揭示出能够表达主观极量的诸多图式构式乃是主观化的产物,其主观赋义功能的获得与"语境累积"(context accumulation)和"语用推理"(pragmatic inference)密切相关,具有较高的语境依附性和语义规约性;另一方面,系统探究"主观化"所生成的极量图式构式中的"主观性"问题,透过构式化和主观化视角,重点探究诸多规约性图式构式是如何为其中的变项"X"赋予极性值,并进而使其获得夸饰性主观评价语用功能的。相关研究可以为语言的主观性和主观化研究提供理论阐释与实例分析验证方面的支持。

3. 特定义类构式的多维研究和综合研究

构式语法理论认为构式是形式和意义的规约性配对,句法建构在很大程度上取决于语义和语用条件。语法研究应以意义和交际功能为基础,对形式参数做出详尽的阐释。(牛保义,2011:62)该研究是对构式语法综观性思想的具体实践,通过对现代汉语中诸多主观极量图式构式进行句法、语义和语用的多维透视,更为全面地揭示相关构式的建构机制、生成理据、表达特点和功能动因。具体来说,构式的形式建构是我们首先需要考察分析的对象,因为它是语义和语用表达的重要载体,经过"语境累积"和"语义演化",其建构机制呈现出较强的规约性和一定程度上的可分析性;构式语义是构式框架与待嵌构件共同作用的结果,二者在结构语义表达过程中需要相互协调顺应,有时会出现强迫压制现象;构式形式和语义的融合旨在满足特定语用功能的表达需求,其依存语境具有共性特点,多为具有强烈褒贬色彩的主观夸饰评价语境,特定构式的选用意在表达言者的主观认识评价和强烈内心感受。由此三位一体,构成现代汉语中具有较强融合特征的语言表达预制块,可以满足诸多适情应景的主观极量表达需求。

此外,鉴于语言表达形式中的社会文化实践性意义与综合功能已经成为新时期语言学的研究热点,相关研究中"人文主义"取向的复归已成为时代之必然,本书拟采用与之相应的综合性研究策略,将相关语言现象分别纳入社会、文化、语言、认知等综合性视阈中进行统摄性探究,从而更为全面科学地揭示相关语言现象的建构机制、生成奥秘、运行模态及衍生动因,更好地顺应当今语言学研究的新走向。

1.2 研究概况与发展趋势

1.2.1 研究概况

伴随构式语法研究热点的形成,有关不同表达构式中的主观大量问题亦已引起了人们的关注,相关研究呈逐渐展开态势。综合考察发现,目前该类研究大致可以分为三方面:关于主观极量构式的专项研究、以主观类研究为主的关涉性研究和以构式类研究为主的关涉性研究。

关于主观极量构式的专项研究,主要有单篇学术论文和硕士学位论文。该类研究属于主观极量构式研究中的个案研究,基本上都是以某一构式为研究对象,较为系统地探究其构式义的表达问题。考察发现,刊发该类研究成果的国内语言学核心期刊主要以《汉语学习》《当代修辞学》和《语言教学与研究》为主。其刊发的相关研究成果统计如表1-1、1-2、1-3所示。

表1-1 《汉语学习》刊文统计表

序号	论文题目	作者	刊发时间
1	新兴主观超量构式"要不要这么A"研究	甄珍、丁崇明	2020-01
2	语用推理与极性程度义的获得——以构式"V过A的,没V过这么A的"为例	赵彧	2020-04
3	从构式增扩的角度看"X得不行"	吕佩	2019-03
4	论主观极量义构式"X得不行"	张辉	2017-03
5	论构式"最M+H,没有之一"	吉益民	2017-02
6	主观极性程度量构式"还能再A点吗"研究	甄珍、丁崇明	2017-01

续 表

序号	论文题目	作者	刊发时间
7	"大不了 VP"的极性估测及其意志力	邵敬敏	2016-06
8	表主观极量的"X 到不能再 X"结构	王长武、吴婷燕	2016-05
9	汉语主观极量构式"N 中的 N"	吉益民	2016-03
10	现代汉语主观极量构式"要多 A 有多 A"研究	甄珍	2015-01
11	汉语里的两个相对待的夸张构式——谈处于构式连续统中的"A 了去了"与"A 不到哪里去了"	仝国斌	2014-05
12	强调高程度义的"别提多 X(了)"类构式	孟德腾	2013-05
13	"比 x 还 X"构式的衍生机制与动因	程亚恒	2013-01
14	汉语中的极性义对举构式	温锁林	2010-04
15	表程度的"A 得 C"构式分析	丁加勇、谢樱	2010-02
16	试析"那叫一(个)X"	唐雪凝	2009-06

表 1-2 《当代修辞学》刊文统计表

序号	论文题目	作者	刊发时间
1	"R 不是一般的 X"构式的高程度性质及其获得途径	宗守云	2018-05
2	论新兴结构"简直了"形成的机制与动因——兼论"副词+语气词"独用在当代汉语中的新发展	吴春相、曹春静	2018-03
3	构式语法化与语法构式"各种 X"的显现	陈晓蕾、陈文博	2016-06
4	新兴构式"最+A+NP"研究	温锁林	2016-03
5	流行构式"不是所有 S 都 P"的多维考察	汤玲	2012-04
6	从"V 了去(了)"到"A 了去了"——兼论连续统过渡地带构式的性质	仝国斌	2012-01
7	从极性程度的表达看修辞构式形成的两条途径	赵琪	2012-01

表 1-3 《语言教学与研究》刊文统计表

序号	论文题目	作者	刊发时间
1	习语构式的动态浮现——由程度评价构式"X 没说的"说开去	王晓辉	2018-04
2	现代汉语口语主观评议构式"那叫一个 A"研究	甄珍	2016-03

续 表

序号	论文题目	作者	刊发时间
3	从构式强迫看新"各种 X"	宋作艳	2016-01
4	试析"比 N 还 N"及相关句式的句法、语义特点	马伟忠	2014-06
5	汉语"N 中的/之 N"格式及其构式化研究	朱军	2013-03
6	汉语中的极性评价表达式"X(的)Y"	吉益民	2013-03
7	"往 A 里 V"格式的功能演变及主观化进程	马喆	2009-05

考察发现,硕士学位论文研究成果都出现在 2010 年以后,研究对象主要集中于"X 得 Y""比 N 还 N""不要太 X""再 X 不过""怎一个 X 了得""A 了去了""要多 X 有多 X""那叫一个 X"等几个用频较高的构式,共计 44 篇。其相关研究情况统计如表 1-4 所示。

表 1-4 硕士学位论文统计表

构式类型	学位论文题目	作者	单位	时间
"X 得 Y"类 (10)	极性程度构式"X 得死死的"研究及教学	周军容	吉林大学	2023
	基于构式—语块理论的"X 得不能再 X"及其教学研究	原一帆	河南大学	2023
	基于"构式—语块"理论的"X 得不能再 X"的对外汉语教学研究	雷笑宇	广西师范大学	2023
	汉语程度补语研究——以"X 得要命/要死/够呛"结构为例	葛明瑶	暨南大学	2022
	结构"X 得可以"和"X 得不行"的比较研究	刘嘉颖	上海师范大学	2022
	晋语沁源方言"X 得不行"构式研究	任志婷	上海外国语大学	2021
	"X 得只剩(下)Y"构式研究	赵圣洁	华中师范大学	2021
	汉语极性程度述补结构"X 得不 Y"研究	张芮	上海师范大学	2020
	主观极量义"X 得 Y"构式研究	刘璐	上海师范大学	2019
	极量结构"X 得很""X 极了""X 得不得了"的对比及偏误分析	解晓阳	陕西师范大学	2019

续　表

构式类型	学位论文题目	作者	单位	时间
"比 N 还 N"类(9)	"X 比 N 还 N"构式的对外汉语教学研究	黎藜	华中科技大学	2019
	"比 X 还 X"格式研究及比字句在教材中的编写现状和编写建议	王飞	华中师范大学	2014
	"比 N 还 N"结构的非范畴化分析	黄琴	江西师范大学	2013
	现代汉语"比 N 还 N"句式的多角度考察	尚加加	哈尔滨师范大学	2012
	"X 比 N 还 N"的认知语用研究	邵克金	上海外国语大学	2012
	基于 EC 模型的汉语"比 X2 还 X2"构式研究	朱小静	四川外语学院	2012
	现代汉语句式"比 N 还 N"的多角度研究	王雷	郑州大学	2011
	"比 N 还 N"构式研究	徐明星	南京师范大学	2011
	"比 N 还 N"格式探析	龚晶晶	湘潭大学	2010
"不要太 X"类(9)	构式"简直不要太 X"的多角度探析	胡予涵	东北师范大学	2023
	主观量构式"不要太 X"的多角度探究	牛晓燕	上海师范大学	2022
	主观极量构式"简直不要太 X"的多维考察	郑欢	华中师范大学	2019
	"不要太 XP"的构式化研究	孙颖	湖南大学	2018
	面向第二语言教学的构式"不要太 X"研究	胡金玉	吉林大学	2015
	"不要太 XP"的两种表达研究	谢璘	南昌大学	2014
	汉语"不要太……"构式研究：多重压制动态传承视角	刘敏	河南大学	2012
	"不要太 X"构式及相关问题研究	柯乐夷	南京师范大学	2011
	"不要太"结构的语法化研究	张丽萍	上海外国语大学	2010
"再 X 不过"类(3)	汉语构式"再 X 不过"及其二语教学研究	王宝艳	曲阜师范大学	2021
	"再 X 不过"构式相关问题研究	徐晓阳	上海师范大学	2012
	"再 X 不过"格式研究	杨煜	上海师范大学	2010

续 表

构式类型	学位论文题目	作者	单位	时间
"怎一个X了得"类(3)	"怎一个X了得"构式研究	曹雨颖	上海外国语大学	2021
	"怎一个X了得"构式研究	向丽	华中师范大学	2020
	"怎一个A(字)了得"格式研究	周雯丽	华中师范大学	2019
"要多X有多X"类(3)	"要多A有多A"构式研究	王群	吉林大学	2017
	"要多X有多X"构式研究	白丹	哈尔滨师范大学	2013
	"要多X有多X"格式研究	胡斯桓	广西师范大学	2013
"A了去了"类(3)	构式"A了去了"的构成、起源和构式义	沈波琴	浙江财经大学	2016
	现代汉语"A了去了"构式研究	黄勇	南京师范大学	2014
	"A了去了"格式及相关问题研究	王小妹	上海师范大学	2012
"X得不能再X"类(3)	"X得不能再X"结构的语义研究	阎晓雨	四川外国语大学	2016
	"X得不能再X"及相关结构研究	符晓云	上海师范大学	2013
	"X得不能再X"构式研究	周昊	南京师范大学	2012
"那叫一个X"类(1)	"那叫一个X"格式分析	韩雪	吉林大学	2013

在语言表达的主观性研究和构式研究中,也有部分内容涉及该类研究,即关涉性研究。较有代表性的研究成果主要有:李宇明《汉语量范畴研究》(华中师范大学出版社,2000)、李善熙的《汉语"主观量"的表达研究》(中国社会科学院研究生院博士学位论文,2003)、张旺熹主编的《汉语句法结构隐性量探微》(北京语言大学出版社,2009)、刘瑾的《汉语主观视角的表达研究》(首都师范大学博士学位论文,2009)、邵灵琳的《论汉语"小夸张"》(浙江师范大学硕士学位论文,2009)、段业辉的《现代汉语构式语法研究》(世界图书出版公司,2012)、吕文杰的《现代汉语程度范畴表达方式研究》(吉林大学博士学位论文,2013)、董淑慧和宋春芝主编的《汉语主观性主观量框式结构研究》(南开大学出版社,2013)等。其他相关主题研究还有何自然(2005)的"语言模因"研究、辛仪烨(2010)的"格式框填"研究、刘大为(2010)的"语法构式与修辞构式"研究和邵敬敏(2011)的"框式结构"研究等。

纵览现有研究成果,我们发现,有关特殊句法构式的结构形式和语义功能研究,特别是其中的"主观性"和"主观化"研究已经成为当前现代汉语研究中的热点问题,并有一批研究成果问世。这种研究热点的形成与西方构式语法理论的引进和思考密不可分。西方构式语法理论是在思考与检讨词汇投射原则和句法转换之不足的基础上提出来的,认为语言结构本身有其独特的意义,其中 E.Goldberg(1995/2007:4)提出的"假设 C 是一个独立的构式,当且仅当 C 是一个形式(Fi)和意义(Si)的对应体,而无论是形式或意义的某些特征,都不能完全从 C 这个构式的组成成分或另外的先前已有的构式推知"代表了构式语法理论的基本观点。国内学者在构式语法理论引进与汉语语法实际研究方面已经做了大量的工作。对于汉语中的主观极量表达构式研究来说,除了部分专题性研究外,还有一些研究掺杂在"主观量"和"小夸张"之类的关联性研究之中。相关研究已经注意到汉语中存在诸多能够表达特定语义功能的规约性构式,并对其建构特点、语义表达、语用功能以及生成动因等问题进行了较为系统的探究。比较统一的结论是:汉语中的某些句法结构具有句法赋义功能,可以表达主观大量,乃至可以赋予极性值。

不过,考察发现,现有研究成果大多是单篇论文,系统性不强;而为数不多的专著和硕博士论文则偏重于"主观量"的宏观研究和某一构式的个案研究,未能上升到宏观层面的某一义类构式系统性研究,更未能触及构式的概念化与范畴化问题。此外,有关主观极量表达构式的理据性探究也有待加强。现有研究大多偏重于相关结构形式的描写分析,部分理据性研究存在生搬硬套西方理论之嫌,如何将西方理论与汉语研究有机结合起来,既兼顾适配性,又重视解释力,应该是相关研究需要重点攻克的课题。

1.2.2 发展趋势

综上所述,有关汉语中主观极量表达构式研究的未来发展趋势应该是个案分析与系统研究并重,形式描写与理据阐释兼顾,其中系统性研究和理据性研究又是我们需要重点关注的研究任务与学术追求。一方面,需要在个案分析的基础上总结出规律性的东西,由现象分析上升到本质概括,进而实现特定义类表达构式的系统性研究目标。另一方面,需要在形式描写的基础上加强理据性研究,进而做到描写充分性和阐释充分性。传统研究偏重形式分析,疏于理据探究,将人类语言系统视为一种纯形式化的符号表征,语言系统中的社会文化实践性意义内涵被严重漠视。而科学的研究方法应该是将描写与解释有机结合起来,在系统描写的基础上实现充分解释,能够对人类语言符号系统的组构特点与运作模式作出全面科学的阐释与说明。

现代汉语主观极量图式构式研究顺应了这一研究趋势,在系统考察分析具有主观极量表达特点的诸多图式构式用例的基础上,结合汉语语法特点和构式语法理论,深入思考现代汉语图式构式主观极量的表达机制与功能动因,进而对诸多"边缘性"图式构式用例作出统一刻画和理据阐释。此外,对所用理论我们还必须要有充分的了解和科学的认识,要关注理论运用与研究对象的适配性。西方理论强调结构本身具有独立于构成成分的固有意义,但国内著名语言学专家陆俭明先生(2008)对此提出质疑:一是"常式句"是否也有构式呢?二是构式义是从何而来的?陆先生的质疑提醒我们,不可迷信西方理论,在引进西方理论时应该有批判的眼光,要结合汉语实际语言现象进行深入的思考,既要认识到构式语法理论的优势,也要认识到其理论局限性,只有这样,才能在借鉴学习的基础上有所创新、有所进步。现代汉语主观极量图式构式研究正是基于这一认识所进行的大胆尝试,以求在相关理论借鉴和汉语构式研究方面有所突破。

1.3 理论基础与研究方法

1.3.1 理论基础

搞任何学术研究都必须运用一定的理论方法,而理论方法的恰当选择与运用对于搞好学术研究又具有决定性的意义。本书运用构式语法理论来探究现代汉语中具有主观极量表达特点的诸多图式化语言现象,主要是出于对其理论取向与研究方法的一种认同。

构式语法理论是在对传统语法范式所支持的句义组合理论进行检讨的基础上产生的一种新型语法研究理论。传统句义组合理论认为,词的意义和语法要求被用来预测一个以该词为中心词的短语的语义和句法类型,也就是说,组成格式的词汇的意义组合决定了格式的全部意义。句子意义投射观(projection-based view)是其典型代表,"句子有意义,而句子格式没有意义"是其理论宣言。构式语法理论对这种句义投射观进行了深刻的检讨和批判,积极吸纳了 Fillmore 的格语法(Case Grammar)以及后来的框架语义学(frame semantics)、Lakoff 的格式塔语法(Gestalt Grammar)、Langacker 的认知语法(Cognitive Grammar)以及中心语驱动短语结构语法(HPSG)等理论精髓,明确提出"构式表示与人类经验有关的重要情景""构式是语言系统中的基本单位",一个个语法格式,亦即构式,并不是如转换生成语法学派所说的那样,不是由生成规则或普遍原则的操作所产生的副现象(epiphenomena);除包含在语法格式即构式之内的组成部分以及它们之间的结构关系外,"构式本身也有意义",不同的构式有不同的构式意义;任何一个构式都是形式和意义的对应体。

当前,构式语法理论已经发展成为语法研究中的热点理论,引起了整个语言学界的极大关注。发展至今,已经召开多次国际构式语法研讨会(ICCG),产生了较为成熟的学术流派,诸如 Fillmore 和 Kay et al. 的构式语法(Construction Grammar)、Lakoff 和 Goldberg 的构式语法(construction grammar)、Langacker 的认知语法(Cognitive Grammar)以及 Croft 的激进构式语法(Radical Construction Grammar)。进入新世纪以后又出现了体验构式语法(Embodied Construction Grammar)和流变构式语法(Fluid Construction Grammar)以及语篇构式语法(Discourse Construction Grammar)等。纵览各家理论,虽存在一定分歧,且理论框架还在发展完善之中,但其基本观点与思想具有一定的趋同性,理论总体轮廓仍可勾勒,具体内容可概括为以下几点。

① 构式都被理解为包含形式和语义及话语功能的配对,包含了传统语法理论中的语素、词、习语和抽象的短语格式(phrasal pattern)、句型等各级语言单位。

② 构式的形式、意义具有不可预知性。构式的整个形式和意义(或功能)并非各个构成成分的形式和意义简单相加,因此不能根据构成成分推知构式的形式和意义的全部。

③ 重视特异性(idiosyncrasy)和边缘现象(periphery)。Langacker(1987/

2013:411)认为"语言是规则性和特殊性的混合体",Goldberg(2003)指出,构式语法强调人们对事件、事情状态理解的隐性方面(subtle aspects)。

④ 在句法研究上采取"所见即所得"(what you see is what you get)和"基于用法的模型"(usage-based view model),认为构式是依赖分别输入和一般认知机制学到的,并不是推导出来的,而是"学会的"。主张构式具有习用性(idiomaticity)。构式研究就始于对习语的考察,如 Fillmore et al.(1988)对"let alone"的研究,Goldberg(2003)明确提出任何具有高频度的表达式都预备了一个构式,Langacker(2004)、Jackendoff(2002)也认为任何高频率的构造或语句,不管是否具有规律性,都可被视为构式。

⑤ 主张语法和词汇之间没有截然的分界,认为句法和词汇中间有自然的过渡地带,形成了句法—词汇连续统(syntax-lexicon continuum)。

⑥ 主张对句法的考察不能脱离语义和语用。生成语法等形式语法一般不大注意句法和语义、语用交叉的因素,生成语义学已经主张语法还包括语用问题,认知语法和构式语法进一步重视语言里过去被忽视的语义和语用因素。

⑦ 构式具有层级性,但各层级形成一个完整的、具有高度统一性的体系。构式与构式之间一般来说是紧密联系在一起的,构式之间的共同点构成了这些构式之间的共性,这些共性本身又是构成另一构式的基础,构式的特性通过承继关系传给更加具体的构式。[①]

这些基本观点可以为本书主观极量图式构式研究提供重要的理论基础,让被传统研究视为"例外""边缘""副现象"的诸多习语性图式构式回归研究视野,从而得到应有的关注、探究与阐释,即让"一些先前不好解释、或先前想不到去解释的语法现象"(陆俭明,2008)能够重新得到解释。

1.3.2 研究方法

开展现代汉语诸多主观极量图式构式的系统性研究,我们打算按照以下

[①] 关于"构式语法"理论相关介绍,可参见邓云华、石毓智的《论构式语法理论的进步与局限》(外语教学与研究,2007年第5期);陆俭明的《构式语法理论的价值与局限》(南京师范大学文学院学报,2008年第1期)和《构式与意象图式》(北京大学学报(哲学社会科学版),2009年第3期);张娟的《国内汉语构式语法研究十年》(汉语学习,2013年第2期)等。

三步骤进行。

第一,明确研究目的、意义和重难点,熟悉相关研究背景,形成研究思路和框架。系统检索和收集国内外相关研究文献,考察分析研究现状,总结成败得失,拟定研究方案。

就研究现状来看,关于主观极量图式构式的研究只有一些个案研究和关涉性研究,系统性研究还是空白。因此,本书便用"主观极量图式构式"统领研究对象,以特定语义表达为纲,开展现代汉语某一义类构式的系统性研究。首先对研究对象做一总括性的介绍和说明,具体内容包括两部分,一是图式构式与主观极量表达关系的思考;二是主观极量图式构式的多维度考察,即分别从句法、语义和语用三层面系统阐述主观极量图式构式的表达特点。其次,遴选具有代表性的主观极量图式构式进行具体考察分析,系统阐述不同构式的建构机制、语义表达、语用功能、生成理据等问题。最后,对该课题研究情况进行总结,梳理出特定语义范畴的表达规律,明确相关研究的后续工作以及发展趋势。

第二,系统考察收集相关研究资料,并进行筛选整理,为下一步主体研究工作做准备。具体研究资料包括两方面。一是主观极量图式构式的实际语言用例。该类资料可以利用北京大学 CCL 语料库、北京语言大学 BCC 语料库、国家语委语料库、人民网、新华网、百度网、新浪网等平台进行考察收集,还可以从已有研究文献中进行考察收集。二是相关研究的理论资源。现代汉语主观极量图式构式的建构与运行是多种因素共同作用的结果,相关研究涉及多种理论方法的综合运用,除了构式语法理论外,诸如认知语言学理论、功能语言学理论、主观性和主观化理论、语义语法理论、语法构式和修辞构式互联理论等都是可以利用的重要理论资源。

鉴于构式语法理论特别强调"所见即所得""基于用法的模型"以及"一个富有解释性的语法模式将包括一套原则,藉此原则,一种语言能够把语义、语用解释原则跟句法构型单位联系起来"(Fillmore、Kay & O'connor,1988),全部研究工作便将实际语料系统考察作为重要的工作前提,且注意理论运用的综合性和科学性。关于语料考察工作,人民网、CCL 语料库、BCC 语料库、新浪微博是我们重点利用的检索统计平台,其中人民网是由世界十大报纸之一《人民日报》建设的以新闻为主的大型网上信息交互平台,也是国际互联网上最大的综合性网络媒体之一，设有《人民日报》PDF 版和报系 20 多份报刊的电子版，网民覆盖 200 多个国家和地区。语料所涉门类齐全，极具时代性和全民性，能够较为全面地反映当前社会用语的现实状况，为语料运用的可信度提供了保障。且该平台还支持格式化语料检索，为主观极量图式构式相关语言用例的检索提供了便利。而 CCL 语料库由北京大学中国语言学研究中心（Center for Chinese Linguistics PKU）开发，其主要功能特色在于：支持复杂检索表达式（比如不相邻关键词查询，指定距离查询，等等）；支持对标点符号的查询（比如查询"？"可以检索语料库中所有疑问句）；支持在"结果集"中继续检索；用户可定制查询结果的显示方式（如左右长度，排序等）；用户可以从网页上下载查询结果（text 文件）。其中现代汉语语料库包含的总字符数为 581 794 456,所涉文类齐全，能够反映不同文体语言的运用状况，已成为当前汉语研究语料检索的主阵地。BCC 语料库是由北京语言大学语料库中心（BLCU Corpus Center,简称 BCC）开发的以汉语为主、其他语种兼顾的在线大规模语料库系统，是目前全球规模最大、在线服务功能最强的中文语料库系统。BCC 总规模达一百五十亿字，是服务语言本体研究和语言应用研究的在线大数据系统，并以其海量规模语料和分领域设计，反映了现代汉语和汉语生活的全貌。主要包括多语种单语语料库、双语对齐语料库和深加工的树库。BCC 检索式由字、词和语法标记等单元组成，并且支持通配符和离合查询。此外，在各种社交软件中，微博的覆盖群体较广，每日用户活跃数量上亿。随着这几年的发展，微博用户数量的增加使微博的交互内容更加多元化，而丰富多元的内容生态又可使用户得到更好的使用体验。微博上每时每刻产生的海量情感文本，内容涉及政治、经济、娱乐、体育等多个领域，且一般饱含情感倾向和个人立场，成为主观极量图式构式用例滋生与运行的温床，相关语料具有极高的利用价值。总之，上述语料库支持复杂检索表达式功能可为本书主观极量图式构式研究提供便利，而语料源出平台与文体的多样化又可以提升相关构式用例检索遴选和分析论证的科学性。

在理论运用方面，构式语法是本书开展相关研究的主要理论，但在具体运用过程中将力避西方理论的生搬硬套，拟结合汉语实际灵活运用，适时变通，即在理论借鉴与运用过程中尽力做到取其神而不囿其形。因为，构式语法理论毕竟是在西方语言学研究领域中发展起来的一种新理论，目前还在发展完善之中,且各派观点尚存分歧,如作为该理论核心成分的"构式"究竟如何界定、其范围到底有多大、所提出的"不可推导性"和"承继性"如何处理、语义与语法的关系、"基于用法的模型"语用观如何准确理解等。因此,在借鉴的基础上,科学的做法还需要考虑理论的兼容性和适配性,还需要结合汉语实际进行深入思考,做出取舍。就此而言,国内专家学者的相关研究成果可以作为我们开展主观极量图式构式研究的重要基础。如陆俭明和苏丹洁(2010)所提出的"构式—语块"分析法,刘大为(2010)、陆俭明(2016)等人对"语法构式"和"修辞构式"关系的思考,邵敬敏(2011)关于"框式结构"的研究,辛仪烨(2010)对流行语扩散模式问题的考察,都可以为本书研究提供理论借鉴和方法指导。

此外,鉴于构式语法理论兼顾句法、语义、语用、认知等多维要素,具有综观性研究特质,与语义语法、功能语法、认知语法、语法—修辞互联理论具有较高兼容性,因此,在理论运用过程中,还需要注意相关理论的互补和印证,以更为全面深刻地揭示出主观极量图式构式的建构机制、语义表达、功能动因和运行模态。而所考察的图式构式具有主观极量表达特点,因此,主观性和主观化理论也是我们需要重点关注和运用的理论。

第三,基于研究方案和相关资料,开展系统研究工作。该部分是研究工作的主体工程,拟根据研究对象的结构特点,将诸多主观极量图式构式分为不同类型,进行较为系统的专题性研究。鉴于现代汉语中具有主观极量表达特点的图式构式建构复杂、形式多样,为了使研究问题相对聚焦,本书不打算对这些语言现象进行拉网式的全面考察探究,而是在全面考察的基础上进行必要的比较筛选,从诸多表达构式中遴选出较为典型的图式构式进行专题性研究,以期收到以点带面的研究效果。所遴选出来的主观极量图式构式主要包括:① 同语差比图式构式"比 N 还 N",② 同语限制图式构式"N 中的 N",③ 紧缩倚变图式构式"要多 X 有多 X",④ 喻化唯补图式构式"A(V)+C+(了)",⑤ 跨域类比图式构式"X(的)Y",⑥ 元语否定图式构式"最 X,没有之一",⑦ 语用转移图式构式"不要太 X"与"还能再 X 点吗"。研究重点定位于每类构式的建构机制、语义表达和功能动因等问题,旨在揭示出不同构式的语义生成机制及其运行状况。在探究诸多不同构式的共性问题时,也兼顾其个性差异,以期更为科学地揭示出不同构式的表达特点。比如,对于同语差比图式构式"比 N 还 N",除了揭示其表层建构机制的逻辑悖谬,将重点探究其构式语义的主观性和极量性、比较客体的优选性以及比较结果的认知性;对于同语限制图式构式"N 中的 N",则按照"构式特征—语义表达—语用功能"顺序展开探究,着重从构式赋义、认知处理和后"N"极化三个角度系统阐述该类构式主观极量义的生成机制;对于紧缩倚变图式构式"要多 X 有多 X",则将研究重点定位于其紧缩倚变过程中的主观极量赋义机制,拟运用历时探源和共时考察相结合的方式,较为全面地揭示其演化脉络、语义表达和运行状况;对于喻化唯补图式构式"A(V)＋C＋(了)",拟首先分析其从广义终结到极性程度的跨域建构机制,然后分别探究其运行状况和构式用例的衍生动因;对于跨域类比图式构式"X(的)Y",则分别探究其义域类型、认知理据和语义表达等问题;对于元语否定图式构式"最 X,没有之一",除了考察分析其元语否定建构机制和极性语义表达外,还着重探究了这一特殊表达结构的修辞特质与流行动因;对于语用转移图式构式"不要太 X"与"还能再 X 点吗",重点考察探究其语义表达是如何分别由减量劝告与加量征询统一发展出主观极量评价的,即语用转移机制及其深层动因。

  总之,本书是在构式语法热点理论背景下,基于实际语言现象开展的一项有关现代汉语某一特定义类构式的系统性理论研究,即运用当代流行的构式语法理论来考察、分析和阐释现代汉语中具有较高使用频率的主观极量图式构式。考察发现,现代汉语中具有主观极量表达特点的规约性图式构式具有多样化特点。为了使研究对象聚焦,本书没有对所有构式进行拉网式研究,而是采取以点带面的研究策略,选择典型样本,系统探究其语义表达机制和语用表达功能。在全面考察已有研究状况的基础上,本书拟定了研究目标和重点难点,明确了选题研究的价值与意义。考察发现,目前关于主观极量图式构式的研究只有一些小角度的个案研究和关涉性研究,有关现代汉语主观极量这种特定义类图式构式的系统性研究还是空白,且部分研究还存在描写有余而解释不足的弊端,因此,本书便将现代汉语主观极量图式构式的系统性研究和理据性探究锁定为研究目标和研究重点,拟在系统考察和细致分析的基础上进行抽象概括、探寻理据、总结规律,进而对具有主观极量表达特点的诸多图式构式的建构特点与运作模式作出全面科学的阐释与说明。此外,鉴于该类构式具有主观极量表达特点,因此,有关该类构式语义表达过程中的主观性和主观化问题也是我们需要关注的重点问题之一,相关问题拟纳入主观性和主观化理论视阈中进行系统探究。

在研究方法的选择与运用上,考虑到构式语法理论倡导信息综合性,认为句法意义跟语义和使用条件密不可分,即相关理论具有综合性特征,因此,本书拟采用多维研究和综合研究策略,即在构式语法理论运用的基础上,兼顾与之相关的语义语法、功能语法、认知语法、语法与修辞互联理论等,以全力做到充分解释。鉴于诸多图式构式都具有主观极量表达特点,但每一构式的建构特点和表义机制又不尽相同,因此,在具体研究过程中,既关注其表达共性,也关注其表达个性,依据不同构式确定研究重点,选用合适的研究方法,旨在较为科学地揭示出不同构式的语义表达机制和语境运行状况。

1.4 本书结构框架

本书以现代汉语中具有主观极量表达特点的图式性构式为研究对象,以"人文主义"综合性语言观为研究向导,以构式语法、功能语法、语义语法、主观性和主观化理论、语法与修辞互联理论等为研究手段,较为系统地探究了现代汉语中诸多图式构式的建构机制、语义表达、语用功能和生成理据等问题,在现代汉语中特定义类构式的系统性研究和理据性研究等方面做出了积极的探索。

全书共分十二章,除了第一章"绪论"和第十二章"结语"外,其他十章按照从总体到个案编排研究内容。第二、三章属于总体研究,第四章到第十一章属于个案研究,所讨论的构式个案主要包括:同语差比图式构式"X比N还N";同语限制图式构式"N中的N";紧缩倚变图式构式"要多X有多X";喻化唯补图式构式"A/V+C+(了)";跨域类比图式构式"X(的)Y";元语否定图式构式"最X,没有之一";范畴重置图式构式"那叫一个X";语用转移图式构式"不要太X"和"还能再X点吗"。

第二章探讨了图式构式与主观极量表达的关系问题。在具体研究过程中,首先指出本书考察的图式构式是一种"框架标",由恒定框架与可变构件组合而成,可以允准多个实例,结构语义具有一定的规约性。然后从语法构式与修辞构式互联角度阐述了相关问题,认为本书所考察的主观极量图式构式分布于"语法构式—修辞构式"连续统上,呈现出程度不等的语法性和修辞性,构式语义来源于二者的交融互动。最后重点探究了主观极量义的图式化表达问题,认为图式构式是现代汉语表达主观极量义的一种重要手段,其赋义机制是:基于范畴化结构模框并通过充填可极量化构件而运作起来。

第三章基于构式语法纵观性理论开展主观极量图式构式的多维研究。在具体研究过程中,首先概述了构式语法纵观性理论,强调句法、语义和语用形成规约性互动关联,三者密不可分;然后分别探究了主观极量图式构式的建构机制、语义表达和语用功能等问题。关于建构机制,重点分析了建构类型与"图式范畴化"机制;关于语义表达,文中将其细分为八类进行了较为系统的分析与阐述;关于语用功能,则分别探究了语境分布、组篇功能、语用顺应和主观评价等问题。

第四章研究对象为同语差比图式构式"X 比 N 还 N"的主观极量表达问题。在具体研究过程中,重点探究了该类构式的建构特征、语义表达和生成理据等问题。研究发现,由于构式中比较结果与比较客体同形,致使该构式带上了强烈的主观评价性、比较客体的优选性和比较结果的认知性等性质特点。所谓的修辞性与变异性只是表层现象,而在潜层次上,该构式的建构蕴涵着人类特有的认知功能动因。主观认知评价、比较客体的典型性、主客体之间的相似性、转喻认知、比较结果的认知强化等因素共同促成了"X 比 N 还 N"主观极量表达结构的产生与流行。

第五章研究对象为同语限制图式构式"N 中的 N"的主观极量表达问题。在具体研究过程中,集中探究了"N 中的 N"的图式构式特征、主观极量义的生成机制、语境依存与功能拓展等问题,并附带论及了其他同语复叠表达结构。研究发现,构式中"N"的嵌入需要接受音节形式和语义条件的限制;其主观极量义是构式赋义、认知处理和后"N"极化共同作用的产物;该类构式所依存的语境具有肯定评价、称名标记和多式连用等共性特点;与同语重复修饰建构相伴而生的是语义表达的主观极量性和语用功能的夸饰评价性。

第六章研究对象为紧缩倚变图式构式"要多 X 有多 X"的主观极量表达问题。在具体研究过程中,分别探究了结构模框与待嵌成分、紧缩倚变与极量表达、语篇组织与情感强化等问题。研究发现,"要多 X 有多 X"是一种紧缩构式,形式上的紧凑概括为其语义表达与用例衍生提供了规约性固化载体;语义上具有倚变互动关系,现实性的"有多 X"依据意愿性的"要多 X"而动,主观意愿决定现实拥有,可以为主观极量表达提供一种唯心式的语义基础。

第七章研究对象为喻化唯补图式构式"A/V+C+(了)"的主观极量表达问题。在具体研究过程中,重点探究了该类构式的建构机制与运行状况。研究发现,由具象域中的广义终结跨域映射为抽象程度域中的主观极量是喻化唯补图式构式的重要建构机制;在核心谓词前后的程度化句法环境中,补位比状位更具极性程度表达优势;遵循"关联标记模式",该类喻化唯补图式构式的运行呈现出强烈否定排斥表达倾向;为了弥补程度磨损,去惯例化已成为其不断拓展衍生的重要动因。

第八章研究对象为跨域类比图式构式"X(的)Y"的主观极量表达问题。在具体研究过程中,分别探究了"X(的)Y"构式的义域类型、认知理据和语义表达等问题。研究发现,"X(的)Y"是汉语中的一种极性评价表达式。该构式所转指的义域类型具有多样化特点;属种范畴错置是其建构机制,双域特质彰显是其生成条件,源域属性泛化是其多样转指的内在动因;极性评价是该类构式语义表达的共有特征,其极性评价义的生成是构式赋义、极性传导和语境帮衬共同作用的结果。

第九章研究对象为元语否定图式构式"最 X,没有之一"的主观极量表达问题。在具体研究过程中,分别探究了"最 X,没有之一"构式的建构机制、语义表达、修辞特质和流行动因等问题。研究发现,"最 X,没有之一"是一种新兴主观极量构式。该构式通过元语否定得以建构,旨在固化并凸显评价对象与表述对象之间的极性等同关系;其主观极量义是构式框架、待嵌构件和依存语境共同作用的结果;从结构性质来看,该构式是一种经过特殊处理而生成的修辞构式,其修辞特质表现在建构机制、表义特点与具体运用等方面;网络语境、形式意味与文化涵义赋予该类构式以广泛流行的传播优势,能够满足网民们的极端情绪化诉求。

第十章研究对象为范畴重置图式构式"那叫一个 X"的主观极量表达问题。研究发现,"那叫一个 X"构式是现代汉语中表达主观夸张情感态度的一种常见格式,其主要表达作用是突出强调构式中的"X"所承载的主观极量评价信息。基于这一特点,文章分别从构式建构机制、语义表达、语用功能三个层面对"那叫一个 X"主观极量构式进行了多维探究。重点考察探究了该构式恒项与变项的构成情况、构式主观极量评价义的生成机制以及该构式的组篇功能与表情功能。

第十一章研究对象为语用转移图式构式"不要太X"和"还能再X点吗"的主观极量表达问题。在具体研究过程中,文章首先考察两个主观极量图式构式"不要太X"和"还能再X点吗"的多功能性;然后分别探究"不要太X"和"还能再X点吗"构式主观极量语义的生成机制,即前者如何从最初的"减量劝告"发展出"程度夸张"新构式语义、后者如何从常规的"加量征询"发展出"程度夸张"新构式语义,并在新旧构式对比的基础上,重点探究两个构式比旧构式中的"X"容量更大的原因;再次,探究了新构式重新分析的语法化机制、转喻动因和经济动因以及超常组合的语法化诱因。

总之,图式构式已经成为现代汉语主观极量表达的一种典型样态,在实际语言生活中具有较高的使用频率,具有"人文"和"认知"特色的构式语法纵观性理论对该表达样态具有很强的解释力,句法变异与加工、语义增值与转移、语用调节与顺应,都可以在该理论视阈中得到全面而科学的阐释。

第 2 章　图式构式与主观极量表达

　　现有研究已经证明,量范畴是一种重要的概念语义范畴,人们对不同事物、行为和性状的认识与理解都包含着程度不等的"量"因素,这些"量"因素诉诸语言表达,即"量范畴语言化",就"形成语言中的量范畴"(赵国军,2008:8)。根据表达性质与特点,"量"可以分为主观量与客观量[①],其中主观量是指带有说话人主观评价的量,它是语言主观性的一种重要表现,目前已经成为研究热点。相关研究主要集中在主观量的类型、特点、成因以及表达形式等问题上。关于主观量的表达形式与手段,由于汉语缺乏严格意义上的形态变化,其主观量的表达更多地借助于词汇和其他语法形式。比照方光焘(1987:50)的"广义形态说"[②],汉语中表达主观量的诸多词汇形式和结构形式也是一种量范畴表达中的广义形态。李宇明(1999)曾将其概括为四类:A. 数量标(带有修饰成分的数量词语);B. 句末标(加在句末的标记词);C. 副词标(充当状语的副词);D. 框架标(由两个部分构成的固定格式)。本书所探究的"主观极量图式构式"由恒定框架与可变构件组合而成,结构语义具有一定的规约性,可归入其中的"框架标"。也可以说,这些能够表达各种主观极量的规约化图式构式也是汉语中特有的量级表达广义形态标记。

---

　　① 参见陈小荷的《主观量问题初探——兼谈副词"就"、"才"、"都"》(《世界汉语教学》1994 年第 4 期),文中对"量"的性质与类型进行了系统分析,将"量"分为客观量(不含主观评价)"和"主观量(含主观评价)",其中"主观量"又分为"主观大量(评价为大)"和"主观小量(评价为小)"。由此可见,主观评价是区分"量"的一把重要标尺,其有无和多寡决定了"量"的性质与种类。

　　② 方光焘在《体系与方法》(载陈望道《中国文法革新论丛》,商务印书馆 1987 年版,第 50 页)一文中,明确提出"词与词的相互关系,词与词的结合,也不外是一种广义形态"。

2.1 构式与图式构式

构式语法理论关注形式与意义之间的关联及其表达模式:"把语言中的构式看作是语言表达形式(linguistic form)和认知模型(cognitive model)的对子,或者说是形式和意义的对子。"[①]Goldberg 更是明确提出:

> C 是一个构式,当且仅当 C 是一个形式—意义的配对<Fi,Si>,且 C 的形式(Fi)或意义(Si)的某些方面不能从 C 的构成成分或其他先前已有的构式中得到完全预测(strictly predictable),C 便是一个构式。(Adele E. Goldberg,1995/2007:4)

后来,Goldberg 又进一步将其界定为"学得的形式与语义或话语功能的配对(learned pairings of form with semantic or discourse function),包括语素、词、熟语、部分有词汇填充的短语格式和完全没有词汇填充的短语格式"(Adele E. Goldberg,1995/2007:5)。构式类型及其用例列表分析如表 2-1 所示。

表 2-1 构式的例子(大小和复杂程度有所不同)(Adele E. Goldberg,1995/2007:5)

语素	例如:*pre-*(前缀,表示"前"),*-ing*(现在分词后缀)
词	例如:*avocado*(鳄梨),*anaconda*(蟒蛇),*and*(和)
复杂词	例如:*daredevil*(莽汉),*shoo-in*(稳操胜券者)
复杂词(部分填充的)	例如:[N-s](规则名词复数)
熟语(完全填充的)	例如:*going great guns*(非常成功),*give the Devil his due*(即使对坏人也要公平对待)
熟语(部分填充的)	例如:*jog*(*someone's*)*memory*[使(某人)突然记起],*send*(*someone*)*to the cleaners*[骗走(某人)所有的钱]
共变条件构式	The Xer the Yer,例如:*The more you think about it, the less you understand.*(你思考得越多,理解得越少。)
双及物(双宾语)构式	Subj V Obj1 Obj2,例如:*He gave her a fish taco.*(他给她一个鱼肉卷。)*He baked her a muffin.*(他给她烤了一个松饼。)
被动构式	Subj aux VPpp(PPby),例如:*The armadillo was hit by a car.*(这只犰狳被一辆车撞了。)

[①] 该观点由 Lakoff 在《Women, Fire, and Dangerous Things: What Categories Reveal About the Mind》一书中提出,转引自牛保义的《构式语法理论研究》(上海外语教育出版社 2011 年版,第 61 页)。

列表显示，Goldberg将构式涵盖范围扩展到从语素到被动格式等不同层面的所有对象，认为"所有层面的语法分析都离不开构式"，充分体现出构式"是语言系统中的基本单位"的思想。考察发现，根据一个构式的组成部分是由固定词项填充(lexically fixed)还是开放性的(lexically open)，所列构式可以分为实体构式(substantive constr-uctions)和图式构式(schematic constructions)两种类型。前者包含语素、词、复杂词(复合词)及完全填充的熟语(全固定的习语)等，其内容不可替代；后者包含部分填充的熟语(半固定习语)的构式。"从实体构式到最抽象的图式构式构成了一个连续体。及物句型、双及物句型、动结结构等在词汇上是完全开放的，属于最抽象的图式构式，而更多的图式构式在词汇上处于部分开放、半开放等各种状态，有些是框架结构。""实体构式和图式构式具有很不相同的性质。实体构式只具有一个实例，而图式构式词汇部分是部分或全部开放的，于是它们就有不止一个实例。这些实例instantiated(例释)某个图式构式，而这个图式构式则licenses(允准)这些实例，最抽象的图式构式(句型)具有无限多的实例。"(严辰松，2006)

本书探究的主观极量表达构式具有图式构式性质，严格意义上讲，属于其中的框架结构类型。关于这种构式类型，现有研究已从不同角度对其予以关注，诸如李宇明(1999)的"词语模"、何自然(2005)的"表现型模因"中的"同构异义横向嫁接"、辛仪烨(2010)的流行语扩散中的框填现象、刘大为(2010)的关系构式和半实体构式、邵敬敏(2011)的框式结构类型等，都是对具有图式构式性质特点的语言现象的具体探究。这些研究表明，"整个语言机制，无论句法还是词法可以说都是在'框'中通过'填'而运作起来的"(辛仪烨，2010)，是一种通过提取框架、进行充填操作而不断衍生的机制或过程。结构能产性、意义整体性和语境依附性是诸多图式构式的主要性质与特点。这些研究成果为本书进一步开展相关研究提供了理论基础与操作方法。

2.2 语法构式与修辞构式

随着构式语法理论的大力引介以及相关研究的不断深入，语法与修辞关系问题的探究在构式层面得到了新的拓展。正如陆俭明(2016)所言，刘大为的创新性研究"进一步将语法与修辞挂上了钩,使语法学与修辞学'深度地交叉',更好地融合,使修辞学进一步与前沿语言学理论对话"。相关评述表明,构式是语法与修辞深度交叉融合的一个新的切入点,也是洞悉二者关系的一个新的窗口,对于拓展修辞学研究视阈来说意义重大。

关于语法构式与修辞构式的关系问题,在近期的修辞研究中已经成为热点议题,修辞学研究核心刊物《当代修辞学》相继刊出了一批研究成果。其中代表性研究成果列表归纳如表2-2所示。

表2-2 《当代修辞学》中语法构式与修辞构式综合研究成果汇总表

序号	篇名	作者	时间
1	从语法构式到修辞构式(上、下)	刘大为	2010/03、04
2	语法的句式和修辞的关系	范 晓	2011/01
3	从构式压制看语法和修辞的互动关系	施春宏	2012/01
4	从语法构式到修辞构式再到语法构式	陆俭明	2016/01
5	从极性程度的表达看修辞构式形成的两条途径	赵 琪	2012/01
6	"有一种X叫Y"构式的语义认知考察——从语法构式到修辞构式的接口探索	陈文博	2012/02
7	现代汉语"数+量+形"结构的机制和动因——从语法构式到修辞构式	吴春相	2015/01

列表显示,相关研究可分为理论探讨和个案研究两个方面。前者主要包括刘大为、范晓、施春宏和陆俭明的相关研究;后者主要有赵琪的极性程度表达形式研究、陈文博的"有一种X叫Y"构式研究和吴春相的"数+量+形"结构研究。其中,理论问题的探讨以刘大为的研究最为系统全面。其文章从构式的不可推导性出发,通过探讨不可推导性在语言中的种种表现,提出了语法构式和修辞构式的区分并界定了它们的基本性质。还进一步分析了语法功能和修辞动因的连续性及其差异,在此基础上,论证了修辞构式不可推导性的产生问题,并将两种构式分析为一个连续统,将语法学和修辞学整合为一个学科统一体。文章后半部分借鉴了构式语法的研究方法并加以调整,从构式的整合和构式义的引申两个方面研究了修辞构式的形成。总之,刘大为研究的最大贡献是在构式层面上系统地探究了语法与修辞的关系问题。文中对两种构式进行了明确界定,并对二者关系进行了具体分析。所谓语法构式,"指的是

任何一种可从构成成分推导其构式义的构式,以及虽有不可推导的构式义,但已经完全语法化了的构式",而"修辞构式指的则是所有带有不可推导性的构式,只要这种不可推导性还没有完全在构式中语法化"。认为二者的联系点在于其中的不可推导义有没有彻底语法化。而可语法化往往只是一个程度问题,两种构式并不是可以严格区分的,它们之间有着开阔的过渡地带,甚至可以将二者描述为一个连续统:即构式连续统的一端是可推导的构式(最典型的语法构式),另一端则是临时产生的不可推导性的构式(最典型的修辞构式),随着不可推导的意义渐渐凝固在构式上,构式也就渐渐呈现出语法的性质。待到这种意义完全凝固成构式的一部分,修辞构式也就转化为语法构式。

个案研究方面以赵琪的研究最具代表性。其文章以极性程度的表达为路径,对两个既有构式"(连)X 都 Y"构式和"不要太 A"构式的发展过程进行了考察,证明语言使用者为满足新的表达需要,改变认知经验和人际交互,使构式与进入构式的成分发生新的互动整合,或通过压制使原构式义强加在不合法成分上,或通过顺化使原有构式从中心义产生派生义,最终形成具有浓厚修辞意味的新构式。即修辞动因强化既有构式的语法地位,并驱动新构式的形成。

总体来看,无论是理论探讨,还是个案研究,都从不同角度揭示出构式在当前语法研究和修辞研究中的重要价值。也可以说,构式已经成为联系二者的重要纽带,也是洞悉二者关系的重要窗口。因为,构式能够充分地展现语法与修辞之间的对立依存关系以及二者之间的动态变化过程。就构式语义表达的规约性与典型性来说,可推导的构式表达的是语法意义,不可推导的构式显示的是修辞价值,在可推导与不可推导之间还有开阔的过渡地带,为两种构式的动态运行提供了足够的腾挪空间,随着不可推导的构式义逐渐凝固在特定构式上,可推导性逐渐显现,修辞构式由此转化为语法构式。两种构式代表了语言表达与运行的两种典型样态,语法构式以其可推导性呈现出较为稳定的一面,修辞构式以其不可推导性呈现出较为灵动的一面,二者之间分布着诸多处于双向演进过程中的非典型样态。较为稳定的语法构式出于语义语用表达的需要,也可以接纳非典型构件的嵌入,进而呈现出一定的修辞特色;而诸多临时产生的具有不可推导性的修辞构式随着使用频率的增加、规约性的提高以及形式和语义功能的高度统一,也可以转化为语法构式。就此表达机制与运行程序而言，如果比照 Givón(1971)提出的"今天的词法曾是昨天的句法(Today's morphology is yesterday's syntax.)"的论断，也完全可以说，今天的语法构式曾是昨天的修辞构式（Today's grammatical construction is yesterday's rhetorical construction.）。

以此研究视角观照现代汉语中的诸多主观极量图式构式，我们发现，这些主观极量图式构式的生成也是受特定表达目的和交际意图驱动的结果，相关构式具有一定的修辞特色，呈现出程度不等的非推导性。其中尤以常规语法构式接纳非典型性嵌件的建构最为典型，诸如同语逻辑悖谬表达构式中的"比X还X""除了X还是X""X中的X"，喻化唯补构式中的"X到家了""X了去了"，临时范畴强加构式中的"那叫一个X"，语用转移构式"不要太X"和"还能再X点吗"等。这些构式框架本身皆为具有可推导性的语法构式，但嵌件皆非典型用法，致使构式语义无法直接推导，相关构式被赋予一定的修辞色彩。如同语构式中的差比构式"比X还X"，常规比较范畴表达形式"比……还……"为其框架，"比砒霜还毒""比飞机还快""比父母还亲"等是其常见用例。分析发现，该类构式中的嵌件具有异质性，即比较客体为实体构件，比较结果为性状构件，可是出于主观极量表达需求而产生的图式构式"比X还X"，其嵌件则为同形同质构件，违背了常规差比结构对嵌件的异质性条件需求。这种违背源于修辞动因，即一种特殊语义功能表达需求。"修辞的出现就意味着通畅理解的阻断，为的是逼迫理解者停留下来更多地进行推导和体验，修辞的效果就在这样的过程中得到实现。"（刘大为，2010）因此，对于"比林黛玉还林黛玉"之类的表达形式来说，其显层结构语义的无法推导体现的正是一种修辞性质，需要接受者进行必要的推导和体验，从而将暂时中断的解码通道重新打通，即需要将其中的比较结果构件"林黛玉"转换为相应的性状描述，其中涉及有关联的核心性状特征的识别与提取。经过此番认知操作，才能使构式语义得以正确解码、修辞效果得以实现。

也可以说，本书所考察探究的主观极量图式构式皆非常规性表达结构，都具有程度不等的修辞色彩。不同构式分布于"语法构式—修辞构式"表达链条上，呈现出程度不等的语法性和修辞性，构式语义的表达就在其相互对立交融中得以实现。

2.3 语言表达中的主观因素

语言表达中的主观因素再次引起人们的重视与近年来语言学"人文主义"研究取向的复苏有关。因为随着功能语言学、语用学、认知语法的兴起,长期以来占据主导地位的结构语言学和形式语言学所主张的"科学主义"受到了强烈挑战。这些新兴学派都强调,语言不仅要客观地表达命题式的思想,还要表达言语的主体,如说话人的观点、情感和态度,即语言表达中包含着一定的"人为"因素。关于语言表达的主观因素问题,法国著名语言学家房德里耶斯(Joseph Yendryès,1921/2012:164)早就指出:"人们不只是为了表明观念而说话,人们说话也是为了对他的同类起作用,并且发表他自己的感觉。"因此,他主张除了逻辑语言外,还要区别出能动语言和表情语言。德国语言学家加伯伦茨(G.vonder Gabelentz)也曾经指出:"语言对于人,不仅用来表达事物,而且用来表达他自己。"房德里耶斯(Joseph Yendryès,1921/2012:165)就此认为:"我们不仅要考虑怎样表明观念,而且要考虑这些观念和说话者感觉间的关系。换句话说,在任何语言里都要区分开表象分析所提供的东西和说话者由他的内部资源在那里增加的东西,逻辑的要素和表情的要素。"法国语言学家本维尼斯特(Emile Benveniste,1966/2008:225)更是认为:"语言带有的主观性印记是如此之深刻,以至于人们可以发问,语言如果不是这样构造的话究竟还能不能名副其实地叫做语言。"相关研究都充分强调了语言表达具有表情功能和主观特征,不可避免地会打上"人为"烙印。其中本维尼斯特的观点更是提醒我们,主观性已经成为语言的一种本质属性,是语言之所以成为语言的决定性因素。因此,所有关于语言表达问题的研究都不应该回避其中的主观因素。反言之,那些回避语言主观问题的研究都不能被称为有关语言的科学研究。

语言的这种表达特点与其属性和功能密切相关。作为人类最重要的交际工具和思维工具,语言与人类的智性活动紧密相连。"言为心声",诉诸语言的东西正是我们心之所想的东西,表达者的认识、情感和态度都会渗透其中,即"当说话人言语时,说话人的视角、情感和认识或其中的某一方面不可能完全脱离于说话人的话语,这些相关于说话人的因素必定会不同程度地体现在说话人的话语中"(刘瑾,2009);同时,语言表达还具有交互性,言语交际过程包含着表达者和接受者的双向互动,相关活动的开展是为了向对方施加影响,以取得协同,因此,"晓之以理,动之以情"便成为惯用的表达策略,也是言语交际活动的重要属性之一。相关问题涉及功能语言学和语用学的研究范畴。韩礼德(Halliday,M.A.K,1994)的系统功能语言学曾经提出语言具有三种元功能:概念功能、人际功能和语篇功能。其中人际功能主要是关于人们如何使用语言来与他人沟通,如何建立和维持人际关系,如何用语言来影响别人的行为,如何用语言来表达对世间事物的看法和评价,等等。这种功能的履行必然包含着参与者的认识、情感和态度,从而呈现出强烈的主观性特征。而语用学关心的是特定语言环境中不同表达形式的理解与使用问题,是专门研究语言理解与使用的一个新兴学科领域,侧重研究语言符号与使用者之间的关系,使"语境"和"意义"成为其核心概念。其立论依据是,在语言的使用中,说话人往往并不是单纯地要表达语言成分和符号单位的静态意义,听话人通常要通过一系列心理推断,去理解说话人的实际意图。也就是说,在实际言语交际过程中表达者和接受者的主观意向和相互合作对相关活动的开展具有极为重要的影响。这种研究取向具有一定的哲学渊源,英美分析哲学中日常语言分析学派曾力主这种研究理念与操作方法,如后期 Wittgenstein 的"意义即用法"、Austin 的"言语行为"、Searle 的"意向性"及 Grice 的"合作原则"研究,都突出了语言使用者的主观意向对意义的决定性作用。

西方学术界对语言"主观性"问题的探究由来已久,较早出现的系统性研究当推法国语言学家本维尼斯特,他曾经明确提出,"主观性"是说话人将自己看成"主体"的一种能力(capacity),这一特性也是语言的一种基本属性,其基础是说出"自我"的这个人,而这个基础是由"人"的语言身份来决定的(Emile Benveniste,1966/2008:224)。本维尼斯特从语言角度关注"主观性"问题,与欧洲大陆哲学研究中的人文主义思想取得了协同,认为人在语言中并通过语言把自己建构为主体。这样就超越简单工具论,将语言"主观性"视为人作为主体本真存在的一种基本属性,即表达者通过语言构建现实存在的"自我"的一种基本主体属性。相关研究深刻揭示出作为主体存在的人和语言主观性之间的关系,具有较强的哲学理论思辨色彩。在本维尼斯特之后,Lyons(1977:739)从语言角度进一步阐述了"主观性"问题,将其明确界定为"当说话人说出一段话时,他同时也对这段话进行评论,并且表明他对所说内容的态度"以及"说话人通过自然语言结构和其常规手段表达自我及说话人态度、信念的方式"(1982:102),即说话人通过话语进行的包括观点、立场、态度、信念等在内的自我表达。

国内学者沈家煊(2001)撰文系统综述了语言表达中的"主观性"和"主观化"问题,认为"主观性"是指在话语中多多少少总是含有说话人的"自我"表现成分,而"主观化"则是指语言为表现这种主观性而采用了相应的结构形式或经历了相应的演变过程。依此界定,"主观化"既是一个共时概念,即一个时期的说话人采用什么样的结构或形式来表现主观性;也是一个历时概念,即表现主观性的结构或形式是如何经历不同的时期从其他结构或形式演变而来。前者以 Langacker(1987)的"认知语法"研究为代表,从认知角度来观察日常语言的使用,看说话人如何出于表达的需要,从一定的视角出发来"识解"(construe)一个客观的情景;后者以 Traugott(1995)的"语法化"研究为代表,从历时角度来看待主观化问题,认为主观化是一种语义/语用的演变,即"意义变得越来越依赖于说话人对命题内容的主观信念和态度"。值得重点关注的是,语言中用来表达主观性的可识别的语法成分是如何通过非语法成分的演变逐步形成的,即"语法化中的主观化"问题。Traugott 的研究强调主观化和语法化具有内在一致性,都有一个渐变过程,基于上下文的"语用推理"(pragmatic inference)在演变过程中发挥了重要作用,因为语用推理的反复运用和最终的凝固化,就形成了主观性表达成分。而语用推理的运用必然会包含着说话人的认识、情感和态度等主观要素。

由此可见,我们在探究语言表达形式中的主观因素问题时应该兼顾主观性和主观化,在探究主观化问题时应该兼顾共时视角和历时视角。就汉语诸多主观极量表达构式来说,其主观性典型地表现为不同构式所内蕴的规约性极性评价义,而主观化则是指能够表达这种语义的不同构式的形成过程,其中既有历时发展演变,如汪国胜等(2015)所探究的"要多 A 有多 A"构式的跨句语法化问题,又有共时灵活运用,如温锁林(2012)所提及的"那/这(才)叫(一)个 X"的"聚焦式临时范畴化"。总体来看,这些表达构式所内蕴的主观性既体现出较强的规约性,又具有一定的理据性,其主观化历程包含着语用推理、隐喻转喻、逻辑重构、语法演化等多种样态。

2.4 主观极量义的构式化表达

意义与形式密不可分。"一个语义结构和一个音位结构或单位之间的象征联系也可以取得单位的地位,由此产生一个象征单位(symbolic unit)",由此形成词汇结构和语法结构的概念。"语法是一个由大量的约定俗成的表达式组成的清单。语法模式被分析为图式性(schematic)的象征单位",而"象征单位提供了以语言形式表达思想的手段"(Ronald W.Langacker,1987/2013:63)。就此而言,现代汉语中的诸多主观极量图式构式可称为最为典型的图式性象征单位,其用特定表达形式包装规约性语义功能。其特殊表达形式的建构与运用乃是为了满足特定语义功能的表达需求,即主观极量和夸饰评价的表达需求,特定的表达形式寄寓着特定的语义功能。这里我们需要重点关注的是:现代汉语表达过程中的主观极量义为什么能够诉诸构式化表达? 其又是如何诉诸构式化表达的?

现代汉语中的主观极量义表达,亦即极性程度表达,属于汉语程度语义范畴表达问题。从表达手段来看,由于汉语缺乏丰富的形态变化,程度范畴表达无法依靠词形变化等手段,而是主要依靠语素、词、句法成分和句法结构等形式来表达。例如:"喷香""雪白"中的语素"喷"和"雪",是句法成分中的状语;"非常漂亮""好得很"中的程度副词"非常"和"很",是句法成分中的补语;"那叫一个认真""要多丑有多丑"等提取出来了"那叫一个 X"和"要多 X 有多 X"等表达结构。von Bergen(1993)也认为,极性表达既包括词、词组、短语,也包括成语、俗语等固定说法。此外,动态交际过程中的语气、重音、韵律节奏等语用手段的调节也可以实施程度表达。本书将研究对象锁定为"那叫一个认真"之类的具有极性程度表达特点的规约性表达结构,且重点探究其主观极量赋义机制。

研究发现,该类表达结构所表语义皆为极性程度义,也可以说,诸多图式构式已成为极性程度表达的结构框架,可以为嵌入其中的变项赋予极性值。例如"那叫一个认真"语义表达近似于"非常认真、特别认真、极其认真"等。从概念化和范畴化角度看,这些图式构式的生成乃是特定语义功能概念化和范畴化的结果,即除了一般的语素、词汇等表达手段外,汉语还需要利用规约性结构形式来承载主观极量义,这也是汉语表达特定概念语义的一种认知加工方式,与词汇概念化同理。构式语法认为"构式表示与人类经验有关的重要情景",这一论断进一步佐证了特定义类表达构式乃是相关认知对象概念化和范畴化的结果,因为,所谓的"重要情景"不仅包括实体物质域中的种种情状,还包括虚体精神域中的不同状态,强烈主观极性评价便是其典型"情景"之一,需要通过概念化和范畴化认知加工以诉诸一定的表达形式。不过,与一般概念化和范畴化方式不同的是,主观极量图式构式的概念化和范畴化并非实体语符建构,而是具有图式化表达特点的框架建构,这种概念语义通过认知加工所生成的是一个个结构框架,具有规约性赋义功能,可以为嵌入其中的变项赋予极性值。例如,就范畴重置图式构式"那叫一个 X"来说,除了"那叫一个认真"外,人民网中还有"那叫一个美""那叫一个爽""那叫一个热闹""那叫一个惨烈""那叫一个痛快""那叫一个忧郁""那叫一个脏乱差""那叫一个委屈、伤心"等多种结构用例。这些用例的主观极量赋义机制都是基于范畴化结构模框并通过充填可量化构件而运作起来的。

比较发现,较之其他表达形式,这种图式构式表达更为自由,语义得以强化,功能得以彰显,主观评价色彩更为强烈。如"那叫一个 X"构式除了可以允准"那叫一个美"构式用例外,还可以有以下用例:

(1) 小白这场球踢得<u>那叫一个赏心悦目</u>,传控能力让人拍案叫绝。(百度贴吧—欧洲冠军吧,2014-04-02)

(2) 昨日,"首富"马云和"首帅"贝克汉姆一起参观阿里巴巴西溪园区的照片在微博、微信朋友圈里疯传。贝克汉姆西服领带,万人迷风采依旧。马云依然延续穿西服不打领带的传统,笑得<u>那叫一个春风满面</u>。(杭州网—杭州日报,2014-11-07)

上述两例中的"那叫一个赏心悦目"和"那叫一个春风满面"在各自句法结构中都做程度补语,分别用于对动词"踢"和"笑"的程度描述。前者是对西班牙球星伊涅斯塔高超球技的褒扬性极度评价,后者是对阿里巴巴创始人马云笑容的夸饰性描述,二者皆为描述性程度构式用例,其构式框架可以为嵌入其中的成语赋予程度义和描述性。

而构式"比 X 还 X"和"X 中的 X"则可以分别允准相同嵌入构件。例如:

(3) 所以,慈禧虽然爱美、会享受生活,但绝不认为自己是一个普通女人,她让光绪称她为"亲爸爸",说明她虽在生活上做足女人工夫,但在政治上她要当一个男人,<u>比男人还男人</u>的强者。(镜楼文史,2019-12-27)

(4)也许巴蒂不是技术最好的前锋,但他绝对是最有霸气、最有男人味的前锋,他用忠诚、激情诠释着战神的含义。直到现在,提起<u>这个男人中的男人</u>,你依旧只能竖大拇指。(搜狐网—搜狐体育,2015-10-10)

例(3)中的"比男人还男人"用于对慈禧政治野心的描述,其所修饰的"强者"表明该构式用例提取的是男人坚毅强大的属性特征;例(4)中的"男人中的男人"用于对素有"战神"之称的阿根廷足球明星巴蒂斯图塔的褒扬性评价。二者表达委婉曲折,具有修辞色彩,特殊编码形式增加了解码难度,"需要临时在现实中发现或是从记忆中提取并通过想象的组织加工才能获得"(刘大为,2010)。这种认知求解过程强化了构式用例的语义表达,可以更好地实施主观极性评价。显然,这些构式所内蕴的范畴化和概念化融进了一定的修辞动因,主观评价色彩特别强烈,可称为修辞性范畴化和概念化。

此外,主观极量义能够诉诸特定表达构式,还与使用频率和"语境累积"有关。Langacker(1987/2013:64)认为:"更现实的做法是把语言结构理解为位于一个表示认知组织固化程度(entrenchment)的连续体上。一个结构的每一次使用对它的固化程度都会产生积极的影响。""一个新的结构在反复使用后逐渐固化下来,直至成为一个单位。此外,不同单位的固化程度存在差别,取决于它们的出现频率。"由此观之,现代汉语中诸多图式构式规约性主观极量义的获得,也是构式在具体语境中频繁使用,进而结构语义得以固化的结果。因为,所有的图式构式都具有强烈的语境依附性,为特定语境所用,并在特定语境中显示其应用价值。而语境中的频繁使用又可以提高相关表达结构语义的固化程度,进而因高度固化而获得较高能产性,其结构用例可以不断拓展衍生,以满足不同情境对象的表达需要。就此而言,该类结构的框填效应也是不同语用表达需求驱动的结果。

本书研究对象为具有主观极量表达特点的诸多图式构式,构式语法理论是本书开展相关研究的基础理论,与"构式"有关的概念术语是我们必须弄清的首要问题。因此,本书首先较为系统地梳理阐述了"构式与图式构式"和"语法构式与修辞构式"等概念术语及其关系。关于"构式",其概念核心为形式与意义或功能的结合体以及不可预测性(unpredictable)。任何语言表达式都有其独立的形式、意义或功能,只要这些要素的某些方面是不可预测的,即可称为构式。所谓不可预测,是指无法用常规的语法规则和意义形成规则来解释。至于构式的范围,可以涵盖小到语素,大到句型乃至语篇等不同层级的语言单位。也可以说,语言中各种规约化的"形式—意义/功能"结合体都是构式,构式存在于语言运用的各个层面上。根据不同构式的建构特点与性质,可以将其分为实体构式和图式构式两种类型。所谓实体构式,是指构式组件固定,不可替代,只有一个实例,语素、词、固定短语以及句式都属于实体构式;而图式构式是指构式组件处于全部开放、部分开放、半开放等各种状态,可以接纳变项充填的一种表达形式。由于其构式组件完全开放或部分开放,便可以有不止一个实例,这些实例例释(instantiated)某个图式构式,而这个图式构式则允准(licenses)这些实例。本书探究的主观极量图式构式属于其中的半开放图式构式,结构及其组件的恒定与可变赋予了该类构式以极大的表达自由,可以满足不同情境对象的表达需求。此外,语法与修辞关系问题的探讨也在构式语法理论层面得到了新的拓展。相关研究将语法构式与修辞构式描述为一个连续统,一端为可推导的语法构式,另一端为不可推导的修辞构式,中间有开阔的过渡地带。"修辞动因与语法功能一样都是人们意图通过语言实现的功能,只不过加进了更多的认知或交互的变量。因而语法功能是提取掉这些变量的修辞动因,而修辞动因则是加进了这些变量的语法功能。"(刘大为,2010)由此可见,本书所探究的主观极量图式构式内蕴较多的认知或交互变量,当属携带一定修辞动因的表达形式。

其次,对该类构式语义中的主观性问题进行了探究。本书认为,随着语言学研究中的"人文主义"潮流的复苏,人类语言表达与运用中的主观性和主观化问题已经成为人们关注的热点问题,受到了普遍的重视。所谓"主观性",是指在话语中多多少少总是含有说话人的"自我"表现成分;而"主观化"则是指语言为表现这种主观性而采用相应的结构形式或经历相应的演变过程。比照相关理论,本书考察探究的主观极量图式构式为极具主观性的表达形式,其形式建构内蕴了主观化表达机制,可视为强烈主观极性评价语义功能的一种概念化、范畴化和图式化。在具体语境中的频繁使用,即语境累积,进一步助推了构式语义的规约化进程。

第3章 主观极量图式构式的多维考察

3.1 构式语法综观性理论概说

与转换生成语法单纯从语言结构内部寻求解释的研究策略不同,构式语法重视语法背后的语义、语用、交际功能和百科知识等相关要素的影响。主张"基于用法的模型(Usage-based Model)"和"所见即所得分析法(What-you-see-is-what-you-get Approach)";倡导回归生活世界,因为"语言是人们在特定场景中用于表达思想、传情达意的,这其中的语言形式、语义以及特定语用信息本来就'交织在一起',它们在实际生活中规约化地共存于一体,也被语言学习者规约化地同存于心智之中,并以'构式'的方式加以表征"(王寅,2011:110)。亦即倡导信息综合性,认为句法意义跟语义和语用是紧密联系在一起的,而且,语义和语用之间没有严格的分界线,每个句式的具体句法形式跟意义和用法这两个方面的归约性是直接相关的。鉴于这种理论强调语言形式、语义和语用信息的相互交织,具有综合性特征,我们不妨称之为"综观性理论(Comprehensive Perspective Theory)"[①]。

该理论特色在构式语法的理论主张以及相关具体研究方面得到充分验证。现将相关观点及研究结论摘引如下:

  1. Lakoff 将构式定义为:形式和意义的对子(a form-meaning pair)。"形式"是指一组句法和音位条件(a set of conditions on syntactic and phonological form)。"意义"是指一组意义和用法条件

[①] 这种理论与20世纪80年代国内学者胡裕树、张斌提出的"三个平面"(句法、语义、语用)理论有异曲同工之妙,当然"三个平面"的理论源头也是来自西方,与莫里斯(Charles W. Morris)的"符号三分法"密不可分。

(a set of conditions on meaning and use)。(Lakoff 1987:467)(转自牛保义,2011:62)

　　2. Fillmore 认为:"我们所说的'语法构式'是指:语言中的任何一个句法构型,它被指派一个或多个约定俗成的功能,并对其所在结构的意义或用法产生规约性的影响。"(Fillmore,1988:36)(转自王寅,2011:32)

　　3. Goldberg 将构式分别定义为:形式与功能的规约性配对体(conventionalized pairings of form and function)、后天学得的形式与语义功能或语篇功能的配对体(learned pairings of form with semantic or discourse function)、每个构式将某些形式特征与某一交际功能进行配对(Each pairs certain formal properties with a certain communicative function)。(转自王寅,2011:34)

　　4. Goldberg(1995/2007:6)认为:"构式语法学家还力图解释在什么条件下,一个特定的构式能够被适宜地使用,因为语言的使用也是讲话者语言能力或语言知识的一个组成部分;由此我们相信在理解语法构式受到的限制时,细致的语义和语用因素起着至关重要的作用。"

　　5. Fillmore et al.(1988)对英语 let alone 语法构式的个案研究是从语用、语义和句法三个层面分析入手,因为他们认为在一个构式里,句法、语义和语用信息是互动的;而且这种互动是规约性的(conventional),语言运用者的能力大部分可以看作信息束储存库,包括形态句法形式、语义解释原则和具体的话语功能。他们主张,一个解释性的语法模型应当坚持这样的原则——语言能够把语义信息、语用解释原则和单一的短语结构规则所界定的非常复杂的句法构型(syntactic configurations)联系起来。(转自牛保义,2011:28)

　　6. Lakoff(1987)对英语 there-构式的研究表明:语义是语法的基础;语法里包含着语用因素(pragmatics in grammar);语义条件和语用条件对一个语法构式的句法建构有限制和制约作用。语法研究应以意义和交际功能为基础,对形式参数做出详尽的阐释。(转自牛保义,2011:62)

综观上述相关研究,我们发现,构式语法理论都主张句法不是自足和自治的,一个语法构式的句法研究必须考虑相关的语义和语用因素,语义和语用因素直接参与了一个语法构式的句法构建。也可以说,语法构式的句法特征就是由相关构式的语义/语用条件决定的。对一个语法构式的分析和解释,从一定意义上讲,就是发现构式的句法条件和语义/语用条件限制,发现句法条件和语义/语用条件之间的对应关系。究其理据,乃是因为语言是人类最重要的表义工具和交际手段,作为语言要素的语法显示的是表达形式与意义参数和交际功能的结合方式与特点。因此,语法研究应当以意义参数和交际功能为基础,对形式参数做出详尽的解释。

3.2 主观极量图式构式建构机制考察

根据构式语法,一个构式的相关研究应该兼顾形式参数、意义参数和交际功能,三者密不可分,因为语义和语用因素直接参与了一个语法构式的句法构建。这里我们需要强调的是,构式语法在反思与批判 TG(Transformational-Generative Grammar,转换生成语法)重形轻义的研究取向时并不是要将形式参数弃置一旁,而是要将二者结合起来,系统解释形义(包含功能)对应关系,因为形式参数是意义参数和交际功能的唯一载体。为此,我们在考察探究主观极量图式构式时也应该要关注其形式建构,通过对诸多主观极量图式构式的建构类型、特点以及生成机制的探究,为相关意义参数和交际功能的诠释提供先决条件。

3.2.1 主观极量图式构式的建构类型

本书考察的对象为具有主观极量表达特点的诸多图式构式,这些图式构式属于框式习语(frame idioms),李宇明(1999)称之为"框架标",即由两个部分构成的固定格式,其中既有恒定性框体架构,又有可变性待嵌构件。恒定性框体架构可以保持相关结构语义功能的一致性,对于主观极量图式构式来说,可使其主观极量义与强烈的褒贬性评价保持一致;可变性待嵌构件可以为主观极量评价提供概念实体,以满足不同情境对象的表达需求,对于主观极量图式构式来说,就是为不同性状特征赋予主观极性值。关于该类构式,邵敬敏(2008)称之为"框式结构(frame construction)",并认为"典型的框式结构,指前后有两个不连贯的词语相互照应,相互依存,形成一个框架式结构,具有特殊的语法意义和特定的语用功能,如果去除其中一个(主要是后面一个),该结构便会散架;使用起来,只要往空缺处填装合适的词语就可以了,这比起临时组合的短语结构具有某些特殊的优势"。关于框式结构的类型,邵敬敏(2011)曾经归纳出四种类型,分别为双项双框式、单项双框式、双项单框式和单项单框式。不过,我们在考察主观极量图式构式用例时发现,邵先生的分类还不够系统全面,还可以进一步增补和细化。根据实际语言生活中相关构式的运用状况,可以将具有主观极量表达特征的图式构式类型及其用例列表分析如表3-1所示。

表3-1 主观极量图式构式类型分析表

构式名称	构式类型(用例)
双项双框式	比N还N 除了X还是X 要多X有多X 见过X,没见过这么X
单项双框式	再X不过 怎一个X了得 最X,没有之一
双项单框式	N中的N(N中之N、N里的N、N中N)X得不能再X
单项单框式	前项后框:X到家了 X了去了;前框后项:不要太X 那叫一个X
双项隐框式	X(的)Y(东方威尼斯、中国乔丹)
双项变框式	A+X,B+Y(上有天堂,下有苏杭;天上龙肉,地上驴肉)

列表分析显示,具有主观极量表达特点的图式构式大致可以分为六种类型。

1. 双项双框式。所谓双项双框,是指整体结构由前后两个变项和两个恒项交叉组合而成,邵敬敏(2011)认为这种类型是最典型的框式结构。考察发现,主观极量图式构式中的双项双框式还有其个性特点,即其中的双项皆为同形构件,整体结构为双框同语复叠结构,如同语差比结构"比X还X"、同语排除结构"除了X还是X"、同语倚变结构"要多X有多X"、同语衬托结构"见过X,没见过这么X"等。这种形式层面有悖常规表达的同语复叠意在为变项"X"赋予主观极性值,相关问题留待下文详述。

2. 单项双框式。所谓单项双框,是指"一个由非连续的前项后项构成的框架内只插入一个可变项",又称"插入式"(邵敬敏,2011)。如"再 X 不过""怎一个 X 了得""最 X,没有之一"等都属于这种类型,其中"最 X,没有之一"构式较为复杂,源出于"最 X 之一"表达形式,整体结构为元语否定分裂构式,其中的"X"可细化为"修饰语＋语核"。诸如"最伟大的作家,没有之一""最奇葩餐厅,没有之一""最烂影片,没有之一"等都属于该类构式用例。

3. 双项单框式。所谓双项单框,是指"框架只有一项,而可变项则为同形的两项,分别在框架的前后"(邵敬敏,2011)。具有这种建构特点的主观极量图式构式只有"X 中的 X"以及类似构式"X 里的 X""X 中之 X""X 中 X"。较之上述"比 X 还 X"之类的双框同语复叠结构,该类构式为单框同语复叠结构,表层结构乖互意在为其中的"X"赋值。

4. 单项单框式。所谓单项单框,是指"框架只有一项,而可变项也只有一项,在框架项之前或者之后"(邵敬敏,2011)。即单项单框式可以分为前项后框式和前框后项式两个小类,前者如"X 到家了""X 了去了""X 到不行"等;后者如"不要太 X""那叫一个 X"等。此外,实际语言生活中还有许多极性程度补充结构,也都可以归入该类结构中的前项后框式,诸如"X 透顶(绝顶、到顶)""X 之极(至极)""X 死了(坏了、毙了)"等等属于这种类型。

5. 双项隐框式。所谓双项隐框式,是指结构中可变项有两项,而显性结构框体阙如,但该类结构用例的组构方式与高频使用又能隐约显示其建构模式,即可变项的组合位次及关系就是潜在的结构模框,故称之为"双项隐框式"。如"东方威尼斯""现代陈世美""篮球莫扎特""中国乔丹""印度硅谷""动漫戛纳""植物钻石""动物人参"等语言用例都属于该类构式。需要说明的是,该类构式有时也会使用显性框体构件"的",如"乡下佬中的但丁""中国的爱因斯坦""画坛上的保尔·柯察金"等,相关用例中显性框体构件"的"的使用显然与前后可变项的音节形式以及韵律节奏有关,且相关用例都可以自由转化为双项隐框式,如上述用例可分别转化为"乡下佬但丁(乡巴佬但丁)""中国爱因斯坦""画坛保尔·柯察金",其结构语义功能依然成立。

6. 双项变框式。所谓双项变框式,是指该类构式有前后两个可变项,但作为不变项的结构框体却随表达对象和具体情境的变化也呈现出一定的可变性,不过,其表达的惯例性依然存在,因为该类结构由前后对称的两部分组成,即都拥有一个前后对举的表达模式。就此而言,亦可称为"双项对举式",温锁林(2010)

称之为"极性义对举构式"。如"上有天堂,下有苏杭""天上的龙肉,地下的驴肉""古有毕昇,今有王选""米脂的婆姨,绥德的汉"等都属于这种构式用例。

3.2.2 图式范畴化:主观极量图式构式的建构机制

关于范畴化,比较流行的有两种理论,一种为原型样本范畴理论(Prototype Category Theory),另一种为图式范畴理论(Schema Category Theory)。二者之间的差别主要在于如何理解范畴中的原型参照点,是依据具体性的样本实例,还是依据概括性的抽象图式。王寅认为二者在范畴化过程中都发挥了相应的作用,因为"有些范畴在形成初期主要依靠原型样本,等熟练掌握或习以为常时就可能会较多地依靠抽象的图式表征"(王寅,2010)。而Taylor(1989:59)对所谓的"原型"则有不同的理解,他认为,原型可被理解为范畴的概念核心的图式表征,并认为实例性样本不能叫作"原型",它仅例示原型。图式与例示密切相关,图式是对一组例示所具有的共性进行概括与抽象的产品,对范畴的形成具有原型性功能;而例示可对图式增加细节性对比信息,不同的例示以不同的类推方式反映着图式。王寅(2011:466)曾将Taylor的"图式范畴理论"核心思想图示为图3-1。

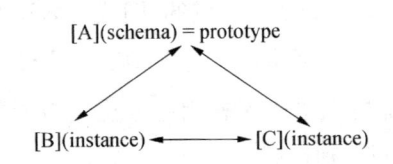

```
        [A](schema) = prototype
         ↙              ↘
[B](instance) ←——→ [C](instance)
```

图3-1 "图式范畴理论"核心思想示意图

与之相关的图式理论乃是一种关于人的知识是怎样被表征出来的以及关于知识的表征如何以特有的方式有利于知识的应用的理论。按照该理论,人脑中所保存的一切知识都能分成单元、构成"组块"和组成系统,这些单元、"组块"和系统就是图式。而语言单位、结构和系统显然是人类在社会文化生活中所建构的最重要的图式。

这种范畴化机制有其特定的理论依据,因为构式语法对TG反思与批判的重要一点就是要否定其单纯演绎法,强调归纳概括化。认为语言知识主要来源于语言运用,强调语言的体验性和特殊性,因此,语言研究应当以归纳法为主。Goldberg(1995/2013:24)为此明确提出"表层概括化假设(Surface Generaliztion Hypothesis)"。因为"语言知识来自语言的实际用法以及在此基础上归纳出的构式类型和特征,从而作为独立的语法信息被表征和储存",因此"我们当从这一角度来研究语言知识的形成和表征,详细调查各构式的具体句法环境和运用情况,并基于这些句法环境提炼和归纳出它们的中心意义和详细的用法"(王寅,2011:107)。

以此理论来观照汉语中的诸多主观极量图式构式,我们发现,汉语中的诸多主观极量图式构式也是图式范畴化的结果,因为这些主观极量图式构式都是从若干用法例示中概括出来的,提取的是敏感性结构框架,舍弃的是不敏感的可变成分,具有抽象性和概括性。这些构式与其具体用例之间是"图式—例示"关系。其中的"图式"是在例示的基础上概括而成的,具有概括性;而"例示"则是对构式的具体化和实例化,具有开放性,可以借助图式不断扩展新成员。二者相辅相成,具有双向联系。现以同语差比构式"比 X 还 X"为例做一具体分析。考察语料发现,"比 X 还 X"构式用例极为丰富,百度网中就有"比女人还女人""比院长还院长""比林黛玉还林黛玉""比巴黎还巴黎""比公园还公园""比地狱还地狱""比狐狸还狐狸""比美国还美国""比非洲还非洲""比阿Q还阿Q""比陈世美还陈世美"等语言用例。对比分析显示,"比 X 还 X"构式就是这些具体用例经过抽象概括而生成的"图式";而这些具体用例则是"比 X 还 X"图式构式的实例化,即"例示"。这种"例示"具有开放性,只要待选构件满足"X"的嵌入条件,都可以进入架构组建起适情应景的"比 X 还 X"构式用例,进而使构式成员不断得到扩展。

3.3 主观极量图式构式表义特点分析

构式语法认为:"构式是规约性的句法表征,不但表明规约性的句法信息,还包括词汇信息、规约性的语义和语用信息。"(牛保义,2011:22)构式是形式和意义的规约性配对(a form-meaning conventional pair)。相关理论充分强调了形式与意义之间的规约性对应关系。因此,我们在探究汉语中的主观极量图式构式时,也需要通过形式分析弄清其内在的语义表达机制。目前,构式语法所提出的广义"构式"已经涵盖了从语素到句法结构乃至语篇等不同层面的所有对象,具有部分填充特点的熟语(亦即"框填结构")是其中最为典型的图式构式,具有最强习语性(idiomaticity),其所表达的语义和语用功能不能简单地从其结构组件的语义中推算(calculate)出来,而是由构式整体赋予的,具有表义规约性和整合性。这些具有主观极量表达特征的诸多图式构式属于"框架标",是典型的框填结构,其语义表达的规约性和整合性体现得尤为突出。

关于框式结构的表义规约性和整合性问题,已有一些研究成果问世。邵敬敏(1994)认为,该类表达形式"已经格式化了,即变换成分有固定的位置,有一定的变换规则,这种成分的变换不会导致习用语的特定含义和形式分离"。其中"成分的变换不会导致习用语的特定含义和形式分离"就是构式语义规约性和整合性的典型表现,即习用语的框架有其恒定的意义,可以为嵌入成分赋义,且不会随嵌入成分的变化而变化。何自然(2005)从模因论角度论述了相关问题,认为"思想或信息模式一旦得以传播和仿制就具有模因性。表达同一信息的模因在复制和传播过程的表现形式可能一样,也可能不一样,但其内容却始终同一。同一信息可以先后在不同的语境中以不同的形式传递"。其中的表现形式"可能不一样,但其内容却始终同一"便是结构语义规约性和整合性的具体表现。何先生在文中还具体分析了实际语言生活中的语言模因类型。本书所探究的主观极量图式构式可归属于其模因表现型中的"同构异义横向嫁接"小类,即"语言模因的结构和形式都不变,但内容变了,为另外的词语所取代"。刘大为(2010)在探究语法构式和修辞构式的关系问题时讨论了语言运用中的"习语只能以整体的方式投入再次使用,还是也可以通过框架的提取获得能产性?"问题,认为"构式义并不总是编码在全部的构成成分上,很多情况下它只决定于部分成分的使用,只要这些成分保留着,构式义也就能维系着"。其中使用与保留的"部分成分"就是维持恒定结构义的框架成分。辛仪烨(2010)在探究流行语的扩散问题时梳理出一条"直接使用—语义泛化—格式框填"的扩散路径,并重点分析了流行语扩散过程中的"框填"现象,认为"在一个流行语中,固着了流行语义的成分组成了一个不变的框架,指向具体表达场景的成分是可以在其中进行替换的充填物,只要根据不同场景的表达需要进行充填替换,流行语义就可因为框架的不变而扩散到任何一个场景"。

显然,这种"框填式"扩散机制内蕴着特定构式语义的规约性与传承性。王寅(2010)在探究构式语法中的"图式—例示"原则时分析了"例示"的主要特点,提出"例示"具有"传承性",即例示必须从图式传承相关信息,因此,多个例示之间必然具有相似性。这种相似性与传承性表达的就是构式语义的规约性与传承性。

综览上述研究,图式构式(即框架标)语义具有规约性、整体性和传承性已经为不同角度的相关研究所证明。而作为主观极量义的一种表达形式,汉语中的诸多主观极量图式构式的语义表达也具有同样的性质特点。所有构式语义都具有主观极量表达特点,但是具体到每一例构式来看,其主观极量义的赋予方式却不尽相同。汉语中的主观极量图式构式语义的规约化和整合性的方式大致有以下几种类型。

一是逻辑悖谬构式赋义。所谓逻辑悖谬构式赋义,是指构式框架与构件的组配违背了常规逻辑语义的表达规约,其显性结构成分之间出现逻辑语义乖互,而这种乖互正是为了满足特定语义语用功能的表达需求,也可以说,逻辑悖谬的形式参数与特意营造的意义参数已经形成规约性关联。对于主观极量图式构式来说,这种语义表达机制典型地表现在同语复叠逻辑悖谬构式的建构上,诸如"比X还X""除了X还是X""X中的X"等。其中"比X还X"为同语差比图式构式,按照常规逻辑,差比构式中的比较项应该具有异质性与差别性,才能具有可比性,同质性构件一般无法进入差比构式。但是考察发现,所有典型的具有强烈主观极量表达特点的差比构式都是同语类差比图式构式。究其理据可以发现,这种逻辑悖谬的同语差比图式构式显然是表达者特意的精心设计的,旨在通过显层结构语义乖互促使受众寻求其潜层真正的表达意图——一种主观极量语义表达和夸饰性评价。在接受过程中,还牵涉较为复杂的认知处理程序,受众需要调取所储备的百科知识体系中有关"X"的典型属性特征,用作解读该类差比图式构式的必要条件。例如:

(1)"不老神话"林志颖为了答谢八百万粉丝,在微博中贴出一张早年拍摄的"艺妓照"惹来围观。照片中林志颖穿着日本和服,妖娆妩媚,<u>比女人还女人</u>。(百度贴吧—红毯吧,2012-02-20)

对例(1)中"比女人还女人"的解读需要调取百科知识体系中有关"女人"

的所有典型属性特征,并需要根据具体语境进行分析、判断、甄别和选择,进而准确锁定具体语境中该类同语差比构式的语义语用功能,即对穿着日本和服的林志颖的妖娆妩媚气质的夸饰性评价。同理,其他具有逻辑悖谬表达特点的同语排除构式"除了 X 还是 X"和同语限制构式"X 中的 X"的构式语义的生成与解读都经历了各自相应的认知处理程序,而这种认知处理正是一种主观极量赋义过程,相关构式语义的规约性和传承性正是源出于这种认知处理程序。

二是范畴新创构式赋义。所谓范畴新创构式,温锁林(2012)称之为"临时范畴化现象",即临时范畴构拟现象,并认为"这些临时范畴是为了表达说话人对事体独特的认知或是出于某种交际目的而临时构建的,它为我们展示了当代语言中活生生的范畴构建过程"。文中还特别提到"那才叫一个甜"之类的"那/这(才)叫(一)个 X"构式的建构采用的是"聚焦式临时范畴化"。参照相关研究,我们发现汉语中具有主观极量表义特点的"那叫一个 X"和"怎一个 X(字)了得"构式语义的获得也与这种临时范畴化有关,即把本来不属于某一范畴的对象,临时置于这一范畴当中。温锁林称"那/这(才)叫(一)个 X"为"聚焦式临时范畴化",是指该类构式将其中的"X"置于句末焦点位置;唐雪凝(2009)认为"说话人使用这一格式关注的焦点集中在最后的'X',该格式的作用在于强调和凸显'X'所负载的信息"。其中的"X"为表性状的形容词或表心理活动的动词性成分,表达的是连续量,本不可以与具有离散量修饰限制特征的数量结构"一个"组合,一旦强制组合,其中的"X"即成为临时范畴化对象。不过,对比分析发现,这种临时范畴化并非概念性实体范畴化,而是功能性虚拟范畴化,即这种临时范畴化旨在建构一种能够表达语义功能的结构框架,其中的"一个"已成为规约性构件,无法用其他数量结构替换,其数量义已不复存在。有研究发现,构式中的"那"也具有较高的规约性,与"这"具有一定的对比性差异。因此,该类构式是典型的习语类构式,即"仅凭其各个组成部分单独使用的常规用法是不能预知的,至少不能全部预知其意义和用法"(Nunberg, Geoffrey, Ivan, 1994:491-538)。其习语性典型地表现在其框架结构组建以及结构语义表达的规约性上,即整体结构框架可以为其待嵌构件"X"赋予主观大量甚或主观极量语义值。例如:

(2) 夜宵一条街——宁国路美食街这里啥夜宵都有,海鲜、火锅、小吃……一到晚上,<u>那叫一个热闹</u>! 特别是夏天,三五好友吃着小龙虾,喝着啤酒,随处可见。(豆瓣网,2017-04-23)

例(2)中的"那叫一个热闹"是主观极量图式构式"那叫一个 X"的典型用例,其中的"热闹"为需要主观极量赋义的概念实体,"那叫一个"是构式框架成分,可以为变项"热闹"赋义,整体结构语义近似于"非常热闹""特别热闹""十分热闹""热闹极了"等,但该类图式构式对其中的"热闹"起突出强调作用,所表达的主观极量评价义更为典型、更为强烈。此外,反诘式"怎一个 X(字)了得"构式语义的表达因为运用了能够增强语气语势的反问式句类,其主观极性评价义更为突出,更为强烈。

三是喻化唯补构式赋义。所谓喻化唯补构式,是指一种由需要主观极量赋义的构件和具有隐喻认知加工处理特点的句法补充性构件组合而成的结构,可以码化为"X+喻化补充成分"。其中"X"为待嵌变项,是需要主观极量赋义的加工对象,"喻化补充成分"为框架恒项,可以对变项"X"进行主观极量赋义,这种赋义体现的是构式语义的规约性和传承性。考察语料发现,汉语中具有这种赋义特点的喻化唯补构式主要以终结义喻化唯补构式为主。这里提及的"终结义"具有广义性,涵盖了生命活动域的终结(诸如"热死了""酷毙了"之类的"X 死了""X 毙了"构式)、空间位移域的终结(诸如"荒唐透顶""聪明绝顶""美到极顶""愚蠢至极""无耻之极"之类的"X 透顶""X 绝顶""X 到极顶""X 至极""X 之极"构式)和功能效用域的终结(诸如"笑傻了""帅呆了""亮瞎了""乐坏了""帅到不行""拿奖拿到手软"之类的"X 傻了""X 呆了""X 瞎了""X 坏了""X 到不行""X 到手软"构式)等不同性质认知域中的"终结"。究其理据发现,终结义与极性义具有内在关联,生命活动的终结点是人生旅程的最远点,向上位移的终结点是空间距离的至高点,功能效用的终结点是正常与否的分界点,用其喻化主观大量具有最大兼容性和适配性。因此,凡是以此类喻化唯补成分组建的图式结构都具有主观极量赋义特点。值得一提的是,表主观大量的"多了去了"之类的"X 了去了"喻化唯补图式构式表面上似乎难以归入该义域类型,不过,如果从"在场/不在场"角度分析,其中框体构件"去了"也是一种终结,即"在场"意义上的终结,仍然可以用"终结义"来统领。

四是跨域类比构式赋义。所谓跨域类比构式,包括由"当代毕昇""中国乔丹""植物钻石""动物人参""西非巴黎""东方威尼斯""乡下佬中的但丁"等表达形式所提炼而成的主观极量压缩构式"X(的)Y",以及由"上有天堂,下有苏杭""天上龙肉,地上驴肉"之类的表达形式所提炼而成的主观极量对举构式"A+X,B+Y"。该类构式的主观极量赋义特点具有一定的特殊性,表义上的跨域类比映射是其共性特点,但这两类构式的建构机制和表义特点还有一定的差别。其中主观极量压缩构式"X(的)Y"由两部分组成,"的"为可选性框架构件。"X"界定了主观极量评价对象的所属领域或范畴,提示区别性特征,属于概念性构成元素,具有逻辑语义真值;"Y"提供了主观极量评价义的参照对象,提示相似性特征,属于修辞性构成元素,不具有逻辑语义真值。二者加合,生成另有所指的命名式"X(的)Y"建构。这种由概念性范畴构件"X"与修辞性类比对象"Y"组合而成的"X(的)Y"隐形框式结构具有一定的能产性,只要相应的转指对象具有表达者所认定的典型属性特征,且用来类比的"Y"具有为人熟知的显豁属性值,二者就可能形成有效对接,进而组建成新的主观极量压缩构式"X(的)Y"结构用例。整体构式赋义和类比对象"Y"的极性传导是其语义表达的重要特征。而主观极量对举构式"A+X,B+Y"的语义表达则是借助于组合构件"A+X"与"B+Y"之间的对比衬托与极性映射完成的。这种对举构式的组建有一定的规律性,一般都是陪衬对象在前,评价对象(被衬对象)在后,在前的陪衬对象应该具有公认的极为典型的属性特征,以其作比,方能给在后的评价对象赋予主观极性值。就对举构式用例"上有天堂,下有苏杭"来说,其中的"上有天堂"为陪衬对象,以传说中"天堂"的极为美好为"下有苏杭"中的"苏杭"赋予主观极性值,使"苏杭"沾染上"天堂"式的美好韵味。该类构式的语义表达是以前项中的"X"作比,意在将其典型属性传递到评价对象"Y"身上,进而使"Y"获得主观极量语义值。对举建构是该类构式的形式特征,衬托映射是该类构式的表义特征。从形式建构到语义表达都体现出较强的规约性和传承性。

五是紧缩倚变构式赋义。所谓紧缩倚变构式,是指由"要多红有多红""要多丑有多丑""要多恶心有多恶心""要多时髦有多时髦""要多任性就有多任性""要多方便就有多方便""要多赏心悦目有多赏心悦目"之类的表达形式提炼而成的"要多X(就)有多X"结构形式。从形式上看,该类构式是一种经过压缩处理的紧缩构式,汪国胜等(2015)从跨句语法化角度论证了"要多 A 有多 A"是从两个相对自由的并列句发展成为具有事理逻辑的主从关系句、最后再形成一个不可分割的构式的。并认为整个构式是以聚合关系上构式项的扩展和组合关系上谓语单核化的紧缩为基础形成的。从表义上来看,该类构式表达的是一种主观极量值,即表达者主观性评价已达至峰值。构式语义具有整体性和不可预测性,即并非构件语义的简单相加,因为若从显层构式组合来看,"要多 X 有多 X"可以切分为"要多 X"和"有多 X"两个组件。汪国胜等(2015)认为二者之间表达的是现实极限量与主观极限量的等值,即"要多 X(A)"指的是主观意愿,"要"表示意愿义,而"有多 X(A)"指的是现实量度,"有"表示主语实际上的拥有。但整体构式表达的是一种主观性的极限程度,其构式义并非两个构式项语义叠加的结果。"主观意愿+现实拥有">"主观极限"是其主观化的发展路径,且"主观意愿"和"现实拥有"之间具有承接关系。我们认为,二者表层语义具有承接倚变关系,即现实量随着意愿量的改变而改变,主观意愿决定现实拥有,这种语义关系决定了构式语义的主观性。因为现实量是由意愿量决定的,而意愿量具有极强主观性、可变性和和模糊性,人言人殊,不可穷究,由此决定的现实量也势必具有主观性。整体构式并非表达"要多 X"与"有多 X"之间的语义真值倚变关系,即主观意愿上需要达到什么性状程度,客观上就会有相应性状程度的出现,而是由二者整合为一个固定架构,用来表达模糊的主观极量评价义,或褒或贬,表示所言对象的属性特征已经达到主观认定上的最大值。例如:

(3) 纵观近期的街拍就知道,要想美美地暖暖地度过初春,还得是蛇皮纹短靴啊亲!无论搭配复古牛仔裤、帅气阔腿骨还是优雅小裙子,要多时髦有多时髦,宝宝赶紧学起来!(大众生活网,2016-2-17)

例(3)中的"要多时髦有多时髦"近似于"非常时髦""十分时髦""时髦极了"之类的表达,但其主观夸张意味更为突出,表现出一种无法准确言表、只能凭主观想象的程度状态。表面上表达的是时髦程度需要依凭主观意愿而定,实际上表达的是对相关陈述对象时髦程度的一种模糊性主观极量评价。

六是元语否定构式赋义。所谓元语否定构式,是指由"最奇葩的餐厅,没有之一""最牛逼的卖家,没有之一""最幸福的女人,没有之一""最强悍的屌丝逆袭,没有之一""最伟大的败家爷们,没有之一"等抽象概括而成的"最X,没有之一"构式。这种构式是通过对模糊极性语义表达结构"最M+H之一"进行元语否定得以建构,所否定的对象为原型表达结构中提示一定范围内的数量或事物中的一个的"之一",新生结构为"最M+H,没有之一"。其中的元语否定旨在排除母体构式语义的兼容性与模糊性,以固化并突显评价对象与表述对象之间的极性等同关系,进而实现对关涉对象的主观极性评价。例如:

(4)(《秘术》是)建国以来<u>最烂影片,没有之一</u>,是我有生以来看过的最垃圾的电影。(豆瓣电影,2014-11-14)

例(4)中的"最烂影片,没有之一"为"最M+H,没有之一"构式的典型用例。原型构式用例为"最烂影片之一",元语否定对象为其中的"之一",意在取消原型构式语义的群属性和模糊性,进而实现具有夸饰性评价特色的主观极量表达目标。

七是语用转移构式赋义。具有这种赋义特点的典型构式为上海俚语中的"不要太X"构式,构式语义相当于具有极性评价特点的"非常X、十分X、特别X、极其X、X极了",诸如"不要太潇洒""不要太漂亮""不要太时髦""不要太开心""不要太热闹"等是其常见用例。这种构式语义的获得机制也较为复杂,其形式上与表示否定劝阻的祈使句式"不要太担心""不要太疲劳""不要太紧张""不要太放肆"等同构,但其语义表达却迥异于后者,有新的主观极量评价语义的产生。关于这种新语义的产生机制,王敏(2000)从逻辑语义基础角度探究了"不要太A"表达感叹的内在机制,认为"不要太A"句式虽然在表面上看起来是一个否定的表示劝阻的祈使句式,其实在逻辑上它包含了一个肯定A的强程度的语义预设,就是说"不要太A"实际是在肯定了"很A、非常A、十分A,甚至极A、最A"的基础上来否定和劝阻"太A"的发展趋势的。因此,该句式既可以在这一预设的基础上对A发展为"太A"的趋势表示劝阻,也可以在这一预设的基础上对A的强程度表示感叹,可见"不要太A"句式所包含的预设是该句式可以表示感叹意义的逻辑语义基础。而仇毅(2007)则从"准语法化"角度探究了相关问题,认为"不要太……"结构语义在使用中由原义"规劝某人做某事不要过分或不要超出限度"逐渐演变成新结构意义"非常、特别"

等,是一种动态的意义重组或再分配(redistribution)的过程。语法意义的转变、结构密度的加强以及语用频率的增加是促成"不要太……"结构固化的主要因素,使其最终凝固为具有极性程度副词性质的独立语法单元。相关研究所提及的构式语义产生机制中的逻辑语义基础和"准语法化"过程实际上分别是该构式语义规约化的必要条件和运作程序,一方面,从逻辑语义上来分析,"不要太 X"通过对"太 X"的祈使否定来表达极性感叹义,意味着其中的"X"已经达至最佳状态,所谓"过犹不及","太 X"为超出了最佳状态的一种状态,"不要"对其否定意味着已经处于无以复加的最理想状态,就不要再越限了。进而可以用来表达主观极量评价义,且具有强烈的夸饰性感叹语气,因此,在实际语言生活中经常可以和感叹性语气词"哦、噢"等组合使用。例如:

(5) 运气好的话,在冰岛还能见到极光,幽蓝的天际光彩变幻,仿佛置身神话传说之中。<u>不要太浪漫哦</u>!(个人图书馆,2016-03-05)

(6) 张剑虹说,用酵素洗过的小排骨无须再焯水,浸过的小黄鱼,翻开鱼肚皮,用丝瓜筋或海棉轻轻一抹,<u>不要太干净噢</u>。(个人图书馆,2015-05-05)

另一方面,从结构形式生成机制角度看,"不要太 X"中的框架性成分"不要太"已经成为规约性固化结构,验证依据是其无法替换为其他成分。因为表否定劝阻类的祈使句式"不要太 X"中的"不要太"既可以同义替换,也可以自由转换为其他相关表达形式,例如"不要太担心"可以替换为"不要过分(过于)担心",也可以自由转换为"不用(甭)担心""没必要担心""莫(勿)担心"等关联性表达形式,而表主观极量评价义的感叹句式"不要太 X"中的"不要太"却无法实现类似变换。以构式语法理论观之,表主观极量评价义的感叹句式"不要太 X"为高度整合习语构式,其构式语义并非其组件语义的简单相加,其中的"不要太"为经过句法融合、语义规约、认知处理和语境强化的预制块,可以对待嵌构件"X"进行整体赋义。

八是对比衬托构式赋义。所谓对比衬托构式,是指由"见过丑的,但没见过这么丑的""见过穷的,没见过这么穷的""见过凶的,没见过这么凶的""见过大意的,没见过这么大意的""见过奇葩的,没见过这么奇葩的""见过做作的,真没见过这么做作的"①等抽象概括而成的"见过 X,没见过这么 X"构式。② 该类构式由具有转折关联的两个组件构成,组件中的变项"X"多为属性类"的"字结构,也有少数非"的"类名词性成分,如"见过破路,没见过这么破的路""见过妖孽,没见过这么妖的孽"等,但该类名词性成分中都必须含有可量化和可评价的语义要素,如"破路"中的"破"和"妖孽"中的"妖",就此而言,其与属性类"的"字结构仍有共通之处。前后两个组件语义有对比衬托关系,以前项中曾经感知过的属性状态反衬后项中从未经识过的属性状态,进而可以实现对后项所述属性状态的主观极量评价。例如:

(7) 经过七年慢慢熊市,从 2014 年下半年开始,用了不到一年的时间,中国股市就上涨了 125%。"见过疯狂的,没见过这么疯狂的",这恐怕是爱恨交织的股民对当前股市最深切的体会。(太平洋电脑网,2015 - 05 - 13)

例(7)中的"见过疯狂的,没见过这么疯狂的"为图式构式"见过 X,没见过这么 X"的典型用例。在具体语境中,该构式用例用于对中国股市的主观极性评价,意为中国股市已经到了一种极为疯狂的程度。这种语义来源于其中构式用例的整体赋义,"见过"与"没见过"有对比关系,"疯狂"与"这么疯狂"有程度差别,两两组配构成规约性表达结构,通过组件的对比衬托传达出主观极量评价义,即当前股市的疯狂程度前所未有,已经达至历史峰值。

3.4 主观极量图式构式语用功能透视

有关主观极量图式构式的建构特点和语义表达的研究是基于具体构式部件的组构特点和语义贡献所做出的分析,属于相关构式内部的静态研究。而要想系统全面地揭示出相关构式的生成理据和运行特点,还必须要突破具体

---

① 考察语料发现,除了"见"类用例外,实际语言生活中还有其他感知类用例,如"听过糗事,没听过这么糗的事",但因相关用例有限,不如"见"类典型,暂不研究。

② 语料显示,在后项"没见过这么 X"之前有时会添加转折连词"但、可"以及强调副词"真"等成分,如引例中的"见过丑的,但没见过这么丑的""见过做作的,真没见过这么做作的",为了便于表述,该构式框架未予标示。

构式内部形式分析的局限,将相关构式纳入其所赖以存在的语境层面进行考察探究,即结合相关构式运行的语境要素进行外部的动态研究。因为"它们在交际中所发挥的作用,实际上是隐藏在表层义后面的深层语用含义"(邵敬敏,1994)。此处的"深层语用含义"是从具体运行语境中概括提炼出来的,对其探寻只有联系相应的语境要素方能完成。构式语法在对 TG(Transformational-Generative Grammar)反思和批判的基础上所提出的归纳概括法,也是要强调语言研究要基于实际运用,所谓"所见即所得(What-you-see-is-what-you-get)"和"基于用法的模型(Usage-based Model)"已经成为其重要理论口号,因为语言知识主要来源于语言运用,是在实际用法的基础上归纳出的构式类型及特征,并作为独立的语法信息被表征和被储存。语言具有概括性和体验性,因此"详细调查各构式的具体句法环境和运用情况,并基于这些句法环境提炼和归纳出它们的中心意义和详细的用法"(王寅,2011:107),理应成为构式研究的一项中心任务。Goldberg(1995/2007:6)也明确提出,构式语法研究需要解释"在什么条件下,一个特定的构式能够被适宜地使用,因为语言的使用也是讲话者语言能力或语言知识的一个组成部分"。功能语法学派也持类似观点,认为语言的组织形式都产生于语言的生态环境中,而所谓的语言生态环境,就是指语言的交际功能,服务于人们日常交际和互动的功能,以及它所负载的全部的认知属性、社会属性和生理属性。功能语法研究的中心任务就是基于语言生态环境,讲清形式和功能之间的对应关系,进而揭示出功能影响语法结构的本质特征。[①]

本书在探究主观极量图式构式的语体特点、动态语义、运行模式以及主观色彩等问题时拟采用同样的研究策略,即将相关构式纳入具体语境中并结合宏观的语言生态环境进行考察分析。

3.4.1 主观极量图式构式的语境分布

构式语法强调,语法研究应以意义和交际功能为基础,对形式参数做出详尽的阐释,认为三者密不可分。其中的"交际功能"涉及语境要素,即只有在具体语境中才能探清特定构式的交际功能。邵敬敏(2011)在分析汉语框式结构

[①] 关于功能语法学派的观点,可参见张伯江《功能语法与汉语研究》(《语言科学》2005 年第 6 期)。

的特点时也指出,这些框式结构"跟语境结合紧密,表示特定的语用功能"。"往往用来表示某种感情色彩或者特定语气,是普通短语无法承担的。多数带有强烈的口语色彩,为老百姓所喜闻乐见。"因此,我们在探究主观极量图式构式的语用功能时也首先要关注其语境分布状态。

就主观极量图式构式来说,由于其句法结构和语义表达不具有陈述自足性,通常以述谓组块形式出现,用来对关涉对象的性状特征进行描述评价,因此,对其语境分布考察既需要关注宏观语篇语境分布状态,也需要关注其所在陈述小句语境的分布状态。即其语境分布状态可以从句外语境和句内语境两个层面进行考察分析。

从句外语境(即语篇语境)来看,该类图式构式以分布于通俗性文艺语体和政论语体文本为主,具有口语表达特点的文本语境是其主要分布场域,而具有精确严密表达特点的科技语体文本中则少见相关用例。究其因,显然是由于该类构式为主观极量评价结构,其构式语义具有模糊性和主观性,强烈褒贬感情色彩是其语用特色,与感性色彩较强的文艺语体和政论语体具有较高适配性,而与理性色彩较强的科技语体则不具有兼容性。为了更为直观地呈现该类构式在不同语体文本中的分布状况,我们以"那叫一个 X"构式为例,系统检索了北京大学中国语言学研究中心(CCL)"现代汉语语料库"中构式用例的使用情况,得到用例共计 22 条,其分布情况列表分析如表 3-2 所示。

表 3-2　CCL 中"那叫一个 X"构式用例统计表

文本类型	传统小说	报纸文章	网络文章	电影剧本	相声小品	菜谱集锦
用例数量	10	5	4	1	1	1

列表显示,CCL 中的 22 个"那叫一个 X"构式用例无一例外地都运行于感性色彩较浓的语体,其中"菜谱集锦"貌似说明性语体,但细察其内容发现,该构式用例"那叫一个香"所依存的语境为具有广告宣传特点的文本片段,仍然具有较强感性色彩。由点知面,具有主观极量语义表达特点的图式构式所分布的语境应以感性通俗语体为主,尤其在口语性交际语篇中具有较高的使用频率。这种语体特点的认识与区分对相关构式语用功能的探究具有重要意义。因为语体分类已成为功能语法研究的一个重要抓手,正如陶红印(1999)所言,"以语体为核心的语法描写应该是我们今后语言研究的最基本的出发

点。任何严谨的语法学家如果打算忽视语体的区别而提出汉语语法的规律必须首先在方法论上提出自己的依据来。"也可以说,如果忽视语体差异,语法研究就很难得出能够反映实际语言运用状况的正确结论和科学规律。其根本原因是不同语体文本中的语言运用具有一定的差异,语法研究需要根据语体特点作出相应的准确描写和科学分析。就主观极量图式构式来说,对其语用功能的考察探究,我们也首先需要关注其分布语境的语体特点。考察发现,感性通俗语体文本是其主要分布场域,尤其以口语性文本为最。诸如"X到家了""X了去了""不要太X""那叫一个X""怎一个X了得""X得不能再X""见过X,没见过这么X"等构式都具有较强的口语交际特点。究其因,是由于口语表达具有情境顺应性、可变性和主观性,多用短小定型的表达形式进行夸饰性评价,感性色彩较为强烈。这种语境特点与习语性主观极量图式构式具有较高兼容性,致使相应的构式用例使用频率也相对较高。

从句内语境来看,该类图式构式在具体使用中通常以述谓组块身份出现,充当谓词性成分。就上述CCL中的22个"那叫一个X"用例来看,充当相关性状的描述性谓语成分的共有15例,充当相关性状程度补语的共有7例。究其因,是由于性状特征的表述不自足,具有强烈依附性,不同陈述对象是其寄生载体,二者组配成完整结构语义表达式。从语义表达性质来看,由于该类图式构式表达的都是主观大量,遵循"关联标记模式","极大量和肯定有自然的关联",可"构成无标记配对"(沈家煊,1999:113)。因此,该类构式以分布于强肯定性语境为常,与表肯定的判断性谓词"是、成为、可谓"、传信类语气副词"真、实在、简直、的确、绝对"、程度副词"更"以及全量范围副词"均"等高频共现。例如:

(8) 两个活动的现场,都没有气球,没有礼炮,没有横幅,连一把座椅都不设。这两个重量级活动,可谓简约到家了。(《新机场和南水北调树庆典新典范》,新京报,2014-12-28)

(9) 我要看看,毛主席怎么能够在延安这种地方生存下来。那地方是黄土高原啊,简直苦得不能再苦了。(《〈红日〉中张灵甫的爱情绝唱》,大连晚报,2008-08-03)

(10) 等兄弟开电话会议讨论关于武二哥婚礼的各项事宜。大家一致反映,你这大爬可真嗨了去了!不得喝死几个啊?救护车,急

救中心都打好招呼了吗?(《陈龙大婚阵势群星熠熠　网友期待观望偶像另一半》,手机网易网,2012-07-04)

此外,由于该类构式结构语义功能具有高度规约性,语义语用决定形式参数,有些表达在句内语境中常伴以习语性和评价性标记。考察语料发现,能够与该类表达高频共现的称名性标记大致有"号称、戏称、堪称、自诩、被誉为、被称为、被尊为、公认的、称之为、(素)有……之称"等。例如:

(11) 当明星比高考难多了,堪称幸运儿中的幸运儿。成不了明星怎么办?"给我两年时间追梦,追不到我就去读书。"(《一心只想当明星　13岁初中生休学当练习生追梦》,华西都市报,2016-02-03)

(12) 轻食新选择——A 布歌东京(Mvuke Tokyo)来自日本的高端甜品品牌,其出品的布丁被誉为"布丁中的爱马仕"。(《节后瘦身?不谈节食　只谈"轻食"》,羊城晚报,2015-03-06)

(13) 3月14日开幕的第20届香港国际影视展于17日落下帷幕。这个素有"东方戛纳节"之称的国际盛会,聚集了来自全球顶尖的影视公司,堪称未来一年影视趋势的风向标。(《〈幻城〉香港电视节惊现刃雪城　东方玄幻受热捧》,搜狐娱乐,2016-03-14)

3.4.2　主观极量图式构式的语篇功能

3.4.2.1　关于评价意义的组篇功能

系统功能语言学曾提出语言具有三大元功能,即概念功能、人际功能和语篇功能。其中概念功能表达人们在现实生活中的经历和经验,因其基于说话人对主客观世界的观察,可称之为"观察者"的功能;人际功能表达人与人之间的关系,因其只向受话者灌输自己的思想,可称为"闯入者"的功能;而语篇功能把概念功能和人际功能现实化,其强调语篇的完整性、一致性、衔接性,可称为"相关"功能①。后来,澳大利亚的Martin(2000)和White(2001)在系统功能

---

① 关于系统功能语言学及其语言元功能,可参见"互动百科"中的"韩礼德",网址为:http://www.baike.com/wiki/韩礼德。

语法的人际关系元功能的基础上进一步提出了评价系统理论（Appraisal System Theory），用来分析语言使用者如何通过语言表达特定的主体间立场（inter-subjective positioning）。该系统是表达作者/说话者观点、态度、立场的语言资源，包括态度（attitude）、介入（engagement）和级差（graduation）三个语义子系统。态度系统涉及情感、对事物的鉴赏和对人类行为的判断；介入系统显示语言使用者的立场与语篇中其他观点的关系；级差系统加强或削弱话语的语势并模糊或强化话语的焦点。该子理论注重分析语篇中流动的评价意义，发展了元功能中的人际关系功能，丰富了人际系统资源，但在一定程度上忽视了其组篇功能。这一缺憾在后续研究中得到了一定的改进与完善。所谓评价意义，是指语言使用者对有关事件、人物（entities）以及话语（propositions）所持有的态度、立场、观点和情感，它是人际功能的一个重要组成部分。Thompson(1996:65)甚至提出"任何对语篇人际意义的分析，都必须涉及其中的评价"。关于评价的组篇功能，美国社会语言学家拉波夫（Labov, 1972:366）早在20世纪70年代就已经提出，他认为评价"或许是除基本叙述小句之外，最为重要的成分"，将评价视为完整叙事结构的六个环节之一，可以表明叙事的要点，阐明事件值得叙述的理由，以及具有的报道价值。国内学者在反思西方相关研究的基础上，对评价的组篇功能也进行了较为系统的理论探讨和实例分析，王振华（2001）在评述James Martin的评价系统（Appraisal Systems）理论时特别强调他对对话人的赋值语义（semantics of evaluation）的研究，而系统功能语言学却忽视了这一点；杨信彰（2003）指出，"评价意义是语言各个系统共同作用而产生的""识别评价意义不仅应该在词汇语法层上进行，同时还需要考虑语篇中评价性手段的各个系统共同作用"；张蕾和苗兴伟（2010）认为，评价意义"不仅在语篇中实现人际功能，还参与语篇的构建"，其"在宏观结构上有助于语言使用者启动、展开和结束语篇，在微观层次上形成句际之间的语法衔接，而且评价词汇还可以在语篇中形成语义纽带"；张大群（2010）回顾了评价组篇功能研究的历史，将其划分为"评价作为语篇的特定部分参与组篇"和"评价渗透于整个语篇参与组篇"两个阶段；房红梅（2012）认为，"评价是语篇组织与构建的重要手段之一"，其"在体现人际元功能的同时还实施语篇功能"，并从微观和宏观两个层面具体阐释了评价资源在语篇结构中所起的作用。

我们认为，评价意义之所以兼具人际功能和语篇功能，是因为这两个功能本身具有内在联系,无法截然分开。就语言表达中的这两个功能来说,人际关系意义与功能的分析必须要落实到具体的语篇层面,而语篇分析中的起承转合也都有人际关系意义与功能渗透其中。而作为人际功能的重要组成部分,评价意义在语篇组织过程中所发挥的作用尤为突出,因为如上所述,评价是语言使用者对有关事件、人物以及话语所持有的态度、立场、观点和情感,这是组织语篇的内在精神线索,具有统领语篇情感语义的表达作用。在具体语篇中,不仅有概念意义上的组篇线索,而且还有情感意义上的组篇线索,评价意义就是后者的典型表现。在组篇过程中,"因字生句""积句为章"和"积章成篇"[①]的过程,既是句法语义的组配贯通的过程,也是态度、立场、观点、情感等内在精神要素的呈现过程,后者是组织语篇的"神",统辖与调适篇章组织要素,对疏通文义和增强语势具有决定性的影响。此外,由于语篇功能是概念功能和人际功能的现实化,强调语篇的完整性、一致性、衔接性,这一特点决定了评价意义将在其中扮演极为重要的角色。也可以说,在某种程度上,语篇的这些属性都需要靠评价意义来维系,因为所谓完整、一致与衔接之类的评价都需要参照语篇中评价意义这一参数。当然,我们也不能无限夸大评价意义的组篇作用。

在强调评价意义对组织语篇具有重要作用的同时,也不应忽视语篇组织对评价意义表达的反作用。因为"人们在交际过程中,需要根据信息流的推进合理地编排信息,按照语篇的组织规律,完整、一致、连贯地表达立场、态度、情感,来维系并协调人际关系",也就是说,语篇组织仍有其自身的表达规律,评价意义在诉诸语篇组织时还需要接受这一表达规律的制约。因此,我们在这里讨论评价意义的组篇作用时,仍然是在服从语篇组织规律的前提下进行的,强调"评价在体现情感、态度的同时,还可以衔接前后句子或语段,形成一种评价性连贯(evaluative coherence)"(房红梅,2012)。

关于评价意义(即评价资源)在语篇宏观组织结构中所发挥的作用,Winter(1982)和Hoey(1983)曾提出语篇的"情景—评论—依据"(Situation—Evaluation—Basis)结构模式[②]。"在这个模式中,评论是语篇衔接链上的重要

---

① 参见[南朝]刘勰《文心雕龙·章句第三十四》(广陵书社,2019年版,第119页)中的"夫人之立言,因字而生句,积句而成章,积章而成篇"。
② 参见 Winter, E.O. Towards a Contextual Grammar of English: The Clause and its Place in the Definition of Sentence. London: Allen & Unwin. 1982 和 Hoey, M. On the Surface of Discourse. London: Allen & Unwin. 1983。

一环。评论是针对情景而发,情景与评论密切关联;评论发出后,进行具体阐发,评论与后面的依据相辅相成。"此三段式在实际语篇中的运用也并非刻板一块,既可完整呈现,亦可拆开使用:"分别体现为'情景—评论'模式(Situation—Evaluation)和'评论—依据'模式(Evaluation—Basis)。前者是先叙述情况,然后对此情况做出评论;后者是先评论,然后对评论进行具体阐发。"(房红梅,2012)其中,"情景—评论"模式最为典型,使用频率最高,因为这种语篇组构模式符合人类逻辑思维常规程式,即我们在对具体情景状态描述说明的基础上自然可以生发出对其概括性的总结评价,前面的描述说明为后续的总结评价蓄势,后续的总结评价为前面的描述说明点睛,二者相互依存,有内在逻辑关联。当然,人类语言交际具有变通性,出于特定交际目的和表达意图的需要,有时也可采用"评论—依据"结构模式,即"评论在前,评论依据在后。评论与其后的一些话语构成辐射关系。后面的话语为评论服务,或举出例证说明评价;或叙述细节阐发评论。因而评论为总体评价或一般评价"(房红梅,2012)。这种模式的使用通常都是因为施话者急于想表达自己的观点,将相关的总结性认识评价置于前面,起到凸显强调作用,后续的"依据"是为了佐证前面的"评论"。

3.4.2.2 主观极量图式构式的组篇特点及类型

评价系统理论认为,在言语交际过程中,"人们所做出的语言选择和言语行为等在很大程度上与思想意识、社会语境有着很大的关系。在言语实践中,作者/说话者的观点和态度必然通过语篇中的各种词汇语法手段体现出来"(杨信彰,2003)。这些观点和态度典型地表现为流动在语篇中的评价性意义,而评价性意义作为人际关系意义的一个重要资源,对语篇组织具有极为重要的作用。本书考察探究的诸多主观极量图式构式便是表达作者/说话者的观点和态度的一种语法手段,具有特定的"赋值语义",极具褒贬情感色彩。与其他评价性手段一样,在具体交际过程中,既能履行人际功能,又能实施组篇功能。

从语篇组织方式与特点来看,由于这里考察探究的诸多图式构式表达的都是主观极量,是对相关对象情状特征的极性评价。在微观信息组织链条中,该类表达不具有自足性,经常充当述位成分,用来陈述其所关涉的主位对象,组合成"主位—述位"完整信息结构之后,可以成为连贯性语篇中的一个有机组成部分;而在宏观信息组织链条中,作为评论的典型形式,该类表达参与建构的惯常语篇信息结构模式为"情景—极性评论"。为了更为清晰地展现相关表达形式的组篇特点,我们拟结合具体语篇实例进行分析。例如("情景"部分用"～～"表示,"极性评价"部分用"——"表示,下同):

(14) 屋子里全是小木偶,有白胡子红帽子的圣诞老人,有尖鼻子绿帽子的小雪人,有黑帽子阔嘴巴的大黄鸭,有高帽子一身华服的国王,有上红下蓝的佩剑将军,有通体绿戎装的兵士,还有各种颜色各种装束各种民族的男男女女老百姓……它们都站在红底金点的花纸上,似乎每个玩偶都在说话,每个小人都在动换,每个家伙都想走出这个小屋,于是,满世界立刻喧哗起来,要多热闹有多热闹。(光明日报,2014-12-19)

(15) 这身酷酷的 look,小烟熏+咬唇妆的搭配,完全的欧美范儿嘛!单看这张是不是感觉走在韩国大街上看到的韩国少女?干净的淡妆加上玫粉色的唇膏,怎一个清纯了得!(人民网,2016-09-06)

(16) 0∶1 不敌丹麦、1∶2 不敌德国、1∶2 不敌葡萄牙,带着小组赛三连败的耻辱,带着全世界橙色球迷的泪水,范马尔维克的荷兰队匆匆告别了本届欧洲杯。从两年前的世界杯亚军,到如今连输丹麦、德国和葡萄牙,荷兰队俨然已经沦为史上最烂,没有之一!(北国网—辽宁晚报,2012-06-19)

(17) 小菲的姐姐,李家大小姐璎子(邬君梅饰),曳地的长裙,高绾的云鬓,容貌身态姣艳,美丽中透着高贵,浅颦轻笑中透出隐隐的妖艳和魅惑,居高临下且率性,是个女人中的女人……(风向右的博客,2008-01-26)

上述引例中的语篇信息组织都采用了"情景—极性评论"结构模式,其中"情景"部分是对相关对象情状特征的具体描述说明,而"极性评论"部分是基于"情景"的总结性评价,传达的是极为鲜明的情感态度,褒贬色彩极为强烈。就语用功能来说,位于语篇末尾的"极性评价"既是表态,也是总结。前者是人际功能,后者是语篇功能。就例(15)来说,其中的"情景"要素包括"酷酷的look""小烟熏+咬唇妆的搭配""欧美范儿""韩国少女""干净的淡妆""玫粉色的唇膏"等,这些描述是为后续的"极性评论"蓄势;而篇末的"怎一个清纯了得"既有表态功能,也有组篇功能。一方面,是施话者基于上述"情景"而发表的观点和感受;另一方面,又有暂停"情景"表达和收束语篇功能。这种表达模式之所以会成为语篇组织的典型表达形式,显然是因为评价与总结密切相关,二者经常融为一体,因此,语篇末尾便成为其惯常分布区域,充当"送末之常科"。

如上所述,人类语言交际具有变通性,出于特定交际目的和表达意图的需要,有时也可采用"评论—依据"结构模式。对于主观极量图式构式来说,其在具体语篇中的使用与运行有时也会采用"极性评价—依据(情景)"表达模式。例如:

(18) 人物形象要多粗俗有多粗俗:麻子、龅牙、秃头、斗鸡眼……讲话喷口水,走路罗圈腿,抛去"大片"的束缚,张艺谋如释重负,故事讲得简洁明快,一点儿都不拖泥带水。(沈阳晚报,2009-12-14)

(19)《烈日灼心》今年国产电影最佳,没有之一,紧张的节奏,缜密的逻辑,挣扎的人性,无间的命运。强荐!(网易娱乐,2015-08-27)

(20) 第三名陈意涵陈意涵如今大都拍现代片,但看过《流星蝴蝶剑》的观众应该深有体会,她的古装扮相那叫一个萝莉,很甜美!很漂亮!她在剧中饰演的孙蝶令人惊艳,笑如冰雪消融、百花齐放。(光明网,2016-10-17)

(21) 但几乎所有的上海女子都有那点小布尔乔亚,并且将之视若贵族的血统——她们坚信自己是女人中的女人,她们热爱时装、香水、化妆品、轻音乐、交谊舞……就像热爱自己的身体一样。或者说,这洋溢着浪漫色彩的一切已构成其灵魂了吧。(美篇,2020-10-19)

上述引例的语篇组织模式皆为"极性评价—依据(情景)"。出于特定的语用表达动机,在具体交际过程中,我们也可以先亮明自己的观点和态度,将"极性评价"提前,以起到突出强化作用;后续的"依据(情景)"展开具体描述说明,可为提前的"极性评价"提供佐证。为了更为清晰地展现该类模式的组篇特点,我们不妨以例(19)为例,进行组篇模式变换比较分析。例(19)变换后的"情景—极性评论"组篇模式为:

(19')《烈日灼心》紧张的节奏,缜密的逻辑,挣扎的人性,无间的命运,今年国产电影最佳,没有之一,强荐!

比较发现,变换后的例(19')采用的是常规逻辑事理表达顺序,语义功能表达较为平淡;而例(19)采用的是非常规逻辑事理表达顺序,将包含施话者观点和态度的总结性评价语"最佳,没有之一"提前,可以激发受众一探究竟的兴趣,起到强化表达效果的作用。就此而言,评价对语篇组织还具有一定的制约作用,采用何种组篇模式既要考虑到常规逻辑事理表达顺序,还要兼顾到特定语篇的语用表达动机,而后者往往会影响组篇模式的最终选择。此处考察的四个用例中的"评价"都具有主观极量表达特点,属于极性评价,包含着极具褒贬色彩的语用表达动机,对语篇组织模式的选择产生了重要影响。即统一将"评价"提前,采用了强化"评价"的组篇模式。

如果将这种组篇模式的相关考察扩大到完整语篇的宏观建构层面,我们会发现,这种具有强化表达效果的组篇模式有些还适用于"标题—正文"的结构组织。也就是说,部分主观极量图式构式因其富含施话者的主观情感态度,具有评价性和概括性,特别适合充当文本标题。也可以说,这种类型的"标题—正文"组织结构,就是一个放大了的"评价—依据(情景)"组篇模式。为了更为清楚地呈现这种宏观语篇建构现象,我们以百度网为检索平台,以"title:(那叫一个)"为检索项,系统检索统计了该类表达形式在百度网页标题中的使用状况(截至2024年1月3日,含重复用例),结果共有约17 400 000条,足见其具有极高的组篇功能和使用频率。

3.4.3 主观极量图式构式的语用顺应

功能语法持"用法先于语法"的语法观,即语法"浮现观",认为语法结构的变化不是一种内在自发的"结构化(structuration)"现象,而是在语言的动态使用过程中,一些经常性的用法通过量变到质变的过程产生或"浮现"出来的。

语言是大量异质的"构式(construction)"的集合,每个构式都与其使用的语境密切相关,且总是根据实际的使用来调整和改造着自己的形式。这种"动态浮现观"把语法结构看成是在话语力量驱动下所不断做出的反应,因此其特别关注语言使用过程中的动因和频度,关心使用动因和频度是如何影响语言表达形式的,重视通过实际语料来观察语法结构在使用动因和频度影响下所发生的种种变化。为此还明确提出"交际动因(需要)影响语法结构"[①],即语言实际使用过程中所动用的语法结构具有语境依附性和选择性,都是因需而生,以满足不同语义功能的表达需求。构式语法理论所提出的"语义条件和语用条件对一个语法构式的句法建构有限制和制约作用"与此不谋而合,也道出了同样的思想。以此理论来观照现代汉语中的诸多主观极量图式构式,我们发现,具体语境中不同主观极量图式构式用例的使用也是由交际意图和表达风格决定的,即具有语用适切性(pragmatic appropriateness)。因为,汉语主观极量义的表达手段具有多样性,李宇明(1999)提出的主观量表达的"四标"可资佐证。如此一来,在具体使用过程中,就存在一个从多种表达手段中做出选择的问题,而出现在不同语境中的诸多主观极量图式构式用例都是依据具体的交际需求所做出的选择。比较发现,在极性程度表达和主观评价实施方面,主观极量图式构式显然要比其他选项更具优势。为了更为清楚地阐明这种表达优势,亦即语用适切性,我们可以联系相关构式分布语境进行对比分析。

(22)尹正去年在拍摄时曾发微博表示自己把商细蕊演砸了,他觉得自己太胖太丑,播出时一定会被观众骂。不少观众对他的演出给予肯定,赞尹正诠释绝代风华的杨贵妃十分妩媚,连佘诗曼都叹他"<u>比女人还女人</u>",于正也上传花絮说:"拍这段戏时一气呵成,没有用替身。"(联合早报,2023-01-16)

(23)今日上班。晚上八点左右在腾讯会议APP上参加了一个关于感控的培训。在快晚上十一点左右,告诉我们将会有十个人需要收入,最后的最后只来了两个人。真是意外之喜呢。今天可以早收工,可<u>不要太开心哦</u>!(新浪微博,2021-08-21)

[①] 关于功能语法的"动态浮现观",可参见张伯江《功能语法与汉语研究》(《语言科学》,2005年第6期)。

(24) 吴磊是童星出身，小时候的他胖乎乎，圆嘟嘟，小小的月牙形嘴唇一笑变弯成一个好看的弧度，<u>要多可爱有多可爱</u>。(搜狐网，2015-08-31)

(25) 一个小商贩，买假货，这假货不仅仅假，而且有毒害人，没人来买，然后，气急败坏地开始演讲：你们这群顾客，怎么不来我这买我的产品……<u>见过不要脸的，但是没见过你这样如此不要脸的</u>！(新浪微博，2023-11-18)

(26) 要论对中秋的描述，我国的古诗词极尽人类语言的智慧。若论美景，彩云之南的圆月更是风情万种、格外迷人。那么，当诗词里的中秋遇上云南的圆月，<u>怎一个"美"字了得</u>。(腾讯网，2022-09-09)

(27) 历经几十年的发展，特种部队成为现代战争中非常重要的一支力量，它们经过严格的选拔和训练，具备出色的战斗力和特殊任务执行能力，往往是一场战局成败的关键，也是各国军队中<u>精英中的精英</u>。其中，英国特种空勤团 SAS、美国海豹六队以及俄罗斯阿尔法小组，是全球公认的最神秘和战力强大的三大特种部队。(搜狐网，2023-11-18)

(28) 在星座的世界里，每个星座都有其独特的魅力和特质。有的星座勇敢坚定，有的星座温柔体贴，有的星座聪明睿智。而在 2024 年，有几个星座女生将会<u>幸福得不能再幸福</u>，她们的生活将会如同阳光般灿烂，让人羡慕不已。(搜狐网，2023-12-27)

(29) 随着智能手机的普及，一度消失的"听书"又成了很普遍的现象。系统地看完一本书一般要一周左右，"听书"<u>那叫一个方便</u>，在地铁上、开车时、晚上睡觉前、早上洗漱时……随时随地，打开手机，就可以收听。"耳朵"经济的市场前景令人瞩目。(新华网，2022-04-23)

(30) 大多"玉米"是女人，她们对李宇春又爱又怜，爱她时时处处的体贴、内酷，怜她不逢迎、不跋扈，倒像个<u>当代林黛玉</u>似的，单纯脆弱却又一副爱谁谁的劲儿不懂保护自己。(北京晚报，2013-04-15)

上述例句中带下划线的诸多构式用例都有主观极量表达特点。若单从近似语义表达形式的转换来看，这些构式用例都可以转换为相应的"极性程度副词+属性特征词"表达形式,但从语用适切性来看,这些转换形式显然无法满足各自语用功能的表达需求,即相应的主观极量义的表达程度会有所削弱,主观性评价无法有效实施,表达者的情感态度也无法鲜明呈现。如例(24)中的"要多可爱有多可爱"虽然可以转换为"非常可爱""特别可爱""十分可爱""可爱极了"之类的表达,但"要多可爱有多可爱"所包含的极性程度义和主观评价性却是这些转换形式所无法表达的。这种差异的产生与语用表达要素密切相关。因为考其分布语境发现,该构式用例与其所联系的上文内容"胖乎乎,圆嘟嘟,小小的月牙形嘴唇一笑变弯成一个好看的弧度"组成了一个逻辑语义表达关联结构,上文内容为具体描述,下文构式用例为主观评价,也可以说,上文描述为下文评价蓄势,而下文评价则为上文描述收束作结。上文描述已形成了一种强烈褒扬赞美的语义潜势,这就对结论性评价提出表达要求,即必须吻合上文所累积的语义潜势。也可以说,构式用例"要多可爱有多可爱"的选用就是基于上文描述的顺势而为,即满足语义上的关联性和语用上的适切性。其他各例皆有其内蕴的语用适切性,为节省篇幅,不再赘述。

3.4.4 主观极量图式构式的主观评价性

主观评价性是所有主观极量图式构式语义语用表达的共有特征。因为主观极量是主观性在量范畴表达中的一种突出表现,来源于施话者的主观思想意识与主观表达需求,与主观评价密切相关,一方面,主观评价是主观极量生成的重要动因;而主观极量则是主观评价的典型表现。评价源出于表达者的理解认识,含有强烈的个人主观情感态度,诉诸语言表达,便成为相应表达形式中的主观评价性。上述已经从组篇功能角度探究了评价意义的表达作用,这里我们着重从人际功能角度来探究评价意义的表达功效。

众所周知,在日常交际中,我们不仅要传递命题式的逻辑概念和理性意义,还要表达我们的认识、评价、情感和态度等主观要素。这些主观要素渗透在组篇过程中,成为强化相关表达的重要因素。关于这些主观因素的评价对象,主要"涉及作者/说话者对实体(entity)或命题的观点、态度和感情"和"评价的对象涉及事件/实体和命题(propos-ition)",其中"情态评价针对的是命题,而情感评价针对的是事件/实体"(杨信彰,2003)。就本书所探究的诸多主观极量图式构式来说,其统一实施的是情感评价,评价对象为语篇中的不同事件或实体。但不同构式所评价的对象还有一定的区别,比较而言,双项双框式中的"比N还N"、双项单框式中的"N中的N"、双项隐框式中的"X(的)Y"和双项变框式"A+X,B+Y"所评价的对象以实体为主,其他构式评价对象则偏向于事件。不过,很多情况下会出现实体与事件混合组配状态,即关于实体情状(事件)的具体描述说明,呈现为若干小句组合。例如("实体"下加着重号,"事件"加下划线):

(31) 正所谓江山代有人才出,当曾经那些初出茅庐的帅小子经过岁月的洗礼,逐渐成为娱乐圈的中流砥柱时,同一时间,那些嫩得能掐出水来,一眼望去满满的胶原蛋白的小鲜肉们一波波来袭,成了百姓的谈资,也丰富了荧屏,怎一个热闹了得。(新华网,2016-03-07)

例(31)中富含施话者褒扬性情感态度的评价语"怎一个热闹了得"实施的是情感评价,其所评价的对象为:实体(帅小子、小鲜肉们)+事件("经过岁月的洗礼,逐渐成为娱乐圈的中流砥柱""一波波来袭,成了百姓的谈资,也丰富了荧屏")。

就主观评价的方式与手段来看,实际语言表达中有很多资源可以利用。"例如在音系层可体现为非标记性的重读和调式,在词汇层可体现为带有评价倾向的词汇项,在语法层可表现在一些特别的句式上,在语篇层可表现在叙事角度和语义连贯上。"(杨信彰,2003)汉语表达重于义而轻于形,强调"意合",其主观评价的实施经常采用较为隐晦的方式,上述所列举的资源中,除了音系层的隐性表达外,其他各层面的表达也都有显隐之分,例如表示主观量大小之分的副词"就"("就五个人")以及"才"和"都"("才三天"和"都三天了")[1]便属于主观评价的隐性表达。就此而言,汉语主观评价的表达还有显隐之分,且隐性表达更为常见。不过,显隐之分并非刻板一块,二者是一个连续统,其中还会存在复杂的中间状态,有半隐半显,有先显后隐,还有先隐后显等。本书考察的主观极量图式构式中有相当一部分经历了这种复杂的显隐变化,如"那叫一个X""不要太X""还能再X点吗""N中的N"和"X(的)Y"等,都经历了不

---

[1] 相关研究可参见陈小荷的《主观量问题初探——兼谈副词"就"、"才"、"都"》(《世界汉语教学》,1994年第4期)。

同程度的由隐到显的变化过程,也就是"主观化"历程,最终借助高频使用和"语境累积",结构语义高度固化,逐渐成为显性主观评价表达形式。较之常规主观评价表达,这种特定结构语义运作模式内蕴强烈语用动机,可以强化表达效果,特别适用于主观极性评价表达语境。

  这种强烈语用动机转化为语篇中的主观评价,典型地表现为不同构式用例中所内蕴的强烈褒贬感情色彩。究其来源,显然与人类言语活动的人际功能有关。因为我们日常交际都是有感而发,相关表达中包含着我们对有关事件、人物以及话语的态度、立场和情感,且这种表达总是含有特定的交际目的和表达意图。施话者在表达过程中要不断表明自己对命题的观点和态度,以求得最佳表达效果,或者为了引起受话者注意,或者为了赢得受话者赞同,或者为了促使受话者改变,使相关表达呈现出强烈的主观交互性。由此可见,现代汉语中的诸多主观极量图式构式的建构与运用,正是为了满足特定语用动机的表达需求,即为了对受话者施加影响,以求得主观交互过程中的协同与一致。不同表达构式所蕴含的强烈褒贬感情色彩来源于施话者的主观评价,而本质上则受控于言语交际过程中的语用动机,求得受话者赞同或反对,与施话者步调一致,以实现最佳合作效果。考察发现,除了双项变框式(A+X,B+Y)和单项单框式中的"不要太 X"通常用于褒义表达,"X 到家了""还能再 X 点吗"通常用于贬义表达外,其他图式构式都可以用于褒贬两种主观情感表达。例如,"比 N 还 N""N 中的 N""X(的)Y""X 得不能再 X""要多 X 有多 X""那叫一个 X""最 M+H,没有之一"等构式都可以分别有"比巴黎还巴黎"和"比地狱还地狱"、"精英中的精英"和"傻瓜中的傻瓜"、"塞上江南"和"苏北兰考"、"火得不能再火"和"差得不能再差"、"要多可爱有多可爱"和"要多恶心有多恶心"、"那叫一个美"和"那叫一个脏"、"最伟大的作家,没有之一"和"最杯具(悲剧)的女性,没有之一"等极具鲜明褒贬情感色彩的对立性表达构式用例。我们发现,这些能够表达主观极量义的构式框架也是"主观化"的产物。这些构式的主观性表现为主观极量和夸饰评价,具有强烈的褒贬色彩,这种主观性是由特定构式赋予的,能够表达这种主观性的构式都经历了不同的"主观化"历程。

第4章 同语差比图式构式的主观极量表达

现代汉语差比句[①]中有一种特殊建构,即比较结果与比较客体同形,如"他比阿Q还阿Q"。为了称说方便,我们暂且将此类句法现象统一码化为"X比N还N"结构框架,其中的X为比较主体,前N为比较客体,后N为比较结果。由于该类结构中的比较结果与比较客体同形,与常规差比句的异质性建构相悖,且差比结构框体构件"比……还……"为恒定项,同形的比较结果与比较客体为可变项,因此可称为"同语差比图式构式"(Tautology Comparison Schematic Construction)。其中,比较结果后"N"出现了非范畴化变异,内蕴概念表达中的转喻认知加工机制,构式整体语义渗进了表达者的强烈主观感情色彩,并非绝对真值比较。该类语言现象在日常通俗语体和文艺语体中较为常见。例如:

(1)告诉你一个发财的最好方法:发财的最好方法,就是不要发脾气。因为财不入急门,一个总是急赤白脸的人,是成不了什么大事的。一流的赚钱高手,从来不会发脾气,水平越高,情绪越稳。一等一的高手,永远雌雄同体,永远阴阳合一。他们<u>比男人还男人</u>,杀伐果断,勤奋自律,权衡利弊。她们<u>比女人还女人</u>,柔情似水,婉转明媚,倾国倾城。人世间的一切安全感,都是你自己给自己的,不要把希望寄托在任何人身上。(新浪微博,2023-08-28)

(2)呵呵,代表领导去管委会和一群处级干部开会,我张嘴提几点意见闭口要明确思路,<u>比领导还领导</u>,然后体会副处长说以后要多来我们区交流学习经验的感觉。(新浪微博,2023-11-09)

[①] 关于比较句的分类,较早见诸《马氏文通》中的"静字"一章,即"象静为比有三:曰'平比',曰'差比',曰'极比'"。此处所言的"差比句"即为其中的一个小类。

关于同语差比图式构式"X 比 N 还 N",已有一批研究成果问世。刁晏斌(2001)研究了"比 N 还 N"结构的语法功能和表意特点、N 的性质等问题。张爱民等(2002)分别探究了"X 比 N 还 N"的句式义、构式对 N 的语义要求以及语用效果。周锦国(2003)认为该构式的特有句法结构被赋予了修辞意义,是多种修辞格的综合运用。郭晓红(2001)就构式中的"N"进行了研究,认为比较物的相似性带来了比较客体 N 取类的广泛性,格式常项的比较义凸现了变项 N 的内质细节。陈一民(2005)认为构式中的"比 N 还 N"是"比 N 还 A"的变式,具有特殊语用效果。总体来看,相关研究大多集中于构式的变异性、修辞性、N 的语义条件性等问题上,描写多于解释,对相关现象的认知阐释还有待深化。本章拟运用认知语言学相关理论对该构式及其构成项目作一整体观照,重点探究该类构式的框架结构特征、结构语义主观性、比较客体优选性、比较结果认知性和构式语义极量性等问题,以期揭示出这一特殊比较构式主观极量赋义的本质特征。

4.1 同语差比图式构式比较框架的生成机制

根据严辰松(2006)的研究,汉语的构式包括传统的语素、词、短语、句型等。语素、词、复合词及全固定的短语或句子叫作实体构式,这些构式在词汇上是固定(lexically fixed)的,即其组成分子不可替代。半固定短语以上的构式都称为图式构式(schematic constructions)。从实体构式到最抽象的图式构式构成了一个连续体。比照相关研究,这里讨论的同语差比构式"X 比 N 还 N"可归属于其中的图式构式,即整体构式由恒项与变项两部分组合而成,具有半固定表达特点。若从表达的规约性程度考察,该类构式亦可称为形式习语(formal idioms),即其中全部或一部分词汇成分不固定,用于表达一定的语义和语用功能。且由于其经常用于主观极量表达,结构框架与待嵌成分具有较高规约性与惯用性,已具有习语性表达特点。惯用构式具有习语性,有其特定的认知基础,因为,"认知语言学认为,语法以经验为基础,也就是说是基于使用的(usage-based)。高频率出现的、大量的实际用例通过心理固化形成一套从具体到抽象的认知结构,其中就包括构式"(严辰松,2008)。考察发现,该类表达框架的形成有其历时演变过程,且内蕴转喻认知加工机制。

就形式来看,所谓比较句,是指谓语中含有比较词语或比较格式的句子,在结构上由比较项、比较词、比较点和比较结果共同构成。《马氏文通》曾将比较句分为平比、差比和极比三类,由此确定了比较句的基本类别,为后世广泛采用。关于差比,马氏曾将其界定为"两端相较有差也",认为上古汉语主要用"于""乎"表示差比(马建忠,1983:135-143)。不过,到了近代该标记已基本退出差比范畴,代之以沿用至今的典型差比标记"比",相应的比较结构也发生了变化。由此形成了历时层面上的两种差比语序。即:

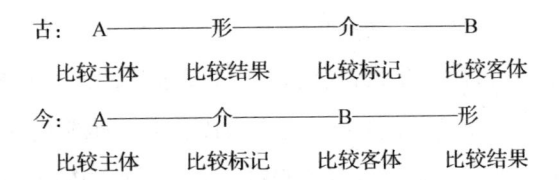

```
古： A————形————介————B
    比较主体  比较结果  比较标记  比较客体

今： A————介————B————形
    比较主体  比较标记  比较客体  比较结果
```

我们可以《邹忌讽齐王纳谏》里的差比句"皆以美于徐公"为例进行具体分析。该句中省略了比较主体"吾",补全应该是"皆以吾美于徐公",译成现代汉语则为"都认为我比徐公(还)美"。该句比较结构的古今演化可以图示为:

```
古： 吾————美————于————徐公
   (比较主体)(比较结果)(比较标记)(比较客体)

今： 我————比————徐公————(还)美
   (比较主体)(比较标记)(比较客体)(比较结果)
```

通过历时演化,由此奠定了现代汉语差比句的典型表达框架格局"比X还Y"。该框体架构由比较标记词"比"和程度标记词"还"两个恒项组合而成,其中的待嵌变项"X"和"Y"分别为比较客体和比较结果,二者之间有主体与属性关联,即"Y"为"X"的某一典型性状特征,调取出来用于对结构中的比较主体进行主观评价。这种表达形式广泛运用于各种比较性语篇之中,诸多极性表达也常用该类表达结构。例如:

(3) 就我这个二次元眼光,从小就喜欢校花校草的极度挑剔的眼光来说,肖宇梁已经稳稳地在我心里扎根了……这个<u>比女孩还漂亮,比男孩还阳光,比女人还妩媚,比男人还酷帅</u>的人,去哪里找?!!!有这身材,这舞蹈,这打戏,这灵性,这份赤诚!!!哪里找?!!(新

浪微博,2023-11-01)

(4)近日,江苏无锡,女儿婚礼上的"最美丈母娘"引起了很多人的关注,甚至盖过了新娘的风头。在女儿婚礼上,这位丈母娘梳了精致的发型,穿着宽松的改良版中国风连衣裙,非常喜庆而不落俗套。整个人既显得非常大气优雅,又自带一种江南女子特别的温婉柔美。甚至很多人都说,这丈母娘比新娘还美啊,瞬间吸引了所有人的目光。(新浪微博,2022-02-10)

基于待嵌构件中的"Y"与"X"之间的语义关联,且"Y"已经成为"X"最为典型的属性特征,二者语义关联高度固化,已经内化为百科知识的一部分,于是,依托于特定语境和其他要素,同时出于强化表达的语用动机,该类差比表达结构中的性状描述类"Y"构件经常可以置换为其所依附的主体"X",内蕴转喻认知加工机制和程序。于是具有主观极量表达特点的同语差比图式构式"X比N还N"应运而生。就此生成机制与表达特点来看,上述用例中的"比徐公还美""比女孩还漂亮""比男孩还阳光""比女人还妩媚""比男人还酷帅"和"比新娘还美"都可以分别转换为新的同语差比图式构式用例"比徐公还徐公""比女人还女人""比男人还男人"和"比新娘还新娘"。

关于"比N还N",马伟忠(2014)曾经引入"句式群"的概念,较为系统地探究了"比N还N"结构及其相关句式"S比N A""S比N更A""S比N还A"的区别与联系。研究发现,"比N还N"在"比"字句式群中居于最高位,具有结构上的高凝固性;"S比N还N"句式的核心语义是"比"字句式群中凸显比较主体"S"属性特征并具有最强主观量的虚拟比较句。这里所提及的"高凝固性"和"最强主观量"正是"X比N还N"的结构特点和表义特点。其与其他构式之间形成了一种"从凸显客观量到凸显主观量,从倾向于现实比较到倾向于虚拟比较,从低量度到高量度,构成一个非离散性的语义量级连续统"。这种连续统上的发展状况较为清晰地呈现出"X比N还N"表达结构的建构机制和演化轨迹,其中蕴含着相关构式之间的承继性(inheritance)关联,即"通过合理的逻辑推导而发现构式与构式之间的理据性关联(motivation link)"[①]。对于"X比

[①] 参见吴为善为顾鸣镝《认知构式语法的理论演绎与应用研究》(学林出版社2013年版)一书写的序言。

N 还 N"来说,其与其他构式之间的理据性关联主要表现为差比结构的一致性、"N"与"A"之间的语义关联性以及相应的转喻认知加工机制。

4.2 同语差比图式构式的主观评价性

较之常规差比句,同语差比图式构式"X 比 N 还 N"具有强烈的主观评价性。这一性质主要表现在比较结果与比较客体同形所带来的比较语义的非真值性和可变性、整体比较构式语义的主观认定性等方面。

4.2.1 非真值性和可变性

"X 比 N 还 N"构式中比较客体的选取注重最大属性值,一般以百科知识体系中的典型性标本作为参照对象,用来对比较主体进行极性评价,评价结论通常带有强烈的主观感情色彩。这一特点决定了差比构式的非真值性,即比较结果后"N"通常亚于比较客体前"N"。根据比较结果可信度的高低,我们可以将比较句分为真值比较和非真值比较两种类型。例如:

(5) 表哥汪丰年比我大十五岁,我三岁时,我父母把我放在姑父家读私塾,解放后在表哥当校长的学校读书,食宿起居全靠表哥,是我学业上的"严父"和生活上的"慈母"。(澎湃新闻,2021-07-12)

(6) 感冒→刀片嗓→结膜炎→感冒 咳嗽一个月都不好 一茬接一茬 反正就是总得带点毛病在身上 比林黛玉还林黛玉 一天请假12个 什么样的班主任带什么样的娃?(新浪微博,2023-11-17)

例(5)属于真值比较,比较结果"大十五岁"具有逻辑真值,而例(6)属于非真值比较,比较结果"林黛玉"转喻为人物的属性特征,意在强调比较主体具有客体所拥有的特质,但并不必然强于比较客体。构式程度级差标识符"还"具有预设功能和元语增量功能,即能够预设和强调比较客体具有表达者所认定的极限属性特征,如林黛玉的"多愁善感"。通过调用百科知识体系中典型人物的相关特征作为比较点,意在强调比较主体具有类似属性特征,从而使表达者的主观性评价得以执行。

此外,由于比较结果蕴含转喻机制,"X 比 N 还 N"构式的比较语义还具有一定的模糊性和可变性。如人物专名"林黛玉"的文化规约特征就包含了"多愁善感""弱不禁风""很有才情""爱情不幸"等多个语义节点,如何筛选需要依靠具体语境的制约和提示,以及表达者的主观比较意向,具有一定的可变性。

4.2.2 构式语义的主观认定性

认知语言学认为,"句法格式是对经验的编码,是储存在长期记忆中的特定构式。构式被认为是形式和意义的配对,构式本身可以传达某种要表达的概念内容,并根据它们的语义和句法结构以及语用适用性得以具体化。"([德]弗里德里希·温格瑞尔,汉斯-尤格·施密特,2009:276)以此理论来考察现代汉语比较句中的同语差比图式构式"X 比 N 还 N",我们发现,构式不仅与意义配对,还与特定功能配对。该构式已经成为特定经验和语用功能的一种编码形式,构式本身具有格式语义功能,能够彰显表达者的主观态度,执行的是一种对比较主体的虚拟性超值评价。如"她比男人还男人""他比年轻人还年轻人""他比领导还领导""他比狐狸还狐狸""他比哈巴狗还哈巴狗"等建构,都能满足不同语用要素干预调节下的主观极性评价表达需求。

关于语言表达中的"主观性"和"主观化"问题,国内外相关研究已基本达成共识,即我们所进行的任何言语交际活动绝少是纯理性概念的表达和客观命题式的交流,我们经常会在言语交际过程中渗透进自己的认识、评价、情感、态度等感性语义因子。而各种表达手段的选择与运用在很大程度上就是为了更好地满足这些感性语义因子的表达需求,即所谓的"主观化"。此处讨论的"X 比 N 还 N"比较构式,正是通过特殊建构机制彰显了语言表达中的"主观性"和"主观化"特征,利用属性名词中的描述性语义特征作为比较级差的衡量标准,表达者的立场、态度和感情在其中得到了充分体现。概言之,同语差比图式构式"X 比 N 还 N"已经成为携带表达者主观情感态度的非真值评价性建构。构式整体已经演化成为表主观评价的格式范框,格式语义具有强烈的主观认定性。

4.3 同语差比图式构式比较客体的优选性

能够进入同语差比图式构式"X比N还N"中的"N"需要接受一定的条件制约,即必须具有高属性值,且为人们所熟知。因为事物和相关属性处于同一概念框架,关联度强,易于激活,可以用来评价比较主体的相关性状。也就是说,并非所有名词性成分都可以进入这一比较架构,构式的生成包含了表达者对比较客体进行甄别和筛选的过程,属性值和知晓度双高的概念范畴易被激活调用。关于能够进入比较构式的"N"的义域类型,现有研究已经进行了考察和归纳,综合起来看,大致包括以下几种类型。

4.3.1 具有典型属性特征的指人名词

根据该类名词的指称特点,可分为两小类:第一,专指名词。该类名词属于个体名词,专指具体的人,且所指人物在历史语境和现实语境中具有典型属性特征,易于被激活并产生相关属性联想。如:诸葛亮(足智多谋)、阿Q(自欺欺人、喜用精神胜利法)、葛朗台(吝啬贪婪)、西施(貌美)、孙悟空(神通广大)、猪八戒(貌丑、好吃、懒做)、孔乙己(迂腐穷酸)、雷锋(乐于助人)等。例如:

(7)他怕失去钱以后,会不会失去她。尽管他做好失去的准备,但他真心地爱,<u>比罗密欧还罗密欧</u>。(李国文:《危楼记事》)

(8)一个至今都不知道自己要走到哪里去,也从来没有在乎过台湾民众最需要什么的人,居然好意思说要发动"社会运动",这岂不是<u>比陈水扁还陈水扁</u>吗?(《台春节好滋味说没就没扁家歹戏拖棚耐人寻味》,搜狐新闻,2009-02-09)

(9)中国人深受《三国演义》的影响,凡事都是三十六计,或下一盘大棋,啥事都是阴谋论,各大博主添油加醋,自己凭空捏造或想象,这样显得自己洞察秋毫,深谋远虑,比一般人聪明,仿佛自己<u>比诸葛亮还诸葛亮</u>。(新浪微博,2023-07-05)

罗密欧是莎士比亚剧作《罗密欧与朱丽叶》中的男主角,以对爱情的热忱、向往和忠诚著称,例(7)以其作比,调取了这一属性特征,意在强调主体对"她"的真心相爱;而陈水扁大肆贪污洗钱等糟糕表现则是例(8)中"比陈水扁还陈水扁"表达得以成立的重要基础;诸葛亮是中国古典名著《三国演义》中塑造的人物形象,以足智多谋著称,由此衍生出"三个臭皮匠,顶个诸葛亮""事后诸葛亮"等俗语,例(9)中的"比诸葛亮还诸葛亮"调取的是"足智多谋""料事如神"等属性特征并加以程度夸饰。

第二,类指名词。该类名词是表示不同社会阶层和社会角色的集体名词,是一种或几种典型特征的泛指或类指。相关属性特征是概念化和范畴化认知操作的产物。"物以类聚,人以群分",不同社会群体的划分一般以社会属性为基础,且在社会化过程中往往会被打上该阶层所特有的属性特征烙印。如:共产党员(思想先进)、农民(思想落后、生活贫穷)、商人(唯利是图、精明圆滑)、城里人(思想开放、生活富裕、时尚新潮)、绅士(风度优雅、彬彬有礼)、乞丐(贫穷肮脏、处境艰难)、妓女(生性放荡、生活堕落)、流氓(不务正业、为非作歹)等。例如:

(10) 闲暇时,村里的大爷大娘纷纷来到小区广场,唱歌的,跳舞的,还有的在健身器材上吊腿的吊腿,跑步的跑步。<u>比城里人还城里人</u>。(甘肃经济信息网,2013-02-28)

(11) 用"<u>比绅士还绅士,比贵族更贵族</u>"来形容他们一点也并不夸张——因为高级管家是贵族的老师,他们对服务的要求一定比主人的需要更高,对尊贵庄严的气质也有更深的体会。(全球财经观察,2005-06-06)

(12) 昨晚夜班没吃东西,就领了两盒牛奶放我自己带的袋子里面,有个同事也放我这里了,一共五盒,结果早上下班去拿的时候只剩三盒了,无语了很恶心,<u>比乞丐还乞丐</u>,别人袋子的都偷,这辈子没喝过牛奶吗每个月都有四五千工资连两三块的牛奶也买不起吗!!??????(新浪微博,2023-07-18)

由上述类名分析可知,"城里人"在传统语境中已被赋予了"思想开放、生活富裕、时尚新潮"等特征,与"乡下人"的"贫穷落后"形成鲜明对照;而在日常生活阅历中,"绅士""贵族"与"管家"也具有极为明显的身份差异;"乞丐"除了被赋予贫穷肮脏、处境艰难等特征外,有时迫于生计也会小偷小摸。正是基于这些认识,例(10)中的"村里的大爷大娘"与"城里人"、例(11)中的"绅士""贵族"与"管家"才能构成级差比较。而例(12)中的"比乞丐还乞丐"调取的则是小偷小摸等不端行为特征。

4.3.2　具有典型特征的处所名词

根据该类名词的所指性质,可以分为有典型特征的地域区划名词、具有文化特征的现实处所名词和具有文化特征的虚拟处所名词三类。在人类知识体系中,该类处所名词所蕴含的政治、经济、文化等内涵已凝定为常规认识,成为可以随时调用的百科知识。

第一,地域区划名词。该类名词包括洲名、国别名和城市名等,如:非洲(贫穷落后、灾难频发)、美国(经济发达、霸权主义)、印度(人口众多,经济落后)、上海(东方大都市、地理位置特殊、历史底蕴深厚)、巴黎(新潮浪漫,有"浪漫之都"美称)、威尼斯(水景独特)、拉斯维加斯(娱乐休闲)等。例如:

(13) 当技术官僚真正意识到不能保证"自己的职位"万岁了,自己届时可能从体制内流动到体制外,他们才会设身处地打磨出符合绝大多数人利益的条规,而不会把体制内搞得比欧洲还欧洲,问责后还能逍遥自在带薪休假,把体制外搞得比非洲还非洲,就业、养老、住房、医疗、教育都成了问题。(人民网—强国社区,2012 - 12 - 20)

(14) 岸田去了意大利、英国、加拿大。每去一个地方,都大谈"中国威胁",各种抹黑、妖魔化。以前美国公开指责中国,日本多少还比较委婉,但现在的日本,比美国还美国,直接死磕中国,认定中国是最大威胁。(新浪微博,2023 - 01 - 15)

(15) 姜文、葛优、王志文三王鼎立,勇闯"魔都"。在《一步之遥》中三位"民国雅痞"变身当代绅士共同登上时尚杂志封面,分别在纽约、北京、上海三个城市与观众分享他们的探险之旅。或桀骜不羁,或自在无限,或意犹未尽。12月18日,让我们共同见证那个"华洋混

杂,比上海还上海"的东方魔都!(新浪微博,2014-12-03)

(16)随着中国经济的腾飞,人们越来越清醒地认识到,一个民族可以在工具理性、科学技术上效仿西方,甚至比西方还要西方,但是在文化内核、心理结构上却秉承传统。我们是现代的,但我们不是西方的。(人民网,2016-09-22)

第二,现实处所名词。该类名词包括公共场所名词、景点处所名词、机构处所名词等。如:公园(风景美好、环境怡人)、监狱(环境恶劣、限制自由)、外滩(上海地标、景观独特)、西湖(杭州地标、水光山色)等。例如:

(17)毕业后第一次进母校大学城校区,随处可见旧牌坊,旧石桥,比公园还公园,比学校还学校。相比黄桷坪的生活化,这里显得很"华丽"了。(新浪微博,2014-01-21)

(18)来了一年半了,掏了几万学费来学校每天就是叠被子,拖地扫地,垃圾桶里不能有垃圾,有一个纸就扣分,啥都拿分压我们,比监狱还监狱,开学早放假晚,疫情这么严重,不放假还在班里上网课,在哪不能上网课,非要在班里一百多个人待在一起,圈钱圈的还不够多吗,封校期间师生对待不一致,学生都没靠近大门口,保安就指着学生嗷嗷叫,老师就可以光明正大点外卖拿外卖,恶心死了这个学校最恶心的学校!(新浪微博,2022-11-16)

第三,虚拟处所名词。该类名词一般来自文学作品或者民间传说,文化锻造痕迹明显,相关名词所包含的属性特征具有强烈的主观认定性和虚拟性。如:地狱(黑暗悲惨的处境、罪恶惩戒之所)、天堂(幸福美好之境、极乐世界)、龙宫(富丽堂皇、奇珍异宝珍藏之所)、伊甸园(生活乐园)、蓬莱仙境(美好境界、神仙出没之所)等。例如:

(19)于是乎,很多人看来,东瘟疫之地真的是比地狱还地狱,不要忘记最终副本纳克萨玛斯也在东瘟疫之地,可以说纵观整个怀旧服,东瘟疫之地都肯定会是人满为患。尽管玩家很不想去,但恐怕又不得不去!(网易,2019-11-22)

(20)去重庆玩,除了看美女,啊!不对,看美景,另一大乐事,就是敞开肚皮大吃特吃啦!对于专业的吃货来说,重庆简直就是比天堂还天堂,咱们赶紧跟着这位吃货达人去看看重庆的哪些美食比较可口！饭点又到了,你们饿不饿？要不我们去组团吃个火锅吧！(新浪微博,2017-03-27)

4.3.3 具有强式属性特征的指物名词

该类名词在人类认知域中被赋予了特定的概念属性和文化内涵,既有一定的认知基础,又有一定的文化规约。进入构式的名词通常调取的是跨域隐喻义。根据指物名词的不同义域,可以分为两种类型。

第一,普通事物名词。相关事物的功能或被认定的属性特征具有高显著度,有些已形成规约性比喻关联,易被激活调用。如：电脑(反应快捷、运行高效、机械刻板)、算盘(比喻精打细算)、木头(比喻反应迟钝)、火炉子(酷热难耐)等。例如：

(21) 顺丰的人工客服??比电脑还电脑！除了让你等,没有任何解决办法！翻来翻去的话术就像自动回复！我问他你是真人不？他说是的我的工号是×××××。更像机器人了！麻掉了！(新浪微博,2021-08-21)

(22) 再说职代会吧,呼声甚高,可惜至今还是"丫鬟挂钥匙——当家不做主",比橡皮图章还橡皮图章！(雪华：《本色》)

第二,动物名词。该类名词蕴含的属性特征具有民族文化规约性,起用的隐喻义体现出特定民族认知的主观性和任意性,并不具有逻辑语义真值。如：狐狸(阴险狡猾)、哈巴狗(巴结讨好、依附顺从)、猴子(精瘦机灵)、狗熊(蠢笨无能)等。例如：

(23) 友友投稿的夏日少年派摄影师发的小红薯,摄影师的评价是对小丁的印象最深刻,因为小丁还没讲解方案就迅速get,表情动作比狐狸还狐狸,快速出片。(新浪微博,2023-09-06)

需要指出的是,上述所列名词的相关属性特征皆为典型性,并非唯一性,实际使用过程中,受表达者不同的认识水平、考察角度和比较意向的影响以及

具体语境的制约,一些非典型性特征可能会被激活并进入表达者的认知域,从而构建起相应的比较结构。例如:

(24)别人镜头中的厦门:比美国还美国!比韩国更韩国!美国指环岛路椰风寨,那韩国指遍地的咖啡店。(新浪微博,2023-12-25)

(25)旅顺开发区到底怎么了? 6楼以上都没自来水,简直比非洲还非洲。(房天下,2008-09-23)

由构式用例依存语境可以推断,例(24)中的比较结果"美国"调取的并非"经济发达、霸权主义"等典型性属性特征,而是"椰风美景"这一非典型性属性特征;而"韩国"调取的则是"遍地咖啡店"这一非典型性特征。例(25)中的比较结果"非洲"受上文"6楼以上都没自来水"的语境制约,调取的显然是"缺水"这一非典型性特征。

由此可见,能够进入"X 比 N 还 N"比较架构的比较客体 N 一般都具有高属性值和知晓度,相应的典型特征也最易被激活调用,而非典型特征必须在一定的语境支撑下才能被激活调用。相关比较框架的建立充分体现出对比较客体 N 的优选性条件制约,与认知域中的语义联想强度和表达意趣密切相关。

4.4 同语差比图式构式比较结果的认知性

比较结果是比较句的重要组成部分。不论何种比较构式,都应该通过比较项目和比较标记的选用调配以传达出比较结果的相关信息。比较结果产生的先决条件是比较主客体之间必须具有可比性。所谓可比性是指比较主客体具有相同或相似的属性特征,不论这些属性特征是客观存在,还是主观认定。对于同语差比图式构式"X 比 N 还 N"来说,该原则也同样适用。不过,与常规比较构式"X 比 N 还 A"相比,其比较结果的产出采取的是一种间接表达策略,并非明示话语行为,需要接受者动用较多认知资源参与破解和识别,充分体现出比较结果表达与接受的认知性。

4.4.1 比较结果表达的转喻认知机制

认知语言学认为,转喻不是词语的替代关系,而是人们认识事物的一种重要方式。转喻认知方式在人类概念域中体现的是一种"接近"(close)和"突显"(salience)的关系。"一个物体、一件事情、一个概念有很多属性,而人的认知往往更多的注意到其最突出的、最容易记忆和理解的属性,即突显属性。对事物突显属性的认识来源于人的心理上识别事物的突显原则"(赵艳芳,2001:115-116)。同语差比图式构式"X 比 N 还 N"比较结果的表达就蕴含了这一转喻认知机制。表面上,比较句中的比较结果与比较客体同形,皆为名词性指称符号;实质上,二者提取的都是概念符号包孕的描述性语义特征。依凭"事物—属性"概念语义关联框架,利用属性特征及其所依附的名词之间的语义扩散性激活功能,由属性名词可以自然引起相关属性特征的语义联想。例如:

(26) 捣鼓连休这玩意的就没有人管了吗? 好端端的休息非要东拼西凑,其实工作时间还不是要补回来? 比阿 Q 还阿 Q! 这叫自欺欺人!(新浪微博,2021-10-26)

阿 Q 是鲁迅小说《阿 Q 正传》中塑造的典型人物,其典型性格特征是:自欺欺人、喜用精神胜利法。遇到挫折和不顺,经常会按照利己原则进行自我安慰,自我满足。这种性格是国人乃至国家旧时传统的劣根性,具有一定的典型性。于是,随着鲁迅作品影响的扩大,"阿 Q"与"自欺欺人、喜用精神胜利法"之间就建立起最佳关联,阿 Q 已成为这一特征的代表性能指符号。由上文语境可以推断,例(26)中的"阿 Q"转喻的就是不能正视现实、自欺欺人、自我满足的心态特征。

4.4.2 比较结果解码的原型认知机制

由于同语差比图式构式"X 比 N 还 N"中比较结果和比较客体同形,作为结果项的 N 是集合了相关属性特征的能指符号,因此,对比较结果的识别和提取就存在一个对典型性和非典型性的区别和选择问题。认知语言学研究也注意到相关问题,认为与范畴成员一样,一个词的不同意义也有中心和边缘之分,其中,最基本的典型意思是范畴语义凝聚力(semantic cohesion)的中心,它通过使其他意思进入人的理解系统的方式而把范畴凝聚在一起。也可以说,在语义特征束(semantic feature cluster)中,词义集合呈现出非均质性特征,有些词义比较典型,处于中心位置,有些则难以界定,处于边缘位置。"词的意思之间同时还通过若干认知过程以系统方式互相联系起来,这些意思表现出内部有序的联系集合。"(卢植,2006:165-166)其中,中心效应或原型效应意味着在一个词义范畴中,一些范畴成员远比另外一些范畴成员更典型、更容易提取、使用频率更高。例如:

(27) 这是一个很奇怪的现象,按道理,文字越精到,表达应该越清晰才对,为什么越混乱呢?这首先要举例来说明这个问题。比如,我们说一个男人见异思迁,看见条件好的女人就把结发妻子抛在脑后,我们用一句最精到的话,那就是,这人:<u>比陈世美还陈世美</u>。就是这简单的一句话,道出了汉语言的弊端。<u>比陈世美还陈世美</u>,从语言逻辑来分析后一个陈世美,是什么词性?是动词吗?这个句子是省略句么?都不是,后一个陈世美,是典故中陈世美这个人的特殊品行的概括。(百度贴吧,2020-08-04)

(28) 先不提是不是被黄堂污蔑,我们来想想《水浒传》里的女性处境。只要长得好看的无一不是水性杨花,死状凄惨,唯一剩下的扈三娘还不得不嫁给了<u>比武大郎还武大郎</u>的王英。(新浪微博,2019-09-12)

认知语言学认为确定中心意思的典型方法是:可以看哪一种特定的或具体的意思首先会被语言的使用者想到,也就是要强调自然状态下的第一直觉。由此可见,例(27)比较结果项调用的显然是陈世美"喜新厌旧、薄情寡义"的典型性特征,而至于他先前家境贫寒,后来中状元、做驸马等状况和经历则退居到后台,若要激活起用,需要强语境支撑。例(28)中以"武大郎"作比"矮脚虎"王英,调取的典型特征为"身材矮小、相貌猥琐",至于他"卖炊饼""有美妻""被妻毒死"等特征信息亦已退居次席,不易激活。

总之,一个具体事物往往拥有多种属性特征,无论是个体事物,还是集体事物,因而一个具体事物的主体名词可以附载多个属性特征,即所谓的"名词容器性"(高云玲,2007:46)。但就某一具体事物而言,各种属性特征的地位是不平等的,某一种属性特征会格外受到人们的关注而成为其显著属性特征。当提到该主体名词时,与之有关的属性特征会被激活,并通过语境得到彰显和选择。

4.4.3 比较结果的认知强化机制

就同语差比图式构式"X 比 N 还 N"比较结果的表达与接受而言,除了内蕴转喻机制和原型认知机制外,还包含了认知强化机制。这一强化机制是通过增加比较结果的解码难度实现的。因为,与其相类似的普通比较构式"X 比 N 还 A",或者一般断言式陈述结构"X 非常 A"相比,"X 比 N 还 N"构式中的结果项 N 属于间接表达,解码过程中需要消耗受话人较多的认知资源。而思维的受阻延迟正是相关表达对象得以强化的重要手段,破译难度增加使认知活动时间延长,认知域中的信息强度增大,认知结果易变成焦点记忆,可以加深认知印象。现将三种表达方式举例比较如下:

(29) 他非常吝啬。

(30) 他比葛朗台还吝啬。

(31) 他<u>比葛朗台还葛朗台</u>。

通过比较不难发现,例(29)到例(31)编码渐趋复杂,而表达结果的认知强化性也随之逐渐增强。这一变化特点也吻合了认知语言学中的句法象似性理论,即"简单的概念一般用短小的单位表达(如单纯词、简单句),复杂的概念一般用较长的单位表达(如合成词、复合句)"(沈家煊,1993)。例(29)是最简结构,编码简单,表义显豁,解码所需的认知资源最少。例(30)编码复杂度有所增加,引进了比较对象来表达比较结果的性状程度,解码难度也相应增大,需要受话人对比较客体"葛朗台"有所了解,知道他是巴尔扎克小说《欧也妮•葛朗台》中的重要人物,是典型的守财奴,以贪婪和吝啬著称。而例(31)是最繁结构,比较结果已由"吝啬"换用为"葛朗台",表义显豁度大为降低,解码难度最大。因为,例(30)中的属性词"吝啬"已经规定和提示了比较方向,可以引导受话人在比较客体"葛朗台"身上寻求相应的属性关联。而例(31)则不同,比较客体和比较结果皆为"葛朗台",没有明示的比较方向,需要受话人对比较客体及其属性特征有充分的认识和领悟,并能锁定人物的典型特征,以顺利完成"人物—属性"的认知转换。比较而言,例(31)解码所需的认知资源最多,相应的认知强度最高,例(30)次之,例(29)最低。至此,我们可以得出上述三种表达式认知强度的级差序列:

$$认知强度:X 比 N 还 N > X 比 N 还 A > X 非常 A$$

4.5 同语差比图式构式极性义的生成机制

利用属性特质最为典型的"N"作比,意在突出"X"的相关属性特质已经达到无以复加的地步,这是同语差比图式构式"X 比 N 还 N"的构式义。在具体语境中,这种构式语义能够满足主观极量表达需求,具有夸张修辞特色,带有强烈褒贬感情色彩。这里我们需要重点关注的是该类表达结构语义是如何产生的,即其极性语义的生成机制。综合考察发现,其极性义的生成大致有以下几个要素。

4.5.1 程度预设与语义强化

"X 比 N 还 N"极性义的表达与其框架构件有关,具体来说,就是其中的程度标记词"还"为构式语义的表达做出了贡献。因为,框架构件"还"的运用,意味着结构中的变项"N"已经极为典型,以其作为比较对象,意在拔高"X"的属性特质。例如:

(32) 这个比凤姐还凤姐的女生,我可以狠毒地认为她脑子有点问题,也可以温柔地认为她的自我评估系统几乎是负数。(成都晚报,2010-05-25)

上述例子中的"比凤姐还凤姐"用"凤姐"作比,用来对其比较主体"这个女生"进行极性评价。结构用例中的"还"已经蕴涵着比较客体的属性特质在人们的百科知识体系中已经达至最高峰值。将这种典型标本用于差比结构,旨在实现对比较主体的夸张性极性评价,是专注于强化语义的修辞性表达,而非局限于理性意义的逻辑性表达。"还"的运用,不仅是差比的形态标记,还意味着比较客体"N"具有典型属性特质,需要受话者积极探寻,于是,凤姐擅长搞怪、以网络审丑红人著称的相关信息便被激活和调取。需要说明的是,这种激活与调取只是一种修辞性表达手段,并不具有绝对逻辑语义真值。将百科知识体系中最为典型的对象提取出来用来表达相关主体的性状特征,通过将比较主体与最为典型的比较客体纳入差比性结构,意在让受话者对比较主体的性状特征有个更为鲜明生动的感受,进而实现强化表达效果的表达目标。

综上所述,就"X 比 N 还 N"的极性义表达来说,框架构件"还"既是一种差比结构标记,也预设了待嵌构件"N"具有极为典型的属性特征。这种预设可以为比较主体赋予主观极性评价语义值,因为比较客体"N"已经处于顶级状态,为相关属性特征的最佳标本,而差比结构中"N"的属性特征还超出了这种顶级程度状态,这样可以有效刺激受话者的主观想象,加深认识与感受,进而实现对相关对象的主观极性评价。

4.5.2　跨界比较与程度提升

所谓跨界比较,是指在"X 比 N 还 N"差比结构中比较主体与比较客体往往具有概念性质方面的对立性差异,这种比较构件因反差太大,可以提升构式表达程度,有助于实现对比较主体的主观极性评价。需要说明的是,这里的跨界比较具有广义性,涵盖具有一定对立性差异的各种类型的比较。相关用例除了上述援引的"比女人还女人""比城里人还城里人""比公园还公园""比电脑还电脑""比狐狸还狐狸""比非洲还非洲"外,还可以再举一些。例如:

(33) 所以,慈禧虽然爱美、会享受生活,但绝不认为自己是一个普通女人,她让光绪称她为"亲爸爸",说明她虽在生活上做足女人工夫,但在政治上她要当一个男人,比男人还男人的强者。(快资讯,2019-09-02)

(34) 在女排中,他属于中等个儿,二十三四岁,修长的身段,白皙的皮肤,大眼睛,是福建人。他腼腼腆腆,比姑娘还姑娘,名字叫陈

忠和。姑娘们亲切称呼他"小陈指导"。(鲁光:《敲开世界冠军的大门》)

(35) 大学毕业时,很多同学都去了北京、上海等大城市,爱跳街舞、酷酷的帅小伙关忠仁,却选择当了村官,而且一干就是6年,变得比农民还农民,彻底"屯"了。(中国青年报,2015-05-08)

(36) 但是我就纳闷了:为什么能管好的市容卫生平时不管呢?为什么就不能给我们营造一个干净的城市环境呢?为什么生活在城市中非要让我们过比农村还农村的生活呢?(人民网,2012-09-28)

上述例句中的相关构式用例都具有跨界比较表达特点,其中例(33)和例(34)属于跨性别比较,例(33)中"比男人还男人"的表达对象是作为女人的慈禧,而例(34)中"比姑娘还姑娘"的表达对象是作为男人的陈忠和。前者是对晚晴重要政治人物慈禧强硬作风的极性评价;后者是对前女排主教练陈忠和腼腆谦和性格的极性评价。这种跨性别表达之所以能够成立,是因为比较客体"男人"和"姑娘"的典型属性特征已经固化在人们所拥有的百科知识体系中了,"男人"与坚强勇敢、"姑娘"与温柔腼腆形成自然语义关联,因此,要想表达慈禧的强硬彪悍和陈忠和的谦和腼腆就可以分别用"男人"和"姑娘"来作比。而例(35)中"比农民还农民"的表达则属于跨行业身份的比较,旨在极度赞美大学生关忠仁做了村官后扎根农村、完全融进农村的高贵精神品质。例(36)中"比农村还农村"属于城乡跨界比较,表达的是城里人过上了条件极其恶劣的生活。考察发现,上述"X比N还N"构式所有用例极性程度的表达都是建立在比较构件的对立性差异基础之上的,即跨界比较。构件成分的这些对立性差异已经高度规约,成为人们的固有认识,诸如男人的坚强、女人的柔弱、农民的土气、农村的落后等已经成为集体共识。正因为如此,我们在表达女人的坚强勇敢时可以用"比男人还男人",相反,在表达男人的腼腆温柔时则可以用"比女人还女人"。而"比农民还农民"和"比农村还农村"的表达对象也绝对不会是农民和农村,而是与其有对立性差异的城里人和城市。

4.5.3 违反合作与极性评价

如前所述,该类构式属于差比构式,其特别之处在于标记结果与比较客体同形,为解码程序增添了难度,而解码难度的增加恰好能够满足对相关对象进行极性评价的表达需求。二者关系的探究需要结合交际活动中相关合作原则的遵从与违背展开分析。格赖斯提出的会话合作原则包括四条准则及其相关次准则,其中的第四条为方式准则(The maxim of Manner),即清楚明白地说出要说的话,主要包括四条次准则:① 避免含混不清;② 避免歧义;③ 要简短(避免冗长);④ 要有序。后来,格赖斯(Grice,H.P. 1975:41-58)又在此基础上进一步提出可能不遵守这些准则的几种情况,其中特别提道:

> 故意违反或利用某一准则来传递会话含义。说话人故意不遵守某一条准则,即说话人知道自己违反了某一条准则,同时还使听话人知道说话人违反了该条准则,但目的不是中断交谈,而是为了向听话人传递一种新信息——会话含义。

以此理论来观照该类主观极量图式构式,我们发现,若从合作原则中的方式准则来看,实际语言生活中的"X 比 N 还 N"用例明显违背了"避免含混不清"和"避免歧义"的方式次准则。具体表现为,比较构式中比较结果的呈现曲折隐晦,比较构式语义含混不清,有歧义。比如"比女人还女人"表达在不同语境中就可以有多种解读。例如:

(37) 罗志祥在帖文中高喊"变身",身穿黑衣的他,在镜头前帅起撩发,把长刘海拨向后脑勺的瞬间,模样变成女装造型。只见他长发飘逸,大眼朦胧,配上性感红唇,换穿削肩绕颈白衣,眼神尽是妖娆,在灯光下摆出各种妩媚表情,模样<u>比女人还女人</u>,更让网友惊讶的是,高挺深邃的五官,配上瓜子小脸,竟和女友周扬青撞脸,让不少人猛一看,还以为是女友来"客串"。(网易娱乐,2018-09-10)

(38) 跳舞、唱歌,人妖们个个都会,<u>比女人还女人</u>!节目的最后,穿的最华丽的一个人妖独自上台,介绍自己:"大家好,我叫梦琪。"(百家号,2017-11-24)

(39) 顶替柯震东的井柏然,挑战"妇男"形象,饰演一个爱烹饪、爱做针线活的男生,"很多方面<u>比女人还女人</u>",不仅要带孩子,学习和刚出生的"萌妖"胡巴相处,还要亲自给胡巴喂奶。(搜狐资讯,2015-03-30)

（40）所有舞台剧演员都要经过相当一段时间循序渐进的系统训练才能上台表演。梅兰芳是个最突出的例子。他50多年的舞台生涯中演的全是旦角，美国人看了惊为天人——"<u>比女人还女人</u>"。（人民日报海外版，2018-08-13）

　　上述例句中的构式用例"比女人还女人"依据其不同分布语境各有其不同侧重语义，四个用例分别偏重于外貌神态、歌舞技艺、生活技能和化妆打扮。也可以说，"比女人还女人"结构语义是多种属性特征的集合，具有包容性和开放性，可以根据表达需要提取其中的某一属性特征。这种表达间接曲折，语义游移，给相关结构语义的解读设置了障碍，违反了方式准则中的"避免含混和歧义"的相关要求。而这种违反却是施话者有意而为，意在通过设置理解障碍，增加解码难度，调动语用推理，传达特定的会话含义，以获得最佳表达效果，即实现对相关对象的极性评价。具体来说，就是"比女人还女人"是一种修辞性表达，其语义的准确理解需要消耗一定的认知资源，需要结合认知语境进行必要的语用推理。所谓认知语境，是指语用者系统化了的语用知识，是人对语言使用的有关知识，是与语言使用有关的、已经概念化或图式化了的知识结构状态。包括语言使用涉及的情景知识（具体场合）、语言上下文知识（工作记忆）和背景知识（知识结构）三个语用范畴，也包括社会团体所共有的集体意识。[①] 有了这些语境要素的支撑，语用推理方可顺利进行，有关"女人"的种种属性特征才能被激活调用，于是，上述四例中的"比女人还女人"才可能分别解码为：比女人还妩媚妖娆、比女人还能歌善舞、比女人还会操持家务、比女人还会化妆打扮。

　　总之，这种言不尽意和含混曲折的表达正是通过设置理解障碍，增添解码难度，消耗更多认知资源，增强受众的感知体验，以实现强烈主观评价表达目标。

　　以上分别从表达框架的生成机制、构式语义的主观评价性、比较客体的优选性、比较结果的认知性和构式极性义的生成机制等几个方面探究了主观极量比较构式"X比N还N"的建构特征和语义表达等问题。相关研究基于构式

[①] 关于认知语境，可参见熊学亮的《单向语境推导初探（上）》（《现代外语》1996年第2期）和《语用学和认知语境》（《外语学刊》1996年第3期）。

语法理论和认知语言学理论展开,意在揭示该类表达构式的建构机制和表层语言现象背后潜藏的认知功能动因。理论运用的基本依据是:特定结构形式与特定语义和功能的表达密不可分,结构形式的变异使用往往蕴含着特殊的语义和语用表达动机。在语言和现实之间有人类认知中介的参与,语言并不能直接反映客观世界,而与人类的概念结构相对应,是人类概念结构的重组和象征化,内蕴语义和功能动因。就"X 比 N 还 N"特殊比较构式来说,修辞性与变异性只是其表层现象,潜层次上蕴涵着人类特有的认知功能动因。主观认知评价、比较客体的典型性、主客体之间的相似性、转喻认知、比较结果的认知强化、违反合作原则的语用推理等因素共同促成了同语差比图式构式"X 比 N 还 N"的产生与流行。

第 5 章　同语限制图式构式的主观极量表达

汉语中有一种同语性偏正结构具有主观极量赋义功能,如"精英中的精英""作家中的作家""名著中的名著""王牌中的王牌""热点中的热点""冷门中的冷门"等。为了称说方便,我们暂且将此类语言现象统一码化为"N 中的 N"结构框架[①]。所谓同语性偏正结构,是指结构中限制语与中心语同形,二者组合,构成一种显层逻辑语义乖互的表达形式,可称之为"同语限制图式构式"(Tautology Restrictive Schematic Construction)。而显层逻辑语义乖互正是为了满足一种特殊语义的表达需求,即主观极量表达需求。关于该类表达结构,王洁(2007)认为"N 中的 N"的语法意义是性质义的量级递推,具有性质义是相关名词进入该类构式的必要条件,并对相关名词的语义特征进行了具体分析。龚社莲(2011)在探究复叠格式"X 中的 X"时也专门讨论了由名词性 N 参与建构的构式特点、语义限制以及语用功能等问题。朱军(2013)主要探究了"N 中的/之 N"格式及其构式化特征,认为构式内部可分为"强调指称""量级类推"和"极性程度"三种用法。樊中元(2015)也论及由名词性成分"X"参与建构的"X 中的 X"格式的语法特征和语义表达等问题。总体来看,现有研究已经注意到该类表达形式的规约化语义表达特点,并进行了较为系统的考察探究。不过,现有研究中关于该类构式特征以及"N"的语义类型的分析还有需要完善的地方,关于构式的语义表达和语用功能的研究也需要进一步拓展深化,而相似构式的归并探究也值得关注。因此,本章拟在现有研究基础上重点考察探究如下问题:① "N 中的 N"的图式构式特征;② "N 中的 N"主观极量

[①] 实际语言生活中还有"坏人里的坏人""珍禽中之珍禽""王中王"等具有相同语义语用表达特点的语言用例,为简便起见,此处不做细化处理,统一用典型性更强的"N 中的 N"来概括相关语言现象。

语义的生成机制;③"N中的N"的语境分布及其语用功能。在此基础上附带论及其他同语复叠结构形式。

5.1 同语限制图式构式特征分析

5.1.1 关于图式构式

构式语法理论认为,构式是形式与意义的规约性配对(a form-meaning conventional pair),任何语言表达式,只要它的形式、意义或功能不能完全从其组成成分中推知出来,就可称之为构式。根据一个构式的组成部分是由固定词项填充(lexically fixed)还是开放性的(lexically open),构式可以分为实体构式(substantive constructions)和图式构式(schematic constructions)。二者的区别在于,实体构式只具有一个实例,而图式构式由于词汇部分是部分或全部开放的,于是它们就有较多实例。这些实例例释(instantiated)某个图式构式,而这个图式构式则允准(licenses)这些实例(严辰松,2006)。这种表达机制类似于语言表达系统中的组合关系和聚合关系,人类语言系统有其内部组织性和自组织性,建构与运作均需遵循一定的原则与规律。同样,构式语法也认为,构式并不是杂乱无章地存储于大脑之中的,构式之间具有各种关系,每个构式是一个节点,节点之间互相联通组成网络。构式之间的关系可分为三类:原型>引申(prototype-extension)关系、图式>实例(schema-instance)关系以及继承(inheritance)关系[①]。此处讨论的图式构式之间有"图式>实例"关系,即图式与实例之间存在允准与例释关系。这种表达机制具有框填特点,在实际言语交际过程中使用频率较高,已成为极为典型的表达形式。甚至有研究表明,语言表达机制,无论词法还是句法都是在"框"中通过"填"而运作起来

[①] 参见 Croft, W. Radical Construction Grammar. OxfordUniversity Press, 2001、Croft, W. & D. A. Cruse. Cognitive linguistics. CambridgeUniversity Press, 2004, p276、Goldberg, A. E. Construction:A new theoretical approach to language .Trends in Cognitive Science, 2003, 7(5):219-224。

的,是一种通过提取框架、进行充填操作而不断衍生的机制或过程(辛仪烨,2010)。结构能产性、意义整体性和语境依附性是诸多图式构式的主要性质与特点。

5.1.2 "N 中的 N"的模标特点分析

比照图式构式理论,本书考察探究的同语限制构式"N 中的 N"也是一种图式构式。构式中的方位词"中"和结构助词"的"组合成构式模标。表范围的方位词"中"具有外延指示性,通过划定一个特定的区域范畴,将前后两个相同的"N"异化为属种关系,以显示二者之间有量级递推关系,进而实现后"N"性质义的激活与极化;作为结构语义关系的外显标记,结构助词"的"可以使相关成分"有界化",进而促成前后"N"的同形异义(龚社莲,2011:6)。该模标是一种表范畴领属关系的框填架构,前模槽填充物为领有者,后模槽填充物为被领有者。邵敬敏(2011)称之为框式结构中的"双项单框式",即框架只有一项,而可变项则为同形的两项,分别在框架的前后。该类模标的特别之处在于其前后模槽填充物同质,与常规结构成分的异质性需求相悖,有同语反复逻辑乖舛之嫌,但这种表层逻辑语义的乖舛却能满足特定语义功能的表达需求。相关问题留待下文详述,这里我们重点关注该类构式的图式化特征。考察发现,除了常见的"__中的__"模标类型外,还有"__中之__"和"__中__"两个结构相似、语义功能相同的结构模标,"珍禽中之珍禽"和"王中王"便是其结构用例。

5.1.3 模槽填充物"N"的准入条件

同语限制图式构式"N 中的 N"的极量义是模标与模槽填充物共同作用的结果,模标提供了极量义得以生成的结构形式,模槽填充物提供了极量义得以生成的概念实体。考察发现,能够进入模标架构的填充物在音节形式和语义表达方面还需要接受一定的条件限制,即并非所有构件成分都可自由进入该架构。

5.1.3.1 音节形式

从音节结构形式来看,因受模标类型的影响,相应的模槽填充物也呈现出一定的差异性。也可以说,结构模标的选用与前后模槽填充物的音节结构形式有关,旨在建构起符合汉语韵律节奏的语言表达形式。总体来看,能够进入模槽的"N"以单、双音节填充物为常,多音节填充物罕见,且不同音节填充物对其所赖以存在的模标有条件性需求。对于"__中的__"模标来说,由于前后双音节填充物的介入可以与模标组建成偶音节韵律结构形式,因此,双音节构件便成为该类模标填充物的首选。不过,由于模标构件"的"为通用性结构助词,与复杂模槽填充物有一定的兼容性,因此,诸如"设计师中的设计师""基础科学中的基础科学"等多音节填充结构也不乏用例。而对于"__中之__"和"__中__"两个模标来说,前者对单音节模槽填充物有一种倾向性需求,因为"__中之__"接受单音节构件填充,可以建构起[2+2]复合韵律结构形式①,且在四字格结构中用"之"系连单音节中心语已成为一种规约性表达,诸如"重中之重""珍中之珍"②等;而后者对单音节模槽填充物则有强制性需求,因为"__中__"模标接受单音节构件填充,可以建构起具有词汇固化特点的[2+1]韵律结构形式,"王中王""冠中冠"是其典型用例。

5.1.3.2 语义条件

"N中的N"对模槽填充物"N"有语义条件性需求。关于"N"的入选条件,王洁(2007)认为"N"必须有性质义,朱军(2013)认为大多数"N中的/之N"格式具有可度量性。他们所提及的性质义与可度量性都与"N"的内涵义的激活与提取有关。由于名词性成分的内涵义具有内隐性、模糊性和开放性,因此能够进入模标的"N"也具有一定的复杂性与多样性。根据内隐可度量性质义的呈现方式及特点,构式中的"N"可以分为有序性、量度义和性状化三种类型。③

所谓有序性,是指能够进入结构框架中的"N"都是特定顺序义场中的一员。朱军(2013)称之为"义场赋予"类名词,主要是衔位义场中的名词,如"研究生""博士""教授"等。研究发现,由于构式语义具有主观极量性,那些上限极值类名词与构式语义具有较高兼容性与适配性,相应地也更容易进入此类

---

① 关于三音节和四音节韵律构词问题,可参见冯胜利的相关论述,见冯胜利的《汉语的韵律、词法与句法》(北京大学出版社,1997年版)。

② 这里的"重中之重"和"珍中之珍"源于"重点中的重点"和"珍品中的珍品"的减缩,也属于"N中的N"格式。

③ 此处分类参考了张谊生(2014)在探究"副+名"问题时对"名"的分类,参见张谊生的《现代汉语副词分析》(上海三联书店,2014年版)第68页。

构式。如在职称类顺序义场中,"教授中的教授"格式化表达显然要比"讲师中的讲师"更为合格。

量度义是指"N"中所含有的可被度量的性质义,这种性质义的呈现大致可分为语素凸显和语义蕴涵两种类型。前者如"新潮""热门""地王""影帝"等,其中分别含有形容词性语素"新""热"和至高职位类名词性语素"王""帝"可供度量;后者如"典型""科学""关键"等,该类词多为抽象名词,其形名同体,功能游移,属形名兼类词,带有属性特质的名词蕴涵量度义,自然可以进入结构以实现主观极量化。

性状化情况较为复杂,涉及名词附加义的表达问题。现有研究已经证明,名词除了具有较为稳定的理性义外,还具有极为丰富的动态附加义,这种附加义对表达结构和分布语境具有较强依附性。根据附加义的呈现方式及特点,该类名词的"性状化"可以分为内涵凸显、特征概括和形象比喻三种类型。其中内涵凸显是指相关词语的内涵义已经得到社会公认,成为集体共识,具有较高显豁性,诸如"官僚""贵族""天才""流氓"等;特征概括是指相关词语的内涵义是其表达对象特征的综合概括,具有内隐性与共约性,诸如"江南""香港""农民""阿Q"等;形象比喻是指运用具有典型特征的事物或人物来喻指其他对象,施春宏(2001)在考察名词描述性语义特征的显现方式时发现"畜生""禽兽"之类的名词具有强描述性语义特征,最易进入副名组合框架,而"N中的N"也是一种语义动态表达结构①,相关名词进入该类架构也较为常见,诸如"黑马""垃圾""畜生""魔鬼"等。至此我们可以将能够进入构式的"N"的语义条件列表概括如表5-1所示。

表5-1 模槽填充物"N"的语义条件分析

语义条件		例词	特点说明
有序性	职衔序列	教授、博士、白领、领袖、皇帝、女王	上限优先
量度义	语素包含	新潮、热门、特区、地王、歌后、影帝	性质凸显
	语义蕴涵	本质、基础、要害、理性、智慧、关键	

---

① 施春宏曾考察了句法形式对名词的描述性语义特征的提取情况,分别列举了"越来越+名词、比+名词+还(更)+名词、像+名词+一样+形容词、有+名词"等名词描述性语义特征的强显示句法标志,参见施春宏的《名词的描述性语义特征与副名组合的可能性》(《中国语文》2001年第3期),我们认为,此处的"N中的N"也是一种能够提取名词描述性语义特征的典型句法形式。

续 表

语义条件		例词	特点说明
性状化	内涵凸显	官僚、贵族、市侩、权威、天才、流氓	概念状化
	特征概括	江南、上海、香港、农民、男人、阿Q	
	形象比喻	垃圾、畜生、废物、黑马、笨蛋、魔鬼	

5.2 同语限制图式构式主观极量义的生成机制

5.2.1 构式赋义

Goldberg(1995/2007：1)提出"构式本身具有意义，该意义独立于句子中的词语而存在"，是一种"自上而下"的语义生成机制，即构式赋义。此处考察探究的同语限制图式构式"N中的N"是一种习语构式，其主观极量义的生成也是构式赋义的结果，与构式的惯性压制密切相关。

所谓构式压制，是指"当某一词语叠加（Superimpose）或被运用于某一特定构式中，且两者的语义和用法特征不兼容或相冲突时，构式往往处于'主导地位'或'强势位置'，它可强制性改变词语（主要是动词、名词等）的语义和用法，迫使两者取得协同（Accommodation）"（王寅，2011：341）。对于"N中的N"来说，其构式主观极量义的生成也来源于这种加工机制，即同质构件进入有概念蕴涵关系的偏正性模标，需要接受该模标语义表达规则的制约。具体压制过程为，受常规偏正结构语义表达的制约与影响，"N中的N"模槽填充物"N"与构式框架语义的协同主要表现为后"N"的异变，即相对于前"N"，后"N"出现外延缩小而内涵增加的变化。在构式语义的干预下，后"N"的语义变化必须符合一项基本要求，即被修饰性成分的概念外延要小于修饰性成分的概念外延。这种构式语义的干预使前后两个"N"演化成为概念语义上的属种关系，作为属概念的前"N"具有集合名词特征，表达的是外延较大的集体概念；而作为种概念的后"N"则具有个体名词特征，表达的是外延较小的个体概念。构式压制促使后"N"向顶级个体名词发展,成为前"N"中的最佳标本。其中正向性主观极量构式语义与"翘楚""佼佼者""天花板""出类拔萃""卓尔不群""N 中之王""N 中的 MVP""N1 中的战斗 N2"等词汇语义或结构语义相当。特别是其中的"N 中的 MVP"和"N1 中的战斗 N2"已经发展成为规约性表达结构,具有较高的使用频率。例如:

(1) 双丸子头就是所有发型中的 MVP 吧!(新浪微博,2023-12-14)

(2) 维生素 B 去油祛痘稳定情绪,堪称保健品中的 MVP。(新浪微博,2024-01-01)

(3) 酱香拿铁我愿称之为瑞幸联名中的 MVP。(新浪微博,2024-01-03)

(4) 2024 年的第一天,作为鹏友@硬神996 的室友也来现场感受了小鹏 X9 发布会,X9 真的非常帅,MPV 中的 MVP。(新浪微博,2024-01-02)

(5) 只见两只东涛鸡正在凶猛的打斗,谁也不让着谁,长成这样的鸡果然是鸡中的战斗鸡啊!成年东涛鸡的脚趾跟幼年东涛鸡完全不一样,它的脚趾粗细跟人的手指相仿,鸡脚上布满了圆球状的凸起物,这些凸起物使鸡脚越发显得粗壮,结实。(央视财经,2017-10-28)

(6) 屌丝中的战斗丝,这真的是拍国王的演讲的导演?!(豆瓣电影,2013-03-05)

(7) 另外,该机 12 GB+256 GB 的价格为 3 999,因此 iQOO 12 无论是设计、性能还是价格,可以说是手机中的战斗机。(百度网——一周数码新知,2023-11-15)

(8) 双立仕智能垃圾桶——垃圾桶中的"战斗桶"!(搜狐网,2018-09-03)

上述后四例所用的"N1 中的战斗 N2"构式也可以看作是"N 中的 N"结构变式,因为构件"N1"与"N2"中都有相同的结构元素。

5.2.2　认知处理

同语限制图式构式"N 中的 N"主观极量义的生成还与特殊表达结构的认知处理有关,这种生成机制可以视为一种特殊构式识解过程中的认知赋义。因为,所有的逻辑悖谬建构都有其对应的逻辑常态建构,相互比照方能凸显逻辑悖谬建构的表达价值,也才能促使受众去寻求逻辑悖谬背后的真正表达意图。这种由特殊表达结构所触发的认知求解过程也是一种主观赋义过程。为了更为清楚地展现这种认知赋义运作机制,我们不妨以"人民网"中出现的"作家中的富豪"和"作家中的作家"为例作一对比分析,见表 5-2。

表 5-2　概念性建构与修辞性建构比较

构式用例	编码性质	逻辑关系	结构语义	解码方式
作家中的富豪	概念性	常态	客观陈述	直接
作家中的作家	修辞性	悖谬	主观赞誉	间接

从认知处理角度看,上述两种结构的编码与解码具有较大差异,"作家中的富豪"为概念性编码结构,"作家"里有"富豪",二者形成常态逻辑蕴涵关系,整体结构语义为客观陈述,可以直接解码。与之相反,"作家中的作家"为修辞性编码结构,修饰成分与被修饰成分同形,外延相等的同质性构件组成偏正结构,构件逻辑语义关系悖谬乖互,整体结构被赋予了主观赞誉义,需要间接解码。其认知加工处理机制为,"空间上相邻近的成分在神经结构上不具有相似的邻接性,神经元的激活受阻,从而会延长处理时间,这种受阻和延迟正是修辞性认知的必然过程"(吉益民,2008)。语表层面的逻辑语义乖互可以激发与强化受众的思维运作,以寻求其语里层面的真正表达意图,进而实现该类特殊表达构式所承载的主观极量表达功效。

5.2.3　后"N"极化

"N 中的 N"主观极量义的生成是模标与模槽填充物共同作用的结果。除了模标赋义外,其中的填充物"N"对主观极量义的生成也有重要影响,它为相关语义表达提供了概念实体。由于模槽填充物具有多样性，相应的后"N"语义极化方式也呈现出多样性。根据模槽填充物的不同性质，后"N"的语义极化方式大致可分为内隐性质义的提取极化、量级性质义的递推极化、外显性质义的叠加极化三种类型。

5.2.3.1　内隐性质义的提取极化

所谓内隐性质义的提取极化，是指该类模槽填充物本身并没有外显的性质义可供识别与提取，需要结合"人们的知识背景、文化背景、语用时的心理指向、语境限定等因素"（施春宏，2001）进行填充物内隐性质义的综合析取，进而实现内隐性质义的主观极化。动用该类语义极化方式的"N"都是不具有外显性质义的普通名词，属于上述语义条件分析中的"特征概括类"，诸如"香港""男人""农民"等。由于该类填充物的性质义具有内隐性与共约性，且共约程度有差异，其识别与提取还具有一定的复杂性，除了具有较强规约性外，还具有一定的语境依存性和语义可变性。例如：

（9）"你看我们李处长，哪里像个城里人，皮肤晒得比我们庄稼人还黑，大伙常笑谈，他是<u>农民中的农民</u>。"昨日，雨山寺村村民余彩明对记者说。（湖北日报，2014-03-01）

（10）同事蔡克锋把马荣荣称作是"<u>农民中的农民</u>，专家中的专家"，他说："普通农民只要种好稻苗、施几次肥、除几次草，然后就等着收割了。而马荣荣要每天跑到水稻田里去，早出晚归，细心观察并记录下各个品种稻苗的生长情况。"（浙江在线—浙江日报，2012-07-24）

（11）欧行奇的小麦试验田有500多亩，和当地的农民相比，他们团队每个人的工作量相当于当地农民的10倍左右。当地的农民每人种一亩半地，他们平均一个人种25亩地。他开玩笑说："我们不是一般的农民，我们是<u>农民中的农民</u>。当地村民一开始都认为我们是山里人，并不知道我们是百泉农专的人。"（新浪科技，2019-09-02）

上述例句中的"农民中的农民"因分布语境不同而呈现出语义表达差异性。比较发现，三例分别从外貌特征、干活态度、劳动量三个角度对相关表达对象进行主观极量评价。其中例（10）、例（11）最为特别，语境因素赋予其中"农民中的农民"以褒扬性感情色彩，强调其吃苦耐劳，与"农民"的贫穷、落后、保守、土气等附加色彩义相悖,充分彰显出该类表达结构的强语境依赖性和语义可变性特点。

考察发现,该类语义提取极化还呈现出褒扬优先的表达偏向,即某些中性填充物进入此类构式后往往会获得正向褒扬性语义特征,而不是负向贬抑性,感情色彩的表达呈现出非对称性。我们检索考察了不同媒体中的"男人中的男人"用例,发现均为正面极性评价,表达的是男人的高大、威猛、帅气、潇洒、果敢、正直、坦诚、粗犷、豁达、讲义气、守信用、有度量、有担当等种种优点,结构语义等同于"男人中的极品""男人中的翘楚"等。例如:

(12) 然而,曾经的仓库保管员高仓健不一样,他走进片场,不需要铺垫,不需要拉风,也不需要马爹利配合忧郁的眼神,往那一站,他就是<u>男人中的男人</u>!(四川在线—华西都市报,2014-11-19)

(13) 金珉奎!<u>男人中的男人</u>,男人中的支配者,男人中的统治者,男人之主,男人的终结者,王,大师,男神,帝王,魔王,压倒性的男人。(新浪微博,2024-01-03)

(14) 虽然事后从媒体报道中得知犯罪分子持有的是仿真枪,但是李栋栋和战友们在毫不知情的情况下,依然能不考虑生死,冲在最前线,这才是李栋栋口中"<u>男人中的男人</u>"。(中国青年网,2017-06-09)

(15) 是相信爱情还是不相信爱情,这都不过是网友口头禅,最重要的还是要先武装自己,从相信自己开始,又尤其当你的老公是个"商场大鳄""<u>男人中的男人</u>"时,"原配如何自强"也要与时俱进。(广州日报,2012-10-31)

(16) 在樊建川看来,"文物就是历史的像素,像素越高,画面越清晰"。对这个"清晰"和"像素"的不断追逐,他喜欢用川军抗战将领王铭章牺牲前的那句话来回答:"我死在这里很痛快!"军人是<u>男人中的男人</u>。纪念抗战,让我们一起,向心里永远穿着军装的人致敬!(解放军报,2015-09-05)

上述诸例中的"男人中的男人"表达的都是对相关对象的褒扬性赞誉。与之相反,"男人中的人渣""男人中的败类""男人中的垃圾"之类的负面结构语义绝不会诉诸该类表达式。这种表达偏向与"男人"的默认性质义有关,因为在两性有别的世界里,与女性的阴柔相对,男人天然地被塑造成阳刚之气的化身,上述诸例陈述的种种优点都是男人"阳刚之气"的具体表现,日常语言生活中的"很男人""像个男人""我一大男人""你还算个男人吗"等诸多表达足以佐证这种语义默认与表达偏向。

5.2.3.2 量级性质义的递推极化

所谓量级性质义的递推极化,是指模槽填充物"N"具有量级性质义,构式语义的生成就是基于这种量级性质义的层级递推,进而实现语义极化。根据"N"的量级性质义的呈现方式与运作模式,该类构式语义的生成可以分为内涵量级递推极化和外赋量级递推极化两种类型。其中内涵量级递推极化以序列量级递推极化为代表,职衔类"N中的N"的语义递推极化是其主要用例,如"教授中的教授"。该类结构语义的量级递推极化具有高量优先与序列层进两个特点,其中高量优先是指"处于顺序义高端成分的性质义优先得到提取或凸显"(王洁,2007);而序列层进是指模槽填充物"教授"暗含着不同级别"教授"的划分,构式中的前"教授"为囊括所有级别"教授"的职称通名,后"教授"为不同级别中的最高等,其极量义的获得是量级层进递推的结果,即存在一个"一般教授＞顶级教授"的递推序列。而外赋量级递推极化是指由外部语境因素所促发的一种递推极化模式,构式用例所赖以存在的语境要素提供了递推极化的有效线索。由于参与递推极化的相关对象共现于依存语境,具有显性量级比较表达特点,因此,该类量级递推语义极化模式便呈现出较强的理据性和可分析性,适用对象极为广泛。例如:

(17)网络领域的竞争归根到底是人才的竞争,能攻破网络的黑客是天才,能防御住黑客攻击的安全专家更是<u>天才中的天才</u>。(《环球》杂志,2006-10-30)

(18)明星恋情无疑是最近娱乐圈中的热门,而明星婚姻更是<u>热门中的热门</u>,继汪峰、王菲婚姻破裂之后,梁朝伟的婚姻疑似也再次亮起了"红灯"。(魅力起点网,2013-09-16)

上述例句中的"天才中的天才"和"热门中的热门"分别基于其上文对应的"天才"和"热门"得以建构。王洁(2007)探讨了相关语言现象,认为是"通过结构中前一个N(N1)的回指使第二次比较在语境中具体化"。我们认为这种递推极化是基于一种关系量级的逻辑衍推(logical entailment)。整体语义表达由两个命题组成,前一命题已具有极高语义值,但这种极高语义值的表达只是一种铺垫,旨在为后续命题的语义极化造势,后续命题在前一命题的基础上又给出更高语义值,进而借助前一命题的对比衬托,实现其中"N 中的 N"结构语义的递推极化,两个命题之间构成对应性逻辑衍推关系。现将例(17)中的逻辑量级衍推关系示如图 5-1。

P: 能攻破网络的黑客是天才 → q: 能防御住黑客攻击的安全专家更是天才中的天才
↓ ↓
X是N[X=N] → (能防御住X的)Y是N中的N[Y=N中的N]

图 5-1 "N 中的 N"构式用例逻辑量级衍推示意图

5.2.3.3 外显性质义的叠加极化

所谓外显性质义的叠加极化,是指进入构式的"N"都具有显豁性质义,且这些显豁性质义在其属性范畴中都处于顶级状态,"N 中的 N"构式语义并非"N"的属性量级的真值衍推,而是一种夸饰性的修辞叠加,旨在实现主观极量表达目标。采用这种语义极化方式的填充物以性质凸显类和部分概念状化类为主。就其中的语素包含类来说,其所包含的属性特征类语素本身已经表达了一定的极量义,如"地王、歌后、影帝"中的"王、后、帝"等都是具有至高无上地位特征的职衔类语素,由于其自身已具极限属性值,因此,由其参与建构的"N 中的 N"结构语义便无法实现逻辑上的量级递推极化,而只能是外显性质义的修辞叠加极化,具有强烈夸饰性。而"精英、天才、权威、根本"等内涵凸显和语义蕴涵类填充物则是以其蕴涵的整体极限属性义参与结构语义的表达,构式语义为填充物极限属性义的修辞叠加极化。为了更为清晰地展现该类结构语义的生成机制,我们可以从填充物概念语义的特点分析入手。例如以下引自《现代汉语词典》(第 6 版)的词条释义:

【精英】❷出类拔萃的人。

【天才】❶天赋的才能;超出一般人的智慧。❷指有天才的人。

【权威】❷在某种范围里最有威望、地位的人或事物。

【根本】❶事物的根源或最重要的部分。

辞书释义表明,上述名词概念义中的描述性语义成分都含有上限极性义素成分，如"出类拔萃""超出一般人""最有威望、地位""最重要"等。由该类名词参与建构的"N中的N"结构语义具有极性叠加特点，即通过含有极性义素构件的二次叠加递推，意在获得极性义表达的虚拟量级提升，使关涉对象成为其所在范畴成员中的最佳样本，进而实现主观极量表达目标。

5.3 同语限制图式构式的语境依存与功能拓展

5.3.1 同语限制图式构式的语境依存

语境依附性是图式构式语义表达的一个重要特点。邵敬敏（2011）在探究框式结构的表达特点时曾经提出"跟语境结合紧密，表示特定的语用功能"的观点。而"N中的N"也是一个具有特殊语义语用表达特点的框式结构，其语义表达和结构运行也具有强烈的语境依附性。总体来看，其语境分布所呈现出来的共性特点主要有以下几条。

5.3.1.1 肯定评价语境

"N中的N"构式语义具有主观极量性，是对相关对象属性特质的极值评价，与肯定性评价语境具有较高依存性，因此，"N中的N"结构用例以分布于该类语境为常。考察语料发现，该结构用例经常置于判断性谓词"是、成为、可谓"等和评说性介词"作为、身为"等之后，且与传信类语气副词"真""实在""简直""的确""绝对"，程度副词"更"以及全量范围副词"均"等高频共现，成为对特定对象的一种全量肯定和高值肯定，具有正向断言性。而与结构语义相悖的否定性谓词和弱量语气副词"大概、或许、差不多、基本、可能、也许"等则很难进入该类构式用例的分布语境。例如：

（19）什么是经典呢？最简单的理解就是："经过时间淘洗后留下来的古书"。远古的人们面对不一样的生活环境和课题，将他们思索的内容写成文字，然后经过历史长河的洗礼，一代一代手口留传下来，就成了我们今天看到的经典。从历经时间洗礼这个角度看，《史

记》绝对称得上是经典中的经典。(百度贴吧——春暖花开总有时,2020-05-30)

(20) OPPO Watch3 发布直播啦!我在观看了发布会之后,体会到了 OPPO Watch3 的特别之处。不得不说,手表外观设计确实很用心非常好看,而且功能也越来越人性化,更能满足用户的需求,简直是强者中的强者!(新浪微博,2022-08-11)

(21) 我真的太想让小田和猫叔再合作一部校园剧了,猫叔太会拍了,猫叔拍的每部剧都很好看,拍的校园剧更是精品中的精品,妈呀,猫叔猫叔,快看看小田和小田再合作一次吧!(新浪微博,2023-12-15)

(22) 而特种兵的存在更是说明了军人实力强大的重要性,该兵种与其他普通的兵种有所不同,所有的成员均是精英中的精英,目前国际上面前五名的特种部队,任何一支在作战能力方面均有着极为出色的表现。(阿甘文史,2021-02-12)

上述例句中,与"N 中的 N"格式用例组配的分别是强传信类语气副词"绝对""简直"、程度推进类副词"更"和全量范围副词"均"。变换比较发现,前三例都无法自由地转换为否定形式"绝对不(是)""简直不(是)""更不(是)",例(22)中的构式用例虽可转换为"均不是",但与语境无法兼容。此外,上述诸例均无法用弱量语气副词"大概、或许、可能"之类的成分来替换。究其理据,石毓智(1990)认为自然语言中肯定否定的使用需遵循如下法则,"肯定程度低的用于否定结构的概率就大,肯定程度高的多用于肯定结构,肯定程度不大不小的用于肯定式和否定式的概率大致相等"。沈家煊(1999:94)将其视为一种"关联标记模式",即"肯定和极大量有自然的联系,构成一个无标记的配对,否定和极小量也有自然的联系,构成另一个无标记的配对。这种关联标记模式归根结底是由语用和认知规律决定的,因此是有理据的(motivated)和可论证的"。比照相关研究,我们发现"N 中的 N"的语境分布也吻合了这些法则与模式,即作为一种习语构式,"N 中的 N"的结构语义具有主观大量特征,与肯定性表达有着自然的联系,因此,以分布于肯定性评价语境为常。

5.3.1.2 称名标记同现

"N 中的 N"的主观极量语义表达特点使其获得了冠名资质,以用于对相关对象的夸饰性极值评价。这一表达特点体现在语境上就是"N 中的 N"与称名性标记高频共现。考察语料发现,能够与之高频共现的称名性标记大致有"号称、戏称、堪称、自诩、被誉为、被称为、被尊为、公认的、称之为、有……之称"等。例如:

(23)"第一阵营"处于城市核心区域,具有历史积淀和不可复制的价值,堪称"地王中的地王",其产品,也堪称"豪宅中的豪宅"。(中国日报网,2014-07-29)

(24) 120 年前,一个伟大的作家诞生于阿根廷。而在他去世多年之后,这位被誉为"作家中的作家"的拉美文学之父,作品魅力依然不减,广受读者拥簇。他就是博尔赫斯,以文学之名捕捉哲学之光,以超凡的想象搭建出了文学精致的迷宫。(腾讯网,2019-05-17)

(25) 有"特区中的特区"之称的广东珠海横琴新区,在探索粤港澳合作新模式的示范区等改革道路上持续推进,逐步成为粤澳融合发展的沃土。(中国新闻网,2015-01-02)

5.3.1.3 多种格式连用

在具体语境中,为了满足主观极量表达需求,除了依靠单个"N 中的 N"构式表义外,还可以通过多种格式连用以强化主观极量表达。这种多式连用大致可分为同类格式连用和异类格式连用两种类型。例如:

(26) 组工干部作为党员中的党员、干部中的干部、人才中的人才,在学习贯彻十七届四中全会精神的时候,一定要找准兴奋点,积极地学、主动地做,而不是被动应付、消极彷徨。(人人文库网,2019-03-24)

(27) 从事诗歌创作 50 年,罗门的文学成就受到高度评价。他被文学评论家们誉为大师级诗人、现代诗的守护神、战争诗巨擘、都市诗之父、诗人中的诗人……(搜狐新闻,2007-05-19)

上述例(26)中的"党员中的党员、干部中的干部、人才中的人才"为同类格式连用,旨在凸显"组工干部"非比常人的角色定位,以强调其应该承担的责任和义务。例(27)中的"大师级诗人、现代诗的守护神、战争诗巨擘、都市诗之父、诗人中的诗人"为异类格式连用。考察发现,这些表达形式各异,但结构语义趋同,都表达了罗门在诗歌创作方面所取得的极高艺术成就。区别在于前四个结构形式是借助极性成分表义,分别为"大师级""守护神""巨擘"和"(之)父",而第五个结构形式则依靠主观极量构式"诗人中的诗人"整体表义。从中可见主观极量构式赋义与极性成分表义具有兼容性与一致性,可以在具体语境中组合使用。

5.3.2 同语限制图式构式的功能拓展

根据语言组织原则中的"无同义原则","如果两个构式在句法上不同,那么它们在语义上或语用上也必定不同"(Adele E. Goldberg,1995/2007:65)。较之一般偏正结构,"N 中的 N"建构中限制语与中心语同形,具有同语重复限制特点。这种特殊句法结构被赋予了特定的语义表达和语用功能,成为极具主观性的专用评价结构,内含说话人的"自我"表现成分。邵敬敏(2011)在探究框式结构问题时也发现:"框式结构在语言交际使用方面具有特殊的功能,往往用来表示某种感情色彩或者特定语气,是普通短语无法承担的。"对于"N 中的 N"来说,其不同小类分别经历了内隐性质义的提取极化、量级性质义的递推极化和外显性质义的叠加极化等语义极化程序,发展成为一种专司评价的图式结构,概念表达异化,语用功能凸显,主观语义增强,能够传达出表达者的认识评价与情感态度。为了更为清晰地展现这种特殊表达结构的功能拓展,我们可以将概念性建构与修辞性建构作一比较。

(28) 随后,全体人员面向广场中的红旗雕塑三鞠躬,表达对先辈无限的崇敬。(北京日报,2022-04-03)

(29) 著名女导演霍兰曾这样评价克里斯汀·格兰维尔:"克里斯汀是二战中最非凡的女间谍,最奇丽的谍海玫瑰。她聪明、勇敢、有诱惑而且迷人,男人为了她愿意牺牲一切。她是女人中的女人,她的经历是传奇中的传奇。"(搜狐网,2016-09-06)

对比发现,例(28)中"广场中的红旗雕塑"是常规偏正结构,属于概念性表达形式,具有客观陈述功能;而例(29)中"女人中的女人"和"传奇中的传奇"是特殊偏正结构,属于修辞性表达形式,具有主观评价功能。二者的区别体现出构式语法的综合性思想,即"语义是语法的基础,语法里包含着语用因素,语义条件和语用条件对一个语法构式的建构有限制和制约作用,句法建构在很大程度上取决于语义和语用条件"(牛保义,2011:62)。也可以说,各种句法结构的生成是形态句法形式、语义解释原则和具体语用功能共同作用的结果。对于"N 中的 N"来说,其三要素的融合具体表现为同语重复限制建构、主观极量义表达和夸饰性评价需求的融合,主观极量义和夸饰性评价成为同语重复限制结构的建构动因。运行于不同语境中的"N 中的 N"能够满足主观极量义和夸饰性评价的表达需求,成为能够寄寓表达者的立场、认识、情感、态度等主观性元素的功能载体。

本章主要讨论了主观极量构式"N 中的 N"的建构特点、语义表达和语用功能等问题,文中附带论及近似构式"N 中之 N"和"N 中 N",并比较了它们模槽填充物的音节形式差异。考察发现,在实际语言生活中,类似于"N 中的 N"的同语复叠表达结构具有一定的普遍性与多样性,出现了诸如"X 上加 X""X 之又 X""X 外有 X""比 X 还 X""除了 X 还是 X"等多种同语复叠格式。例如:

(30)针对欧盟、加拿大就涉疆、涉港问题和孟晚舟事件的错误言论和攻击抹黑,中国常驻联合国副代表戴兵予以严厉驳斥,强调中方坚决反对个别国家对中国内部事务指手画脚,基于虚假信息和偏见对中国无端指责,奉劝欧盟和加拿大不要混淆视听,<u>错上加错</u>。(新华网,2021 - 10 - 01)

(31)各级各部门要强化攻坚克难,全面落实战时工作要求,努力克服疲劳心态、厌倦情绪和麻痹心理,与时间赛跑、与洪水抗争,密切关注汛情、雨情、水情变化,加强科学调度,做好充足准备,<u>严之又严</u>、<u>细之又细</u>、<u>实之又实</u>,坚决把防汛救灾各项要求落到实处,切实保障群众安全、古城安全、河流安全。(人民网—河南频道,2021 - 07 - 30)

(32)真正的强者都懂得,<u>人外有人</u>、<u>山外有山</u>、<u>天外有天</u>。地低成海,人低成王。戒掉自己的傲气,收敛自己的锋芒,时刻保持谦逊,人生之路自然越走越远。(新浪微博,2024 - 01 - 03)

(33)1960—1969 年的美丽标准:<u>比男人还男人</u>。60 年代是一个动荡的时代,也是一个激情的时代,世界从二战的阴影中恢复过来,转而生出一派无拘无束的性感。不过那都是在国门之外。在国内,60年代是一派的整齐划一,甚至整齐到没有了两性区别。男女的关系简化为"同志""战友""阶级关系",美丽女性已经被"铁姑娘队""女子采油队"这些词来替代。虽然冠以"姑娘"之称,但她们已经成了没有性别的人。(中国网,2007-09-28)

(34) 12日上午10时左右,蔡少芬老公张晋在微博率先报喜:"好消息好消息,5月11日内人平安产下女儿,BB很可爱很健康,我们除了感恩还是感恩,除了开心还是开心,也多谢大家一直以来的关心,谢谢!"(合肥在线—江淮晨报,2011-05-13)

这些结构用例具有结构凝固性、意义整体性和语境依附性等共性特征,但其建构与运行又有其个性特点,呈现出同中有异的表达特征,有"强调指称""量级类推"和"极性程度"等多种用法差异。相关语言现象可以统一归并到同语复叠表达结构名下进行系统探究。

第6章　紧缩倚变图式构式的主观极量表达

在日常语言生活中，尤其是口语交际中，"要多X有多X"是一种具有较高使用频率的主观极量表达构式。例如：

(1) 哇！这是什么神仙好物？这个伸缩式多功能折叠衣裤架，也太需要了吧！一个就能同时收纳六条裤子，又好找，又整齐还不占空间。真是<u>要多方便有多方便</u>，对家里衣柜容量有限的家庭超级友好！这样的裤架还犹豫什么呢？赶紧入！（新浪微博，2022-05-03）

(2) 有网友三年前去基地，看到了小小的狐狸花花，当时小熊友们都在睡，就花花在咕涌，真午睡战神，奶乎乎的小白团子，<u>要多漂亮有多漂亮</u>，太可爱了。（新浪微博，2023-12-09）

(3) 浑身雅艳，遍体娇香，两弯眉画远山青，一对眼明秋水润。脸如莲萼，分明卓氏文君；唇似樱桃，何减白家樊素。穷尽我们的想象力，自己去想吧，一句话<u>要多美有多美</u>。（网易新闻，2022-09-27）

(4) 用自己的努力换取成功，然后成功就会像一个大巴掌，打在那些曾经看不起你的人脸上，<u>要多响有多响</u>，<u>要多爽有多爽</u>。所有回不去的良辰美景，都是举世无双的好时光。（新浪微博，2024-01-03）

上述例句中的构式用例虽然嵌入成分各不相同，但都具有主观极量语义表达特点，其所由出的统一结构模框为"要多X有多X"。关于该类主观极量表达构式，已有一些研究成果问世，王春东（1992）、许璇（2012）、张言军（2014）、甄珍（2015）、汪国胜等（2015）和胡德明等（2015）都进行过相关研究。研究对象主要集中在构式特点、构式语义、变项入选条件、适切语境，以及构式生成机制等问题上。其中汪国胜等从跨句语法化角度探究了相关问题，梳理了该类构式的历时形成过程,具有一定的理论深度。总体来看,相关研究都认识到该类构式语义的主观极量性和表达规约性以及变项 X 的入选条件性,部分研究还探究了该类构式的建构机制与生成理据等问题。但关于该类构式的性质、特点、"X"的类型及条件、生成机制及理据等问题的研究还有需要完善的地方,尤其是构式语义的获得机制问题,还需要结合构式特点和依存语境进行系统探究。我们认为,"要多 X 有多 X"是一种紧缩构式,形式上的紧凑概括为其语义表达与用例衍生提供了规约性固化载体;语义上具有倚变互动关系,现实性的"有多 X"依据意愿性的"要多 X"而动,主观意愿决定现实拥有,可以为主观极量表达提供一种逻辑语义关系。该类建构可称之为"紧缩倚变图式构式"(Compact Change Schematic Construction)。本章拟就该类构式的建构特点、语义表达和语用功能等问题展开探究,以期全面系统地揭示出该类构式的语义表达机制与语境运行状态。

6.1 紧缩倚变图式构式的结构模框与待嵌成分

6.1.1 结构模框及其近似表达结构

6.1.1.1 结构模框

就构式的性质及特点来看,"要多 X 有多 X"属于图式构式,即邵敬敏(2011)所言的"双项双框式",其结构框架为"要多……有多……",由两个异体恒项组合而成。张言军(2014)认为,不变项"要""有"和"多"之间并无实际的句法关系,而是要构成该框架结构,它们在线性结构中必须出现,而且必须是紧邻出现,这是认定其为不变项的主要依据。并且还提到部分格式中间有时也可以用逗号隔开,但从表义上看,它们还是只能作整体理解,彼此并不因标点符号的插入而具有独立性。胡德明和毕晋(2015)较为系统地分析了结构模框及其组构部件,认为"要多 X 有多 X"构式是一个由表假设关系的复句紧缩而成的紧缩句,该构式的演变过程为:要 NP,(就)有 NP→要什么有什么→要多 X 有多 X,演变的动因是隐喻,演变的机制是类推。构式中的"要"已由动词语法化为助动词,意为"设想";构式中的"有"表示性质达到某种程度;"多"为程度副词,属于程度"增强语"。但张言军的分析过于形式化,而胡德明和毕晋的分析又有主观臆断之嫌,都未能触及该类结构模框的建构本质。事实上,该类结构模框是一种紧缩倚变图式构式,其前后组配的框体成分"要多"和"有多"之间有逻辑上的依存互动关系,即意愿上的需求和实际上的拥有之间的依存互动关系。而结构框体可用标点符号断开的用例恰好可以证明该类结构为紧缩结构,可分离的松散结构为其紧缩凝固进程中的残留表达形式。也就是说,该类结构模框依靠逻辑语义关系得以维系,在语义关系层面具有理据性和可分析性,其主观极量义的获得涉及较为复杂的语义演化进程和认知加工机制,相关问题留待下文详述。

就构式结构模框的生成机制来说,汪国胜等(2015)从历时层面进行了梳理,认为"要多 A 有多 A"(本书将其码化为"要多 X 有多 X")是从两个相对自由的并列句发展成为具有事理逻辑的主从关系句,最后再形成一个不可分割的构式。整个构式是以聚合关系上构式项的扩展和组合关系上谓语单核化的紧缩为基础形成的。不过,他们将"要多 A 有多 A"的跨句语法化源头追溯到唐宋时期没有直接逻辑语义关联的"当时要杀项羽,若有人说道:……"之类的并列线性组合结构,似乎走得太远了,显得有点牵强附会,因为就连他们自己也承认"该阶段仅仅是这个构式发展的一个必要而非充分的阶段"。真正与该构式跨句语法化有直接关联的是他们梳理的明末清初以来的若干表达形式。例如:

(5) 土地道:"没有猪肉。要豆腐,小神就有。"关爷道:"怎么要豆腐你就有?"([明]罗懋登:《三宝太监西洋记通俗演义》第七十六回)

(6) 休说每月止要四起,就是每月要四十起也是有的。([清]西周生:《醒世姻缘传》第四十八回)

(7) 末将只要吹口气,任凭我主要多少兵丁有多少兵丁。([清]坑余生:《续济公传》第一十四回)

(8) 石成瑞一想:"我要什么她就有什么,我倒要把她为难住。"([清]郭小亭:《济公全传》第二〇八回)

(9) 身上的兵刃也叫黄三太给搜出去啦,心中这个窝心,要多么难受有多么难受。([清]张杰鑫:《三侠剑》第九十四回)

(10) 他一听也就会唱。仗着他的喉咙,要多高有多高。他的中气,要多长有多长。([清]刘鹗:《老残游记》第二回)①

综观上述用例,我们发现,"要多X有多X"跨句语法化的直接源头应为有假设性条件语义关联的主从复合句,而没有直接逻辑语义关联的并列线性结构则无法构拟为其跨句语法化的肇始。因为,只有当"要……"和"有……"之间具有直接逻辑语义关联时,二者在表达形式上才有可能融合聚集乃至凝固为一个整体。汪国胜等所言的"双核源结构的单核化过程"其实就是该表达结构紧缩固化的过程,该过程的完成标志是具有规约性结构语义的构式框架的形成,结构简化凝结和变项抽象状化是其评价参数。

6.1.1.2 近似表达结构

考察发现,除了常见的"要多X有多X"结构模框外,还有许多其他近似表达结构模框。关于这些近似表达结构模框,张言军(2014)已经予以关注,认为"要多……有多……"是典型代表,而"要多……就(有)多……"和"要多么……有多么……"为实际使用中出现的两个变体。我们认为,诸多近似表达框架在实际使用中的确存在频率上的高低差异,其中"要多X有多X"建构简洁,结构语义高度规约,使用频率最高,但据此认定其为正体,其他框架为变体,还缺乏科学依据。而且很有可能是其他复杂表达结构在前,相对简化的"要多X有多X"在后,后者是在前者基础上加工而成。因此,科学的做法应该是先不要简单地给相关表达结构定性,而是要弄清相关近似表达结构的共性及其生成理据。比较发现,诸多近似表达结构的框架构件尽管存在形式差异,但其语义表达具有内在一致性,这是它们能够表达相同结构语义的概念基础。具体来说,若以使用频率最高的"要多X有多X"为参照,其结构框体可切分为"要""多"和"有"三个组件,可概括为"要"类构件、"多"类构件和"有"类构件。这三类构件在实际使用过程中都有近义乃至同义构件替换的可能。现列表概括如表6-1所示。

---

① 此处用例转引自汪国胜等的《构式"要多A有多A"的跨句语法化》(《语文研究》2015年第2期)。

表 6-1 三类构件替换组构情况汇总表

典型框架	要多 X 有多 X		
框架构件	"要"	"多"	"有"
可换构件	"想要""要想""想"	"多么"	"就有""就"
同义框架 (理论上)	1) 要多 X 就多 X、要多 X 就有多 X 2) 要多么 X 有多么 X、要多么 X 就多么 X、要多么 X 就有多么 X 3) 想多 X 就多 X、想多 X 有多 X、想多 X 就有多 X 4) 想多么 X 就多么 X、想多么 X 有多么 X、想多么 X 就有多么 X 5) 想要多 X 有多 X、想要多 X 就多 X、想要多 X 就有多 X 6) 想要多么 X 有多么 X、想要多么 X 就多么 X、想要多么 X 就有多么 X 7) 要想多 X 有多 X、要想多 X 就多 X、要想多 X 就有多 X 8) 要想多么 X 有多么 X、要想多么 X 就多么 X、要想多么 X 就有多么 X			

第一,"要"类构式用例。例如:

(11) 不过,想当初林志颖在新浪微博晒了一张男扮女装照,那一副日本艺伎扮相的图片笑死人了,那个穿和服戴假发的"美妞"实在是太妩媚动人,丝毫不输于内些成熟女星,<u>要多风骚就多风骚</u>,<u>要多柔情就多柔情</u>,简直是要让女人也羡慕死的节奏呀。(搜狐网,2017-11-09)

(12) 10 名高考状元,在山西晋城接受"康熙皇帝"敕封,并穿着官袍骑游街,<u>要多风光就有多风光</u>,<u>要多威风就有多威风</u>。显然,这是对封建科举制度的一次克隆,散发出一种刺鼻的山寨味。(百度文库,2020-04-24)

(13) 李先生先是一楞,再仔细打量,原来是位亚裔女兵:高挑的个儿,俊俏的脸庞,配上一身合体的警服,<u>要多么神气有多么神气</u>,<u>要多么养眼有多么养眼</u>。(华夏经纬网,2007-06-27)

(14) 虽然北美洲西部等地区的土地可以说<u>要多么肥沃就有多么肥沃</u>,但是移民自然地定居在新英格兰、宾夕法尼亚、北卡罗来纳、弗吉尼亚等地,总之,是在东临大西洋的地区。(豆丁建筑,2011-11-03)

第二,"想"类构式用例。例如:

(15) 不幸的是,与许多冒牌货一样,"外围女"也是冒牌人。她们把自己的头嫁接在明星身上,要多苗条有多苗条,<u>想多性感有多性</u>

感。(手机凤凰网,2015-05-07)

(16) 最重要的是你还可以根据自己的特别喜好来设定自己的五官和身材哦,除此之外还有众多漂亮的服饰来装扮自己,真是<u>想多萝莉就多萝莉</u>,如果我也想感受这种童颜的魅力,那就赶快来体验吧。(腾讯游戏,2012-05-31)

(17) 功夫再高也怕菜刀,技能再刁也怕无聊。玩《新破天一剑》您绝对不会感到无聊!大到群体PK午灵星攻城战,小到做任务跳崖夺宝,<u>想多HIGH就有多HIGH</u>。(新浪游戏,2008-11-04)

(18) 昵称:敦煌飞天。所在服务器:西北电信。门派:明教。所在地区:陕西。星座:摩羯座。参赛宣言:<u>想多么简单,就多么简单</u>!(52PK新闻中心,2007-06-14)

第三,"想"和"要"复合构式用例。例如:

(19) 杭申集团已经是一个拥有1500余职工、16.5亿资产、10多个支公司的区百强企业,作为集团的统帅,在一般人看来,<u>要想多风光就有多风光</u>,进出高级轿车、豪华宾馆,总不至于还会下车间劳动。(人民网—人民日报海外版,2010-05-07)

(20) 集语音、手写、拼音、笔画输入于一体,无须切换即可在拼音输入界面进行连续手写、语音输入和文字输入,大大提升发短信、写微博、聊QQ、输网址的速度,<u>想要多快就多快</u>!(和讯网,2013-04-27)

(21) 不是每一个贪嗔痴的念头都值得人去满足。无非是别人哄你的时候你的智商<u>想要多高就能有多高</u>,自己骗自己的时候智商<u>想要多低就能有多低</u>。对于每个人来说,得到幸福是困难的。人们总是想用物质上占有的方式,解决精神上拥有的困难。(新浪微博,2022-09-27)

(22) 其实只要每天早上起来,空腹喝一杯蜂蜜水,就可以实现"排除毒素,一身轻松",所以有营养学家说:"晨起一杯蜂蜜水,<u>想要多美有多美</u>。"(广州日报,2013-04-16)

(23) 赤橙黄绿青蓝紫,《喜羊羊快跑》画面五彩缤纷,蓝天白云鲜花遍野,明快的视觉感受让你看着就开心!高大上的发行商中国

· 111 ·

手游为正版血统的《喜羊羊快跑》耗资巨大打造了众多 3D 立体萌羊形象,你想要多萌就有多萌!(优游网,2015-01-29)

鉴于"多"类成分已经包含在上述用例之中,相关用例不再赘述。考察相关构式用例发现,尽管理论上由可替换构件组建的构式框架可以有多种类型,但受节奏韵律和表达规约性的影响,实际使用中的构式用例并不均衡,"要多 X 有多 X"构式语义高度规约,使用频率最高,为同义构式群中的典型构式。

6.1.2 "要多 X 有多 X"的待嵌成分

"要多 X 有多 X"构式极量义是构式框架与待嵌构件共同作用的结果,构式框架提供了极量义得以生成的结构形式,待嵌构件提供了极量义得以生成的概念实体。考察发现,能够进入构式框架的待嵌构件在音节形式和语义表达方面还需要接受一定的条件限制,即并非所有构件成分都可自由进入该架构。

6.1.2.1 音节形式

"要多 X 有多 X"是一个具有特定语义功能的习语构式,语义规约和高频使用对其结构形式的塑造产生了重要影响。因为"套语有助于增强话语的节奏感,同时又有助于记忆,套语是固定词组,容易口耳相传"([美]沃尔特·翁,1982/2008:26)。格套化表达对填充物的音节形式有一种倾向性需求,所选音节形式与构式框架形式特点有关。鉴于"要多 X 有多 X"框架构件分别为"要多"和"有多",皆为双音节构件,根据汉语韵律节奏表达规律,该类构式中的待嵌构件"X"也以双音节构件为常,这样可以和框架构件组建成"[2+2]+[2+2]"双复合韵律结构形式[①]。所谓双复合韵律结构形式,是参照了冯胜利"复合韵律词"的相关研究而提出的一个概念。冯胜利(1997:31)在探究韵律构词问题时,提出"标准韵律词都是双音节'模块',因此标准韵律词的复合,无疑就导致了四字之'格'","传统所谓的'四字格形式'其实都不过是汉语韵律构词系统中的'复合韵律词而已'。如果四字格形式都是复合韵律词,那么它们必然都是由两个'双音模块'组合起来的,即 2+2"。可将复合韵律词图解为图 6-1 所示。

[①] 关于三音节和四音节韵律构词问题,可参见冯胜利的《汉语的韵律、词法与句法》(北京大学出版社 1997 年版,第 26-53 页)的相关论述。

复合韵律词

标准韵律词　　标准韵律词

图 6-1　复合韵律词建构分解图(参见冯胜利,1997:31)

汉语词法与句法具有一定的同构性,尤其是具有习语表达特点的规约性构式,其形式建构亦需遵循韵律节奏表达需求。比照上述图解,此处探究的"要多 X 有多 X"是典型韵律结构形式,即双复合韵律结构形式。相关分析见图 6-2。

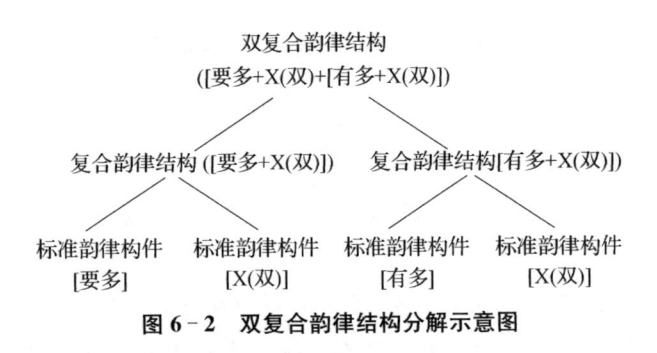

双复合韵律结构
([要多+X(双)+[有多+X(双)])

复合韵律结构 ([要多+X(双)])　　复合韵律结构[有多+X(双)])

标准韵律构件[要多]　标准韵律构件[X(双)]　标准韵律构件[有多]　标准韵律构件[X(双)]

图 6-2　双复合韵律结构分解示意图

此外,单音节"X"构件由于也可以和构式框架组建成"[1+2]+[1+2]"韵律结构形式,在具体语境中也较为常见,三音节以上较为罕见。这一表达规律已经为人民网中的相关语料统计所证明,检索统计(截至 2016 年 9 月 9 日,含重复用例)发现,双音节构件为 3 001 条,单音节构件为 700 条,三音节构件为 90 条,四音节以上构件参与建构的构式用例极为稀有。

6.1.2.2　语义类型

如上所述,"要多 X 有多 X"主观极量义的表达是构式框架与待嵌构件共同作用的结果,其中的"X"提供了主观极量义表达的实体概念,整体构式为"X"赋予极性值,因此,"X"的选择必须吻合整体构式表达的语义条件。鉴于该类构式语义具有主观极量表达特征,为程度化表达,因此,待嵌构件"X"必须具备可度量语义特征,一般为性状描述构件,内蕴程度差异。由于汉语表达性状的手段具有多样化特点,相应地,该类构式中的待嵌构件"X"也具有多样化特征。根据成分性质特征,能进入构式的待嵌构件"X"大致有以下几种类型。

第一,形容词性成分。由于形容词专司性状表达,因此,在所有待嵌构件

中典型性最强,用例最多。例如:

(24) 爱情这个东西要多脆弱有多脆弱,男人爱的时候山盟海誓蜜里调油,不爱的时候轻飘飘来一句不合适就毫不留情地走了……留下女人黯然神伤(新浪微博,2023-12-30)

(25) 纵观近期的街拍就知道,要想美美地暖暖地度过初春,还得是蛇皮纹短靴啊亲!无论搭配复古牛仔裤、帅气阔腿骨还是优雅小裙子,要多时髦有多时髦,宝宝赶紧学起来!(人民网—时尚频道,2016-02-17)

此外,具有形容词性质特点的固定短语,特别是成语也可以进入该架构。例如:

(26) 花钿、粗眉、红唇,《新天龙八部之天山童姥》的巩俐绝对是最美天山童姥,和林青霞张敏站在一起要多赏心悦目有多赏心悦目。(人民网,2015-12-08)

(27) 孙宁一番话是夸奖,可看到观众眼里,郭晓冬的表演却引发了两极评价,因为他演的数学天才陈家鹄太过于情绪化,要多歇斯底里就有多歇斯底里。(中国新闻网,2011-02-22)

第二,心理活动状态动词。由于该类动词表心理状态,有程度差别,因此,也可以进入该构式,接受极性程度赋值,成为构式较为常用的待嵌构件。例如:

(28) 为什么要给我传播负能量啊!真的是要多烦有多烦!已经平复很久的心情了,又受到了影响。(新浪微博,2024-01-04)

(29) 买了你要多后悔有多后悔,早知道这么弱就买顶固集创了。比你强多了。一会我砸盘。(股吧—捷昌驱动吧,2018-12-26)

(30) 对旅客来说,钱就是旅途的保障,一旦发生丢失钱物或随身携带的钱款不够,那是要多着急有多着急。(人民网,2015-04-07)

第三,少数述宾类短语。由于该类短语可以实施性状描述,等同于性状类形容词,具有程度差异,因此,也可进入该构式。例如:

(31) 这回她头上不再顶着"女神"的花环,而是当起了家庭主妇,老公还出轨最终导致离异,简直就是一个有点悲哀的主妇,再加上身边还带着一个孩子,活脱一"滞销品",角色<u>要多接地气就有多接地气</u>。(腾讯娱乐,2014-05-19)

(32) 我们欢呼,我们跳跃,渐渐又有些闷闷不乐。因为,我们知道的事情,别人也都知道,彼此毫无交流的必要,<u>要多没意思有多没意思</u>。(人民日报,2014-07-19)

上述两例中的"接地气"和"没意思"虽然都是动宾短语,但语义表达却具有性状描述特征,其中的"接地气"为具有比喻性质的惯用语,意为"深入群众""贴近生活""与基层人民打成一片""关心基层人民的愿望、利益和诉求"等。这些释义侧重性状描述,内蕴程度义,由此决定了该类构件能够进入极量程度构式"要多 X 有多 X"。而"没意思"的同构表达形式还可以有"没价值、没新意、没趣味"等,词类表达"无聊、无趣、乏味、枯燥"与其等同,内含性状义,自然可以成为合法构件。考察发现,在实际语言生活中,由"没"参与建构的这种动宾结构已成为较为常用的待嵌构件,其他还有"没出息、没素质、没品位"等。

第四,内涵凸显类名词。汉语中有些名词不但具有显豁的理性意义,在长期使用过程中还逐渐生成了内隐的色彩意义,特别是性状意义。如事物可以有性质、形状、功效、影响等方面的特点;人物可以有相貌、性格、性别、身份、经历等方面的特点。这些与众不同的特点在特定的语境中会激发人们的想象和联想,从而使得名词在相对稳定的理性意义的基础上产生出具有较强主观色彩的内涵性状义。这是相关名词能够进入"要多 X 有多 X"构式的重要语义基础。例如:

(33) 全身一个色其实是有难度的,因为很容易就成了一移动色块,但注意了,黑和白却是值得运用的,这种经典的颜色全身搭起来,黑会显高冷,白会显清新,和优雅代名词的铅笔裙搭配一起,<u>要多淑女有多淑女</u>。(新浪微博,2023-10-25)

(34) 追求时候<u>要多绅士有多绅士</u>,到手后要多无赖有多无赖。过去就像一场梦,醒来之后就要开始全新的生活。人的一生中,会遇到太多的过客和风景,有些人选择中途抽身,有的人选择执守一生。(新浪微博,2018-04-15)

(35) 说不记得就不记得了。失眠中无意想起五年前客栈隔壁餐厅收养的流浪狗,我记得它的样子,但却怎么想也想不起来叫什么名字了。努力想着然后就想起了那个院子的人儿们,当时客栈在拉萨真的算很棒的,<u>要多文艺就有多文艺</u>,可惜了这两年硬件没跟上社会变化,但依稀满满好玩儿的回忆。(新浪微博,2019-05-21)

(36) 过年了咱看点甜的温暖的,莫青成满足你对男朋友的一切想象,<u>要多细节有多细节</u>,这辈子没见过这么细节的男朋友。(新浪微博,2024-01-03)

(37) 大家都知道男人和女人的思维是不一样的,男人是理性的,女人是感性的,尤其体现在感情方面,男人<u>要多理性,有多理性</u>。(新浪微博,2024-01-03)

6.2 紧缩倚变图式构式的紧缩倚变与极量表达

6.2.1 关于构式义的思考

构式语法理论强调,构式成分的形义组配具有整体性和不可预测性。即"每一个构式都是一个独立的(separate)形义结合体。每一个构式的语义和话语功能并不是其组成部分的语义和话语功能的简单加合,而是大于其组成部分的语义和话语功能之和。每一个构式都是一个有机的整体(an integrated whole)。构式的一些句法、语义或话语功能是不能从其组成部分和其他现成的构式中完全推测出来或预知的"(牛保义,2011:82)。不过,国内有学者对此观点提出质疑,如陆俭明在检讨构式语义问题时就提出"构式义是哪儿来的? 构式义是不能从已知的构成成分、内部结构关系或其他构式推断的,那么这种构式义是什么赋予的? 是不是每个构式都有构式义?"等问题[①]。刘大为

[①] 参见陆俭明给 Goldberg《构式:论元结构的构式语法研究》(吴海波译,北京大学出版社 2007年版)一书写的中文版序言。

(2010)在陆俭明的基础上进一步思考了相关问题,并提出:"语法的可推导性其实是一个无须多加论证的显豁事实,语言之所以是结构的而不是整体性的,就在于结构能带来可推导性。""构式语法选择的几乎全都是以非典型的方式使用语言而造成的例句,从它们的构成成分确实无法推出构式的整体意义,相反需要构式将意义加在构成成分上以获得语义的协调。""语言的事实应该是既存在不可推导的构式,也存在可推导的构式……不可推导性不是构式的唯一性质。"两位专家的意见表明,关于构式语法理论中的构式义的性质与特点,我们还需要结合汉语实际,深入思考,谨慎对待,不可偏信盲从。刘大为明确表示语言中兼有不可推导构式和可推导构式,并着重探究了不可推导性问题,从而阐明了语法构式与修辞构式之间的内在关联。我们认为,在很多情况下,不可推导和可推导并非泾渭分明的两种样态,换个角度考察,往往能寻出二者之间的内在关联。具体表现为:汉语中有很多构式在共时层面上呈现出鲜明的不可推导性,但在历时层面上却能梳理出其可推导性的演化轨迹;在常规表达层面上显示出不可推导性,但在认知识解层面上却能寻出其可推导性端倪;在逻辑语义层面上显示出不可推导性,但在修辞动因层面上却能发现其可推导性线索;在句法形式层面显示出不可推导性,但在语用推理层面上却能解读其可推导性信息。就此而言,其不可推导性只是一种被种种不同要素遮蔽了的可推导性。历时流变、隐喻表达、修辞动因和语用推理等要素都有可能降低乃至消弭其常规理据性和可推导性。因此,所谓构式义的整体性和不可预测性还需要结合实际语言运用进行重新考量,其程度差异来源于极为复杂的语言符号系统及其实际运用过程,既存在于共时层面,也存在于历时层面。

6.2.2 "要多 X 有多 X"构式义的生成机制

6.2.2.1 相关研究概述

关于"要多 X 有多 X"的构式义及其表达特点,现有研究结论大致有以下几种情况。

① 构式义:说明说话者主观认为某个主体的某一性状程度量极其高。(许璇,2012)

表达特点：有些夸张的意味，说话的同时表露出自己的主观感情色彩，有很强的主观性，表达的情感比较强烈，或褒或贬，或喜或厌。

② 构式义：说话人就某主体在某一方面的性状做出主观极量评价。（甄珍，2015）

表达特点：

体验性——或褒或贬，或喜或厌，无不情随语出，形之于色。

夸张性——它是在表达者找不到恰当的词语去形容事物的性态及程度时所发出的，有"非常非常 a"之意。

想象性——虽然表意模糊，却给人留下了丰富的想象余地，又因为表达方式的别致，给人的印象很深，可以激发人的联想和想象，去寻求那"a"的程度和形象。

表现性——可以表达丰富的情感。这种情感体验性强，比较真挚，可以感染听者或读者，让读者或听者明显感觉到言者的情感和情绪。（王春东，1998）

③ 构式义：主要用于评价某一性状的程度达到了极限。（胡德明，毕晋，2015）

④ 构式义：表达"极性程度"，任何一类 X 进入该结构后，都传达了某种情态在属性"X"方面到达了最高值。（张言军，2014）

表达特点：

夸张性——当说话人选用"要多 X 有多 X"格式来表达某种现象或事物情态的程度极高时，并不总是根据事物自身的客观基础如实来讲的。这种评价往往是因人而异的，而且往往是故意把某种属性往大的程度去说，表达一种强烈的情感，以引起读者的注意和共鸣。

主观性——当说话人在表达中使用"要多 X 有多 X"格式时，很大程度上就是为了凸显渗透了个人情感的主观评价。也就是说"要多 X 有多 X"结构主要传达的是一种主观评价，是说话人出于个人的体验对某事物或现象状态的评价，其背后或许会有社会的规则、标准，但更主要的还是个人的印象在起作用。

交互主观性——"要多 X 有多 X"结构正是这样一种从听者的感受出发，为听者着想，对听者关注度较高的一种表达格式。

⑤ 构式义：表达的是说话人主观性评述达到极限值。（汪国胜，杨黎黎，李沛，2015）

综合考察发现,关于"要多 X 有多 X"("要多 A 有多 A")构式义的研究结论,虽表述略有差别,但基本精神基本一致,可概括为三条:主观性、极量义、评价性。关于构式的表义特点,可大致概括为夸张性、体验性和交互主观性。其中王春东和张言军的研究最为系统全面,认为该类构式通过夸张性表述,传达强烈情感,激发想象,以引起接受者的注意和共鸣。

6.2.2.2 结构紧缩:表义框架的生成

关于"要多 X 有多 X"构式的生成,汪国胜等(2015)从跨句语法化角度梳理了其发展演变轨迹,即:两个相对自由的并列句→具有事理逻辑的主从关系句→固定构式。我们认为,如果两个相对自由的并列句语义相互独立,不具有逻辑关联性或者不具备这种语义潜势,其发展为结构紧缩固定格式的可能性几乎为零。该固定格式的真正来源应是具有事理逻辑的主从关系句,因为,语义关联是结构紧缩的必要条件。甄珍(2015)提出的"S1 要 NP1,S2 有 NP2"为构式"要多 A 有多 A"的构式原型,有主观虚构之嫌,可信度令人生疑。可信度较高的构式原型当是"S1 要 NP1,S2 有 NP1",其可以紧缩为"S1 要 NP1 有 NP1",进而泛化为"S1 要多 A 有多 A"。

结构变化与语义生成同步。对于构式"要多 X 有多 X"来说,跨句语法化过程也是其结构语义转化乃至固化的过程,即所谓"组合关系上谓语单核化的紧缩"过程,也是其语义—语用环境扩展(Semantic-pragmatic expansion)的过程。具体表现为,其"在语义—语用上增加了新的用法,增加了说话人的主观性判断,表示主观极限值"(汪国胜等,2015)。就此而言,该构式的跨句语法化过程,也是构式语义的主观化的过程。"要多 X 有多 X"结构紧缩的基础是其语义上有事理逻辑关联,在紧缩过程中,这种关联可以超脱了具体概念实体范畴,而寄托于关系性结构框架,由此引起结构语义的泛化衍生,从具体概念域中的"意愿—拥有"义演变为抽象程度域中的主观极量义。在演变过程中,原结构语义的事理逻辑关系依然存在,成为新生固化构式语义表达的深层理据,呈现出可推导的一面;而紧缩之后的固化构式所接纳的构件却有质的变化,成为结构语义转移泛化的概念标记,呈现出不可推导的一面。由此便形成具有主观极性评价语义功能的规约性固化结构框架"要多 X 有多 X"。

6.2.2.3 语义演变:极性语义的获得

上述分析显示,"要多 X 有多 X"构式语义具有主观极量评价性,其表义特点呈现出强烈的夸张性、想象性和主观交互性,即"在使用'要多A有多A'时,说话人的心理预设是:某主体具有A的性质,但难以描述A的程度,需要引导听话人就A的程度展开想象,主体的现状总能达到听话人所能想象的A的最高程度"(甄珍,2015)。这里我们需要重点关注的是,这种构式语义是如何生成的?即需要深入探究该类构式的极性语义获得机制。相关问题可以从以下三个方面进行考察探究。

第一,"意愿+拥有"→"主观极限":结构语义的主观化

研究发现,该构式事理逻辑语义的倚变互动以及喻化派生是其主观极量义得以生成的主要途径。关于该类构式语义的获得机制,汪国胜等(2015)研究认为:"'要多A有多A'是非现实性和现实性交叠的构式,表示的是主观心理量度和现实量度共现。它由主观化发展而来,即从'主观意愿+现实拥有'义主观化发展为'主观极限'义。"这里提及的"主观意愿+现实拥有→主观极限"语义发展模式是构式语义主观化的一种演变类型,我们需要重点关注的是,这种语义演变的过程、机制和理据。

解析构式组件发现,"要多"和"有多"之间有内在事理逻辑关联,表达的是意愿和现实之间的倚变互动关系。上述关于结构变式的分析已经表明,构式恒项"要"为表主观意愿的构件,等同于"想""想要";而构式恒项"有"则为实现类构件,表示现实拥有或既成状态。二者之间有条件逻辑关联,后项"有多"常可前加关联词"就"。构式语义的生成来源于前后项的倚变互动,即后项"有多"依据前项"要多"而变,能够拥有多少或实现什么完全取决于主观上的意愿和需要。这种语义表达极具主观夸饰性,因为众所周知,愿望和现实之间往往有很大的距离,所谓"理想很丰满,现实很骨感"道出的正是这种距离。人的主观愿望一般具有超前性、夸张性和虚幻性,不切实际是其常态,于是就有了"空想""幻想""妄想""臆想""梦想"等表达。通常情况下,愿望与现实之间很难取得协同,愿望一般要受现实约束,现实往往滞后于愿望。该类构式刻意打破这种常规限制,将现实状况与主观意愿并置等同,主观意愿决定现实状况,旨在用来表达主观极量义,带有强烈的夸张意味。

"要多X有多X"构式语义的整体化和规约化还表现在其嵌入构件的贬义化和陈述对象的非人化。具体来说,就是受限于原始结构中"要"的主观意愿表达,原始结构语义表达对构件"X"的性质有条件性需求,即统一为符合主观

愿望或需求的褒义性成分,因为趋利避害是人的生存本性,因此与主观意愿相悖的贬义性成分则无法进入原始架构。与之相对,演化之后的主观极量构式"要多 X 有多 X"已经摆脱了原始结构义束缚,成为特定语义功能的表达载体,专司极性程度表达。因此,大凡可以高程度化的性状成分都可以进入该架构,不受褒贬语义性质限制。实际语言运用中,诸多贬义性或非意愿性表达足以佐证这一变化。除了上述引例中的"要多歇斯底里就有多歇斯底里""有多没意思有多没意思""要多担心有多担心"等之外,人民网中还有"要多丑有多丑""要多恶心有多恶心""要多怪异有多怪异""要多黑暗有多黑暗""要多堕落有多堕落"等多个贬义性用例。从主观意愿上来说,用例中的"丑""恶心""怪异""黑暗""堕落"等皆非期望出现的性状情形,由此证明,整体结构语义已固化为程度表达,而无关乎意愿性实体概念,结构语义已高度规约化和功能化。此外,这一表达特点在其陈述对象的非人物化方面亦可得到证明。因为,原始结构语义为主观意愿表达,其关涉对象应含有[＋人]的语义特征,而演化之后的"要多 X 有多 X"构式却无此限制,诸多[－人]的语义构件亦可成为其陈述对象,用来表达相关对象的性状程度达到极限值。例如:

(38) 开盘就是拿到预售证,挑一个黄道吉日来一次集中爆发。这时的文案要多火爆有多火爆,要多露骨有多露骨。总之,就是夺人眼球,一定要有多吸睛就有多吸睛。(360doc 个人图书馆,2016 - 10 - 14)

(39) 随着家居电器化的发展,家用电器会越来越多,一旦有了新电器却没有插座,要想再安装就难了,只能在地板上拖一条移动插座,要多难看有多难看,还容易绊脚。(豆瓣网,2019 - 11 - 04)

第二,大数量→高程度:构件语义的隐喻化

除了整体构式语义发生主观化演变外,构式框体构件"多"也经历了语法化和主观化演变,原始用法应与"要多少有多少"有关,由数量大隐喻为极性义,成为高程度副词,通常用在感叹句中修饰性状类成分,表程度之甚,如"多好啊""多美啊""多快啊""多漂亮啊""多贤惠啊""多勤快啊"等。因此,构式框架虽为"要多 X 有多 X",但从语义表达角度分析,其语义组块应为"要＋多 X＋有＋多 X",其中的"多"关涉的是"X",诸如"要多怪异有多怪异""要多可爱有多可爱""要多精彩有多精彩""要多尴尬有多尴尬"等表达中的"多"都是对其中的"怪异""可爱""精彩"和"尴尬"进行程度限量。这些用例中"多"的意义和用法变化可以从其关涉的"X"的性质变化得到证明。为了更为清晰地展现这种变化,我们不妨通过相关用例进行比较分析。例如:

(40)张某知道这3万元是有去无回,便对周某说,有一单生意做成了,要多少钱就有多少钱,并向周某说了具体情况。(大楚网—腾讯网,2012-12-12)

(41)韩雪也转发了该条微博,并应景的调侃道:"小编,你以为这样就能威胁我给你付购物车里的东西?得罪蓝胖子是没有好下场的。他口袋里要多少红包有多少红包。"(搜狐娱乐,2014-11-11)

从上述两例中的"要多少钱就有多少钱"和"要多少红包有多少红包"可以提取出"要多少X(就)有多少X"结构框架。较之"要多X(就)有多X"构式,这里的"多少"和"X"性质和用法迥异,其中的"多少"计量性质显豁,而"X"则为表离散量的语义成分,即名词性成分,如"钱"和"红包";而"要多X(就)有多X"中的"多"已由表数量演化为表程度,"X"的语义性质也由离散量演变为连续量,皆为表性状类语义成分。这种变化可以通过替换比较进行检验,如表6-2所示。

表6-2 两类构式使用情况比较表

构式	要多少X(就)有多少X		要多X(就)有多X	
用例	√	要多少红包就有多少红包	√	要多可爱有多可爱
	×	要多少可爱就有多少可爱	×	要多红包有多红包

比较发现,两个构式性质迥异,所接纳的构件也有较大差别。"红包"为表离散量的名词,可接受表数量的"多少"修饰,而无法接受表程度的"多"修饰;相反,"可爱"为表连续量的形容词,可接受表程度的"多"修饰,而无法接受表数量的"多少"修饰。由此可见,"多"已经由数量域跨域映射到程度域,而"用数量大映射程度高"已成为"格式语义的主要形成机制"(储泽祥,2011)。"要多少X有多少X"表达的都是大数量,可以为演化格式"要多X(就)有多X"的高程度表达提供重要的语义基础。语义性质演化的典型表现之一,就是其中表数量的"多少"可以发展为表程度的"多"和"多么"。

6.3 紧缩倚变图式构式的语篇组织与情感强化

构式语法理论认为:"在一个构式里,句法、语义和语用信息是互动的;而且这种互动是规约性的(conventional),语言运用者的能力大部分可以看作是信息束储存库,包括形态句法形式、语义解释原则和具体的话语功能。"(牛保义,2011:19-20)因此,在考察某一特定构式的语义特点和表达价值问题时,我们还需要联系其所依存语境进行具体分析,因为强烈的语境依附性是诸多构式的共性特点。而对于具有较强口语表达特点的"要多 X 有多 X"来说,其具体的话语功能也只有联系其分布语境方能考察清楚。

6.3.1 "要多 X 有多 X"的语篇组织模式

作为主观极量表达的一个规约性预制块,"要多 X 有多 X"构式语义是为其中的"X"赋予极性值,属于对特定性状的高程度化表达。其核心语义仍为某一性状。从不同成分语义表达特点角度考察,性状类成分不具有表义自足性,需要依附于实体对象以实现完整语义表述。这一表义特点决定了"要多 X 有多 X"构式在具体语境中需要与其他表达成分共现,承担的是一种关联性语篇信息组织功能。考察发现,其所实施的语篇信息组织模式大致有以下两种类型。

6.3.1.1 作结型

所谓作结型,就是先对相关对象的情状特征进行具体描述,为后续的概括升华造势,待性状特征描述完毕,为了顺应语势发展,通常会在特定语篇末尾用上这一构式用例,既是收束语篇,亦可增强语势。考察发现,这种语篇信息组织模式较为典型,"要多 X 有多 X"已成为"送末之常科"。例如(相关描述部分用"＿＿"标明):

(42)然后他全程都在和同行的人大侃特侃,说什么他去夏威夷啊之类的,高声叫嚷,旁若无人,一副小人得志的样子,人长得又丑,巨长

的马脸,吐沫星子乱飞,那副嘴脸,要多恶心有多恶心!(江西频道—人民网,2014-05-05)

(43) 吴磊是童星出身,小时候的他胖乎乎,圆嘟嘟,小小的月牙形嘴唇一笑变弯成一个好看的弧度,要多可爱有多可爱。(搜狐网,2017-05-28)

(44) 一个女人,一生最美的日子就是做新娘子的那一天,站在庄严圣洁的教堂前、坐在驶向幸福的婚车里、握着最爱的人的手许下一生的誓言,要多美好就有多美好!(新浪微博,2023-12-04)

上述三例中的"要多恶心有多恶心""要多可爱有多可爱"和"要多美好就有多美好"采用的都是作结型语篇信息组织模式,其语义表达分别基于上文相关情态性状描述。例(42)中的"大侃特侃""高声叫嚷""旁若无人""小人得志""长的又丑""巨长马脸""吐沫乱飞"等是令人"恶心"的具体表现,且程度达到极致,于是"要多恶心有多恶心"的极性程度表达便显得水到渠成,极为自然,同时,语篇收束也极为有力;例(43)中的"要多可爱有多可爱"是基于上文的"胖乎乎""圆嘟嘟""小小月牙形嘴唇""好看的弧度"等表达而做出的一种总结性评价;例(44)中的"要多美好有多美好"也是建立在上文"一生最美的日子""庄严圣洁的教堂""驶向幸福的婚车""握着最爱的人的手""许下一生的誓言"等极具温馨美好情调的相关表述之上的。相关语篇信息组织模式为先分后总,故名之曰"作结型"。

6.3.1.2 统领型

所谓统领型,是指先给出结论性评价,然后再阐述其具体表现、情状、理由或根据。这种表达有设疑功能,让接受者先知其然,然后激发探究兴趣,进而知其所以然。处于语篇开端的"要多X有多X"用例具有统领语篇功能,其后的语篇信息都在其统辖之下,以确保语篇信息组织中心明确,条理清晰。例如:

(45) 中国古代兵法的要义是能"忍"能"狠",这是一位大人物讲过的。"忍"起来,要多窝囊有多窝囊,装孙子,钻裤裆,包羞忍耻。"狠"起来,则杀他个片甲不留,斩草除根,无遗寿幼,把一肚子的"鸟气"全施放出来。(李零:《放虎归山》)

(46) 真正了解李传韵的人都知道,要听李传韵,首选是去私人聚会听,那种场合的他,会针对在座朋友的喜好和专业程度选曲演奏,一旦进入状态,那可是要多放得开有多放得开,要多疯魔有多疯魔,蹦着拉、躺着拉、跳起来拉,甚至翻着筋斗拉,有幸见识过的朋友有不被彻底打动的。(中国小提琴网,2008-07-23)

(47) 我这 23 年的人生可谓是要多失败有多失败,高中肄业,工作不顺,感情空白,琐事缠身,社交能力差,处理不好人际关系,对朋友对家人也都诸多抱歉。一眼可以望到头的每一天都让我看不到一点希望,又是新的一年,我就是空长年龄,不长脑子,像我这样每天都是负能量,没什么好靠近的都离我远点吧。(新浪微博,2024-01-03)

上述三例中的"要多窝囊有多窝囊""要多放得开有多放得开,要多疯魔有多疯魔"和"要多失败有多失败"采用的都是统领型语篇信息组织模式。例(45)中的"要多窝囊有多窝囊"是对"忍"起来的窝囊程度进行总体评价,其后的"装孙子,钻裤裆,包羞忍耻"则是对其具体描述和说明,可以让接受者对窝囊程度获得一个具体可感的认识。而例(46)中的"蹦着拉、躺着拉、跳起来拉,甚至翻着筋斗拉"也是对其上文"放得开"和"疯魔"程度的具体描述,语义表达上起到了佐证概说的作用。同样,例(47)中的"高中肄业""工作不顺""感情空白""琐事缠身""社交能力差""处理不好人际关系""诸多抱歉""看不到一点希望""都是负能量"等也都是对"要多失败有多失败"的具体阐述。相关语篇信息组织模式为:先总后分,故名之曰"统领型"。

6.3.2 "要多 X 有多 X"的情感强化机制

从情感表达功能角度考察,具体语境中"要多 X 有多 X"的运用显然可以起到强化情感表达的作用。上述语境分布状况考察已经揭示出其与强烈性状描述语段高频共现,具有增强和升华相关性状表达的作用。此处我们拟从另一个维度,即着重从该构式的表达特点角度阐释其情感强化表达机制。

首先,该构式通过间接表达手段增强相关性状表达的情感语义。所谓间接表达,就是字面上没有明言相关对象性状的程度标记,而是通过曲折有致的表达手段传达极性程度义。"要多 X 有多 X"构式是通过把抽象程度表达与接受者个人感受体验结合起来的方式来实施相关性状的极限程度表达的,即"在使用'要多 A 有多 A'时,说话人的心理预设是:某主体具有 A 的性质,但难以描述 A 的程度,需要引导听话人就 A 的程度展开想象,主体的现状总能达到听话人所能想象的 A 的最高程度。"(甄珍,2015)其中内含交互主观性表达机制,即表达者没有明言相关对象性状特征的程度问题,而是从接受者角度出发,让其结合自己的过往经历和人生体验展开想象,言下之意就是,你能想象得到的顶级状态便是该构式用例所表达的程度状态。例如:

(48) 不合尺寸的帽,不合身的衣,站没站相,坐没坐相,走路可笑,举止可笑,不时犯常识性错误,土里巴叽而又"洋相"大出,比进大观园的刘姥姥还刘姥姥,<u>要多有趣有多有趣</u>!(人民网,2003 - 12 - 02)

(49) 老伯一年四季都喜欢待在这里,夏天的时候晚上来,喝茶乘凉看星星,冬天的时候白天来,看书喝茶晒太阳,<u>要多惬意有多惬意</u>。(豆丁网,2016 - 10 - 20)

上述两例中的"要多有趣有多有趣"和"要多惬意有多惬意"分别是在上文铺垫的基础上极言"有趣"和"惬意"程度之甚。其表达特点是,有趣和惬意程度难以名状,需要激发接受者的大胆想象,能想象到什么程度便是什么程度,带有鲜明的夸张色彩,主观评价性极为强烈。不过,随着语境累积和结构固化,这种语义和情感表达已经高度规约,成为该类构式的核心语义功能,且极为稳定,可以广泛使用。

其次,该类构式为主观极性程度和强烈情感表达提供了新的方式和手段。意义与形式密不可分,特定的语义功能需要诉诸一定的表达形式,而特定表达形式的选用对特定语义功能的表达又具有极为重要的影响。可以预测推断的是,当人们有强烈的感受和态度需要表达,而传统常用表达形式又不能满足需要时,于是便会适时构建新的表达形式以传达强烈情感态度。就此而言,上述例(48)中的"要多有趣有多有趣"便是对有趣程度进行表达的一种新创结构形式用例。比较发现,其表达特点与功效非"很有趣、非常有趣、特别有趣、十分有趣、有趣极了"之类的表达所能取代。规约性图式构式特别适合主观极量和强烈情感表达,且具有收束语篇功能,可以强化相关语义表达。上述例(48)收尾的"要多有趣有多有趣",若换成其他常规表达形式,整体语篇语义的表达效果将大打折扣,且从语篇连贯性和语势顺应性角度考察,有些表达压根就无法替代"要多有趣有多有趣",如"很有趣"。由此可见,在特定语境中,"要多有趣有多有趣"已获得特定的表达地位和使用价值,其在获得语篇组织功能的基础上,表情功能也较其他表达形式更胜一筹。

第 7 章　喻化唯补图式构式的主观极量表达

在汉语诸多主观极量表达形式的建构过程中,由具象域中的终结义跨域映射为抽象程度域中的极性义已经成为一种极为重要的建构策略。由于具象域中的终结义表达的都是现实情境中相关要素的运行结果或实呈状态,遵循逻辑事理表达顺序,这些终结义表达成分通常后置于其所关联要素。与此相应,抽象程度域中的极性义表达成分也以后置于其所关联要素为常,二者组建成"自主性谓词成分+依附性极性程度成分"模式的主观极量唯补结构,可称之为"喻化唯补图式构式"(Metaphorical and Complementary Schema Construction)。关于该类主观极量表达结构,张谊生(2008、2013、2015)曾分别考察了"透顶、绝顶"的句法功能和搭配选择,以及"到顶、极顶""之极、至极"和"之至、至致"等到顶义述宾短语演变为极性义程度副词的机制与过程;蒋协众(2010)和宗守云(2014)考察了"到家"的词汇化和语法化机制及其从终点义到极致义的语义发展途径;刘兰民(2003)探究了传统极性程度补语"极""透""死""坏"的语法、语义和语用特点;蔡丽(2010)和吴继峰(2014)关注的是新兴极性程度补语"翻""呆""毙""爆""歪"的表达特点和生成动因;唐贤清和陈丽(2011a、2011b)分别对程度补语"死"和"煞"的历时来源和跨方言问题进行了个案研究。还有其他许多关于极性程度补语的个案研究,限于篇幅,不再穷举。综合考察发现,现有研究虽已注意到终结义表达与极性义表达有内在关联,但大都局限于某一义类的个案研究,具有综合性研究想法的只有宗守云(2014),他在研究"到家"的语义演变问题时曾附带论及从终点义到极致义的语义发展途径,明确提出"终点"(telicity)是广义的,既包括空间意义的终点,也包括隐喻的终点。受此启发,我们拟将广义的"终点"义提升为广义的终结义,比如,"到顶"类可视为空间位移域的终结,"死"类可视为生命活动域的终结,"傻"类可视为功能效用域的终结。这三域中相关"终结"的喻化衍生基本可以涵盖汉语中诸多喻化唯补图式构式的生成机制和语义演化样态。本章拟重点关注此类喻化唯补图式构式的生成机制及其在具体语境中的运行状况,并对新兴喻化唯补图式构式用例的衍生动因作出阐释。

7.1 喻化唯补图式构式的跨域建构

7.1.1 关于喻化唯补图式构式

此处所言的喻化唯补图式构式,是参照了刘丹青(1994)的"唯补词"和张谊生(2015)的"唯补式的程度副词"所做出的一种权宜命名。刘丹青在研究动结式问题时,发现其中一部分结果补语只能作补语,不能作谓语,似乎不宜再归入谓词,于是暂且叫作"唯补词"。张谊生在研究"从到顶义述宾短语到极性义程度副词"的演变问题时,认为在一定的临界语境中,"之极""至极""之至""之致"都已程度不等地副词化了,其与"透顶""到顶"一样都是汉语中唯补式的程度副词。基于相关研究,我们拟将这些具有极性义表达特点的唯补成分连同其所关涉的谓词性成分合称为喻化唯补图式构式。所谓喻化唯补图式构式,是指一种具有跨域映射和主观极量语义表达特点的补充性结构。形式上,结构中表达主观极量的语义成分只能后置于其所关涉的主体对象,成为句法补位上的补充性成分,一般无法前移为状位上的修饰性成分[①];语义上,这种表达结构具有主观极量表达特点,极性程度后补成分所关涉的对象为具有潜在延展量幅的语义成分,以性质形容词和表心理活动动词为主,后置的补充成分可以对其进行极性程度限量,整体结构语义功能具有主观极量性和夸饰评价性,不具有逻辑语义真值。诸如"愚蠢至极""无聊透顶""高明之至""厌恶之

[①] 也有少数到顶义述宾短语演化成极性义程度副词后,可以前置,如"绝顶"(张谊生,2008)。不过,考察发现,这种可以前置的极性程度修饰构件为高度凝固的词化成分,具有较强的语用规约性,数量有限。本书在为研究对象命名时,这种特例忽略不计。

极""胖到不行""糟透了""热死了""酷毙了""帅呆了""美翻了""弱爆了"等都是其典型用例。这种表达结构具有图式化建构特点,可以码化为"A/V+C+(了)"。

7.1.2 喻化唯补图式构式的跨域建构

如上所述,由具象域中的终结义跨域映射为抽象程度域中的极性义已经成为汉语中主观极量表达结构的一种极为重要的建构策略。这种具象域中的终结义具有广义性,涵盖了空间位移域、生命活动域和功能效用域等始源域中不同性质的终结,而具有主观极量表达特点的抽象程度域则为其统一映射目标域。以下将依此机制与类型逐一展开分析。

7.1.2.1 空间位移域→抽象程度域

考察已有研究成果发现,在主观极量表达结构的跨域建构类型中,由空间位移域到抽象程度域的跨域映射最为典型,相应的研究也最为系统全面。上述提及的张谊生的"到顶"类研究、蒋协众和宗守云的"到家"类研究都属于这一类型。其中,张谊生(2013)提出了"只要述语、宾语分别有[+达到][+顶点]的语义特征且合成一个双音节,在一定的条件下就有可能程度副词化";宗守云(2014)具体分析了"终点"与"极致"之间的平行对应关系,认为二者之间存在着"主体、过程、到达终点"与"主体、属性、达到极致"的象似性,于是,便可以在两个不同的认知域中建立起一种隐喻关系。相关研究显示,空间位移域中的到顶义与抽象程度域中的极性义具有最大象似性,二者的跨域对接具有高度适配性。这种跨域对接具有特定的认知基础,因为空间位移域是人类重要的生存活动基域,它"植根于人类有机体基因所决定的物质属性,是我们与生俱有的认知器官的内在组成部分"([美]Ronald W.Langacker,1987/2013:153),于其中,人类积累了丰富的生活经验,通过"近取诸身","描述空间位移的表达式经常可以延伸为抽象认知域中的'位移'描述,甚至可以延伸到变化和方向性这些普通概念"([美] Ronald W.Langacker,1987/2013:170)。于是,具有空间位移表达特点的述宾类表达结构"之极""至极""之至""之致""透顶""到顶""到家""到极顶",以及偏正类表达结构"极顶""绝顶",乃至单音节词项

"极"与"透"都可以演化成为具有主观性表达特点的极性程度补充成分。其中的"极"经历了"屋脊之栋"→"一切事物的最高点"→"达到……最高点"→"达到最高程度的"→"程度量级最高"的语义演化过程①;"透"则经历了"穿透"→"透彻,明白"等→"极"的语义演变过程,同时也经历了由动词到结果补语再到状态及程度补语的过程(林华勇、甘甲才,2012)。

综合考察该类双域对接映射情况时发现,空间位移域必然存在一个由起点到终点的移位过程,其中含有空间移位距离上量的渐次累积,终点代表所渐次累积距离量的最大值;而抽象程度域也有一个由低层基量到高层极量的延展量幅,张国宪(1996)曾将具有抽象程度表达特征的程度词分为微量、中量、高量和极量等四个量级,这种划分正是建立在延展量幅可以分割限量的基础之上的。其中的极量为延展量幅的最大值,与空间位移域中移位距离的最大值——终点形成有效认知对接。二者的跨域对接映射如图7-1所示。

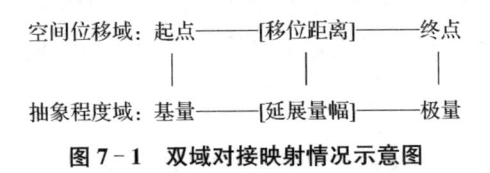

空间位移域:起点————[移位距离]————终点
　　　　　　　│　　　　　　│　　　　　　│
抽象程度域:基量————[延展量幅]————极量

图 7-1 双域对接映射情况示意图

7.1.2.2 生命活动域→抽象程度域

在汉语中,由生命活动域中的"终结"跨域映射为抽象程度域中的"极性"也是一种惯用表达策略。李宗江(2007)探究了"死""拼命""抵死""没命""死命""要死""要命"等动词性词语虚化为表示量特征副词的机制与过程;唐贤清和陈丽(2011a、2011b)分别探讨了"死"和"煞"程度义的获得机制及程度副词的产生过程,以及程度补语"死"和"煞"的词性及程度副词作补语的理据。此外,还有不少方言中有"死人"作极性程度副词的用法。② 相关研究表明,生命活动的终结是一种极端事件,极易滋生出极性程度的隐喻表达。考察发现,在

---

① 参见赵军的《极性程度副词研究》(上海师范大学硕士学位论文,2006)、唐贤清和陈丽的《"极"作程度补语的历时发展及跨语言考察》(《古汉语研究》2010年第4期)、李铁范和王代娣的《汉语表"极性强调"的"X极了"构式及其类型学意义》(《安徽师范大学学报(人文社会科学版)》2013年第6期)等相关研究。

② 参见林丽芳的《龙岩话中的"死人A"结构》(《龙岩学院学报》2006年第1期)、朱媞媞的《闽南话"死人"类程度副词分析》(《华侨大学学报(哲学社会科学版)》2012年第3期)、黎勇权和莫梦娜的《浙江兰溪方言"死人"作极性程度副词用法分析》(《嘉兴学院学报》2015年第5期)等相关研究。

该类主观极量表达形式中,除了极为典型的"死"类表达外,还有"吓坏了""酷毙了""帅挂了"等"X坏了""X毙了""X挂了"等多种极性程度唯补表达构式。其中"X坏了"中的"坏"经历了"毁坏—丧生—程度深"语义虚化历程,由实义动词虚化为程度补语,其所衍生的"丧生"义与"死"用法相当,程度深的用法在明朝中期已经出现。例如:

(1) 路旁边活活的笑倒个孙大圣,孜孜的<u>喜坏</u>个美猴王……(吴承恩:《西游记》第十五回)

上例中的"喜坏"为夸饰性极性程度表达形式,可释为"高兴死了"。这种用法一直沿用至今,"新浪微博"平台中可以查到"新加坡免签给我喜坏了""看见评论区夸自己喜坏了""这几天听歌听的我喜坏了""这姿势也是喜坏我了"等多种用例。日常语言生活中的"忙坏了""饿坏了"等表达与"忙死了""饿死了"无异。较之"X坏了""X毙了"和"X挂了"皆为新兴喻化唯补图式构式,构式用例有限,使用人群以年轻人居多,"酷毙了"曾一度成为年轻一代口头禅。例如:

(2) <u>酷毙了</u>!感受雨中热舞DJ耿鬼的魅力吧!(新浪微博,2023-09-12)

(3)《罗拉快跑》,引人入胜的德国电影。活力四射,技巧高级。探索崭新形式,从第一秒就<u>酷毙了</u>。(新浪微博,2023-12-16)

(4) 刚刚觉得自己<u>酷毙了</u>,现在被119带去思想教育了。(百度贴吧,2024-01-02)

(5) 依稀记得那年我双手插兜,在网吧独自徘徊,不知怎么的,跟同学一块上了幻灵的贼船,没记错的话,那时候我是散仙,他是地仙。金蝎龙,蓝鸟龙,赤龙。简直<u>酷毙了</u>。(百度贴吧,2024-01-01)

考察语料发现,除了"死亡"态的喻化唯补图式构式用例外,还有一些濒死态的喻化唯补图式构式用例,可以归入生命活动域中的宽式终结。例如:

(6) 除了刘德华之外,梅艳芳还有另一段鲜为人知的<u>爱得死去活来</u>的恋情,而对象则是华语片功夫巨星赵文卓,赵文卓也是梅艳芳唯一承认的男友。(搜狐网,2018-04-05)

(7) 而"二十四孝好老公"王伟(王耀庆饰)终于放大招,壕手笔为杜拉拉置办了一套纯黑色婚纱,使得娇妻成为众人瞩目的焦点,并深情告白"因为你是特别的",皮肤白皙、五官立体的戚薇身着与众不同的黑婚纱瞬间化身高贵黑天鹅,曝光的系列婚纱剧照<u>美到令人窒息</u>。(搜狐网,2016-04-22)

(8) 有一天,大雨淋漓,道路泥泞,车不能行走,大家都无计可施,这时,小德张当即背上慈禧太后溅水踏泥,<u>累得半死</u>却毫无怨言。(快资讯,2021-02-23)

这种由生命活动域中的客观终结喻化衍生为抽象程度域中的主观极性有其特定的认知基础。二者的跨域对接源于其发展历程的相似性,人类的生命活动体现的是一种过程,从生到死,对应的是由开始到结束的发展变化过程,其中的"死亡"为这一发展历程的终端,意味着生命活动的终结。而所对应的抽象程度也有一个从低量向高量,乃至极量的发展变化过程,其中的极量是量范畴的最高点,与生命活动域中的"死亡"终端相对。遵循由具体到抽象的跨域映射原则,抽象程度域中的极性程度便可诉诸生命活动域中的"死亡"终点。需要说明的是,相关跨域映射还呈现出高量优先和终端凸显等表达特点,即虽然跨域对接的双域具有相似的发展变化历程,但真正形成有效映射的只有作为终端的"死亡"与"极量",双域延展量幅上的其他量点则沦为盲点,未能形成有效映射。这种跨域映射的不平衡源于认知选择性,即在生命历程连续统中,位于终端的生命终结为焦点事件,认知凸显度最高,相应地,以其作为映射始源域的概率也最高。相比之下,生命历程连续统中的其他量点则因特性不够鲜明而未能获得如此高的认知凸显度,相应的跨域映射的可能性也较低。

7.1.2.3 功能效用域→抽象程度域

这里所言的功能效用具有广义性,既包括物的功能效用,也包括人的功能效用。该类跨域映射的特点是,以具象域中相关对象功能效用的丧失、衰退或改变隐喻抽象程度域中的主观极量。考察语料发现,用来跨域映射的相关主体及其功能效用主要有以下几种类型。

第一,人的功能效用。例如:

(9) 我很够"哥们"地陪他喝起了酒,他看我拿起酒瓶往嘴里灌,

都快笑傻了。(深圳论坛,2012-07-12)

(10)他每隔半个月就给月季上一次,月季好肥,吸收又好,一年多的时间,月季长得真不错,一个枝头开了好几朵花,个个饱满又鲜艳,看上去真是美呆了!(光明网,2018-08-08)

(11)最近,北京、深圳、上海很多楼盘都出现了久违的"日光现象",上周末北京、深圳开盘的两个刚需类产品,基本就被一抢而光,连上海郊区"昆山花桥"的房子都卖疯了。(搜狐焦点,2016-01-19)

(12)想想看,东盟国家半数以上与中国无领土及海洋权益争议,东亚搞出一个针对中国的"包围圈",对它们有什么好处?一些极端的日本人是不是想"遏制中国"想痴了,以为他们振臂一呼,整个东盟就会像傻子一样跟着摇旗呐喊。(腾讯新闻,2015-11-23)

(13)孙菲菲整容失败的传闻居然是被前经纪人爆料的,当时的孙菲菲已经出现面部僵硬的现象,苹果肌肿得吓死人,侧面照脸型和下巴已经畸形了,右图的眼睛变成三角形了,厚嘴唇丑哭了。(搜狐网,2018-07-26)

(14)现在到了《乡村爱情9》,谢永强跟王小蒙可以说是彻底沦陷了,就谢永强,看过的都知道,胖的是实在没法看了,以前瘦的时候看着挺精神的一个小伙子,现在可以说是胖残了。(中国新闻,2017-02-05)

(15)醒狮都要被冷废了:冬季的广东人,除了要忍受不讲道理的降温,还有伴随而来的副作用。洗手,像练一指神功,不敢多碰……(羊城网,2021-01-12)

(16)除了萨克斯之外李现还会弹吉他,看到他低头弹吉他的样子,真的是感觉太帅了,很多网友看到这样的李现之后都纷纷表示这也太上头了吧,演技好就算了,没想到乐器也这样厉害,感觉头脑要被他给帅昏了。(快资讯,2019-07-27)

(17)还有神农架。南北百公里长的巨大景区,这个季节就是一条巨型画廊,能把人美晕了,您找个高地方转着圈随便拍,处处是风景。(齐鲁晚报,2013-11-01)

(18)《异人之下》脱掉道士服的侯明昊要把我靓瞎了!王也道长,你

还是穿上道士服安全点,不然多少女孩想把你敲晕带回家呀!(新浪微博,2023-09-20)

上述用例所涉义域类型大致可分为精神态和功能态两个方面。其中例(9)到例(13)中的相关构式用例可以归入精神态,分别为"笑傻了""美呆了""卖疯了""想痴了"和"丑哭了",都是用人的精神状态或情绪状态的异化来跨域映射抽象主观极性程度的构式用例。其中前四例的极性补充成分具有表义一致性,都是以人的精神状态作为映射始源域,即以人的精神状态的失常隐喻主观极量义。这种精神状态的失常可视为人的正常精神状态的终结,而正常精神状态的终结必然包含着一种极为强烈的刺激因素与致损过程,于是便与主观极量义建立起内在联系。而例(13)中的"丑哭了"则是以人的情绪状态作为跨域映射始源域,即以人的情绪状态的失常隐喻主观极量义。鉴于"哭"是一种异常情绪状态,可视为人的正常情绪状态的终结,因此也可归入广义精神态的终结。检索语料发现,这种"X哭了"表达结构在新兴网络媒介中具有较高的使用频率,如百度网中就有"美哭了""帅哭了""丑哭了""蠢哭了""胖哭了"等多种构式用例。而例(14)到例(18)中的相关构式用例则可归入功能态,分别为"胖残了""冷废了""帅昏了""美晕了""靓瞎了"。这些构式用例中的极性补充构件分别涉及人的肌体、神志和器官等主体功用状态的异化,相关异化被用作映射始源域,用来隐喻抽象程度域中的主观极量义。其跨域映射的基本理据是,人的肌体、神志和器官状态的异化是作为一种结果出现的,这种结果是相关外界因素过度影响所造成的负面状况,即相关主体正常功用的终结,由此便在负面结果与极性程度之间建立起认知连通性,人的肌体、神志和器官等正常功用的丧失可以跨域映射主观极量义。

第二,物的功能效用。例如:

(19)今天,银行股如期崛起,但是大盘却依然让人大跌眼镜,上证2950点的支撑位被打穿。只能说,除了银行股,都弱爆了。(新浪微博,2024-01-05)

(20)而刘诗诗和吴奇隆两个人在公开恋情后的首次亮相,真的甜炸了!全程十指紧扣,记者们估计都没有带狗粮吧?(人民网,2016-06-20)

(21) 暴走了4个小时好玩好玩但要冷崩了,路过一家店一眼看进去就觉得暖融融的,又有我喜欢的咖啡,毫不犹豫地进去了,二楼的风景很不错。(大众点评网,2019-09-09)

(22) 妈妈我真的要流泪了,这个世界上最伟大的剪辑师,我何德何能和逗丝宝宝喜欢上同一个人……你们一定要看,感觉张峻豪要帅塌了……(新浪微博,2023-07-07)

(23) 既简单又有氛围感的水彩小风景,美裂了!(小红书,2021-09-12)

上述例句中的"弱爆了""甜炸了""冷崩了""帅塌了""美裂了"的结构语义具有一致性,皆为主观极量唯补图式构式用例,其中的极性补充成分"爆""炸""崩""塌""裂"所联系的主体类型皆为外界实物。其结构语义的生成理据是:以外界实物状态的毁损或功用的丧失来隐喻抽象程度域中相关性状达至主观峰值。构式用例中的喻化后补成分表达的都是相关实物功用状态的异化状况,亦即正常功用状态的终结。相关实物正常功用状态的终结隐含着一个极端外界作用力,是相关致损因素不断累积以致超出极限的结果,由此便与抽象程度域中的主观极量形成有效认知对接。

第三,混合功能效用。例如:

(24) 贾静雯老公修杰楷在微博晒出一张女儿咘咘的近照,小宝贝打扮得像朵盛开的小黄花,手上拿着一个东西在吃,眼睛去看向了另一边,大眼睛简直要萌翻了。(腾讯娱乐,2016-02-24)

(25) 可偏偏这次,这条新闻没被围观者一致叫好。赞同者对新市长从严治官表示爽歪了,而质疑者对官员屡屡倒在领导的一言九鼎之下表示不爽。(宁波频道—浙江在线,2014-01-28)

(26) 啊啊啊是在休息的大神官呀,战哥可爱版粽子花絮来了,认真的男生果然是最帅的,隔着屏幕都被美倒了。(新浪微博,2021-06-14)

上述例句中的"萌翻了""爽歪了""美倒了"为混合功用状态用例,即其中的补充成分"翻""歪""倒"所涉主体可兼属人和物两种类型。刘秀莹(2015)将其归入"平衡"语义场,认为"人体失去平衡则无法正常运作,物体失去平衡则

第 7 章 喻化唯补图式构式的主观极量表达

可能倒塌甚至瓦解"。鉴于失衡会导致相关主体无法正常运行乃至倒塌瓦解，因此该类极性补充成分所涉义域亦可归入功能效用的终结。

综上所述，我们可以将"功能效用域→抽象程度域"的跨域映射类型及其共性列表分析归纳如表 7-1 所示。

表 7-1 "功能效用域→抽象程度域"的跨域映射类型及特征分析①

主体类型		功用域相关构式用例	映射共性
人	精神	X 傻了、X 呆了、X 疯了、X 痴了、X 哭了	具象功用状态的丧失或改变→抽象性状程度的主观极量
	功能	X 残了、X 废了、X 昏了、X 晕了、X 瞎了	
物		X 爆了、X 炸了、X 崩了、X 塌了、X 裂了	
混合（人/物）		X 歪了、X 翻了、X 倒了	

研究发现，由功能效用域向抽象程度域的跨域映射还呈现出认知加工方面的规律性，即异常状态与极性程度之间具有较强认知连通性，相应的跨域映射也较为典型。上述列表所概括的各类主体功用状态的丧失或改变皆为各种异常状态，标志着相关主体正常功用状态的终结，即出现非期望性负面结果②，由此便可跨域映射为抽象程度域中的主观极量。这一表达规律已经为相关研究和实际语料所证明。张拱贵和陈妹金(1990)考察分析了述补结构中的语义偏移现象，认为"可爱得<u>不像话</u>""好得<u>一塌糊涂</u>""甜得<u>伤心</u>"中的"不像话""一塌糊涂""伤心"已发生语义偏离，演化成为极言程度之甚的"准甚词"，在语义和功能上类似于"很""极""十分""特别"等高程度副词。不过，相关研究只强调语境吸收导致这些实词发生语义偏离，还不尽科学全面，事实上，这些成分之所以能够演变为"准甚词"，还与其本身语义特点有关，即"不像话""一塌糊涂""伤心"表达的都是负面异常状态，这是其演化为"准甚词"的必要条件。

关于该类表达形式得以生成的语义条件，张谊生(2013)认为："从程度补语的语义基础来看，最终转化为程度副词的词语在语义上都含有[＋损失][＋意外][＋出格][＋至极]等可用于突显、强调的语义特征。尽管形成机制可以是隐喻，也可以是转喻，但所有程度补语均表极性程度义，相关的副词都

---

① 此处列表概括的是粘合式构式用例，诸如"美得不行""帅到没朋友"之类的组合式用例暂未纳入。
② 蔡丽称之为"异态结果"，参见蔡丽的《程度范畴及其在补语系统中的句法实现》(暨南大学博士学位论文，2010 年，第 68 页)。

是绝对程度副词。"张文此处所提及的"[＋损失][＋意外][＋出格]"正是异常状态的具体表现。检索语料发现,这种由异常状态到极性程度的表达具有一定的普遍性和多样性,除了上述列表中所给出的诸多具象类异常态构式用例外,实际语言生活中还有许多直陈类异常态构式用例。例如:

(27) 他笔下的男男女女,各行各业,个个都是大胖子;<u>胖得邪乎</u>,而五官和手足又<u>小得出奇</u>,形成有趣的反差,格外吸引观者的注意。(腾讯文化,2016-01-04)

(28) 自从和贝克汉姆恋爱结婚后,体重一路下滑,由59公斤一路降到45公斤,即使接连生了3个儿子,32岁的辣妹身材却<u>瘦得离谱</u>,就连小贝也看不过去。(凤凰网,2019-12-23)

(29) 漂亮的女人敢言丑。圆不可说,重不可讲,这娘们一定是<u>胖得出格丑得出奇</u>。(新浪微博,2023-01-02)

上述例句中的"胖得邪乎""小得出奇""瘦得离谱""胖得出格""丑得出奇"都是喻化唯补图式构式用例,其中的"邪乎""出奇""离谱""出格"皆为直陈类极性补充成分,即这些补充成分本身就具有"异常"语义表达特点,无须经过其他转换。构式用例主观极量义的生成正是来源于这些成分本身所内蕴的"异常"概念义,因为这些直陈类"异常"补充成分可以从反面预设其关联主体性状有一个常规界域的存在,而这些"异常"类补充成分表达的都是"越界"状态,已经超出了常规性状所允准的极限。需要说明的是,所谓的常规性状具有主观认定性,相应的"越界"也不具有绝对客观性,就"胖得邪乎"来说,其中的"邪乎"已经明示胖的程度超出常规极限,但什么样的胖称得上"邪乎"?并没有可资衡量的客观标准。这种表达形式的运用意在实施强烈主观极性评价。

从语法化的世界图景来看,由带有负面评价色彩的副词演变为程度词已成为一条重要的语法化路径。具体来说,就是不同语言中普遍存在着一种"坏(可怕)＞程度词"语法化现象。除了上述讨论的汉语中"坏"的语义虚化案例外,世界其他语言中也有类似现象。例如:

英语:bad(坏)＞badly

  That hurts me badly(那件事对我伤害很大)

德语:furchtbar(可怕)＞程度词

Der Pudding schmeckt furchtbar gut（那个布丁吃起来非常棒）

巴卡语（Baka）:sítí:"邪恶""敌意""坏""恶毒的"＞"非常",程度词,副词。

bo kè ɓà mɛɛ̀bèlà sítí na mɛ́ɛ̀ （那个人工作很认真）

西罗伊语（Siroi）Ŋ aϒo:"坏",副词＞"很""极其",程度词。

例如：

kuen Ŋ aϒo（极长）　　masken Ŋ aϒo（极远）

（［德］Bernd Heine & Tania Kuteva,龙海平等译,2012:62-63）

这种表达规律的出现并非偶然,说明在"负面评价＞极性程度"的语法化过程中人类已达成一定共识,其语法化路径具有跨语言的类型学意义。宗守云（2014）分析认为,"坏"是效用的终点,在许多语言中都发展出极致意义的用法,这显然是从终点义到极致义的语义发展途径,且这一发展途径具有一定的普遍性。我们认为,就其本质来看,该条语法化路径可以在一定程度上反映出人类认知程式的趋同性和表达机制的共通性,即由潜层概念认知到显层语符加工所呈现出来的规律性。"坏"（bad＞badly）程度义的获得能够反映出人类感知体验以及认知加工的趋同,因为"坏"作为效用的终结,来源于致坏因素与致坏能量的不断累积,这种累积达到极限,"坏"的结果随之出现。这种发展变化过程与抽象程度的递增具有最大相似性,于是跨域对接便有了相应的概念基础,由"坏"自然可以映射出极限程度义。

此外,我们在考察该类主观极量表达用例时还发现一些反话正说唯补结构用例。我们以"丑得……"为检索项检索了"新浪微博"平台中的相关用例,结果发现如下用例：

（30）花姐校服您究竟是怎么做到的？没有出格的设计但依旧<u>丑得清奇</u>？（新浪微博,2020-10-04）

（31）这是一部骨骼十分清奇的剧。<u>丑得别出心裁</u>,雷得不走寻常路。用一个词概括大概就是"爽雷"——又雷又爽,雷得爽快,专治各种不开心！从吐槽"什么鬼"到让人欲罢不能,中间只隔了一个#妖艳贱货#的距离。（新浪微博,2016-08-08）

(32) 那些<u>丑得骨骼惊奇</u>！<u>丑得超凡脱俗</u>！<u>丑得人神共愤</u>！的！化！妆！品！（新浪微博,2017-12-02）

(33) 第一次见<u>丑得如此全面</u>的狗。（新浪微博,2023-10-13）

(34) 我的评价是看这个狗仔动不动发癫还不如看白鹿的黏黏,<u>至少丑得有鼻子有眼的</u>,还能当表情包。（新浪微博,2023-12-27）

(35) 这次五星除了帽子也很丑,不过六星更是<u>丑得惊天动地</u>。（新浪微博,2024-01-06）

(36) 我找到那个 3k 的漫画了,非常炸裂非常恨,看一眼感觉眼睛得菜花,仿佛陷入不名状的泥潭之中,两个人<u>丑得各有千秋</u>,即使在二次元也该开除人籍。（新浪微博,2024-01-06）

(37) 你们别自信了,某些天天说发之前的图,你们出道那时的图能看吗？笑死我了,<u>丑得很安心</u>。（新浪微博,2024-01-06）

(38) 我去,<u>丑得很有特色</u>！（新浪微博,2024-01-06）

(39) 女孩子都是各有各的美,但你们的对象真的<u>丑得统一</u>。（新浪微博,2024-01-06）

(40) 哈哈,剪头发真是很冒险的一个事,让简单剪短都能<u>丑得有新意</u>,这下不仅讨厌上班了。（新浪微博,2024-01-05）

上述诸例中的"丑得 X"构式用例有个共同的表达特点,就是都用褒义性的"X"来形容贬义性的"丑",形成了"反话正说"的特殊表达效果。而构式用例的主观极量评价语义也在这种感情色彩错配创新中得到了强化。

7.2 喻化唯补图式构式的运行状况

上述分析已经展现出喻化唯补图式构式的跨域建构机制,在此基础上,我们还需要继续关注该类表达结构在实际语言生活中的运行状况。因为根据构式语法的纵观性思想,语义条件和语用条件对一个语法构式的句法建构有限制和制约作用,句法建构在很大程度上取决于语义和语用条件。语法研究应以意义和交际功能为基础,对形式参数做出详尽的阐释（牛保义,2011:62）。

因此，为了全面系统地了解喻化唯补图式构式的表达特点与运用价值，我们还需要关注其在实际语言生活中的运行状况。考察发现，在实际语言生活中，尤其是主观性较强的口语性交际语篇中，该构式用例具有较高的表达优势和使用频率。此外，在语境分布和语义表达过程中还呈现出一定的规律性，后补成分乃至整体结构语义与否定表达无法兼容，即否定排斥。相关问题需要专门探究。

7.2.1 唯补优选

从句法位置来看，汉语中程度范畴的表达可以有前置状位和后置补位两种选择。不过，这两种取位在所表程度的性质与特点方面还有一些差异，这些差异成为主观极量程度表达优先选择唯补结构的重要动因，即唯补优选。所谓唯补优选，是指在程度表达的两种句法取位中，补位比状位更具极性程度表达优势，即只要有主观极量表达需求，基于补位所生成的唯补结构便会成为优先选择的表达形式。这种非对称性表达体现在句法、语义和语用等多个层面。

首先，从语义表达来看，补位与状位呈现出非对称性。状位可以用来表达任何量级，即全程量级（包含微量、中量、高量、极量），而补位只用来表达高端量级，尤其是主观极量，也可以说，补位是专司极量表达的句法取位。例如，就"美"的程度表达来说，与状位有关的状中结构可以有"不太美""不怎么美""有点儿美""比较美""很美""非常美""特别美、极美"等不同量级表达形式；而与补位有关的唯补结构却只有"美飞了""美惨了""美呆了""美得不行""美得厉害""美得不像话""美得令人窒息""美得让人移不开视线"等形式多样而语义单一的表达形式，即统一表达主观极量。比较发现，上述状中结构的量级表达中只有高量表达才有可能转换为相应的唯补结构，如"很美""特别美""极美"可以转换为"美得很""美得特别""美极了"[①]，而中低量表达中的"不太美""不怎么美""有点儿美""比较美"则无法转换，即唯补结构呈现出明显的中低量排斥表达倾向。这种表达规律已经为相关研究所证明，马庆株（1992：153）认为："程度补语表示程度（degree）和幅度（extent），只表示程度高，不表示同样的程

[①] 需要说明的是，状中结构转换为唯补结构后，所表达的性状程度有所提升，二者结构语义并不对等。

度和较低的程度；而程度状语可以表示各种程度。"赵日新（2001）研究发现："表示程度高到极点以至无以复加，这正是'形容词＋得＋程度补语'这种结构的语法意义。"这种表达差异成为主观极量表达中唯补优选的重要动因，因为状位虽然可以用于不同程度量级的表达，但较之补位，其可填形式贫乏，语义弱化，无法有效实施强烈主观极性评价，而专司主观极量表达的唯补结构则可以弥补这一表达缺陷。也可以说，二者在不同程度量级的表达过程中已构成一定的互补关系。

其次，从表达形式来看，补位与状位也呈现出非对称性。相比之下，补位可以接纳更多表达形式，相应的唯补结构更具形式上的表达优势。张谊生（2013）研究发现："从语言类型和语序位置来看，充当状语表示程度无疑是汉语程度副词的常态，但是我们也不能忽视有相当一部分副词可以在补语位置上强调极性程度，尽管这类表达方式要受到一些限制且范围相对有限。"显然，张文这里所说的"方式受限"和"范围有限"是针对传统可在状位上出现的常用程度副词而言的，如果将考察视野拓展到所有可以嵌入补位以履行极性程度表达的语言现象，我们会发现情况或许刚好相反。即单就极性程度表达而言，补位可填成分灵活易变，形式多样，比状位更具形式上的表达优势，因为基于状位建构的状中结构只有"程度修饰成分＋中心成分"一种无标记表达形式，而基于补位建构的唯补结构却可以有多种表达形式。这种唯补结构大致可分为粘着式和组合式两种类型。所谓粘着式，是指极性程度表达成分直接后附于其所限量的中心成分，如"冷死了""糟透了""帅呆了"[1]"热闹非凡""美妙绝伦""荒唐透顶"等；所谓组合式，是指极性程度表达成分与其所限量的中心成分组合时必须借助一定的形式标记（marker），常见的形式标记有"得""到"[2]等。相应的组合式唯补结构主要有以下两种类型（相关用例摘自人民网/新浪微博）。

A(V)＋得＋C——美得冒泡、美得摄人心魄、美得没有天理、美得让人心醉、美得不可复制、美得让人不敢直视/美得像梦境、美得好

---

[1] 赵日新在《形容词带程度补语结构的分析》(《语言教学与研究》2001年第6期)中将此类表达归入"北方型"，认为如果没有"了"，整个述补结构就不能成立。由此可见，这里的"了"也是结构得以成立的一种标记手段。

[2] 关于"到"充当程度补语标记问题，可参看张谊生的《试论当代汉语新兴的补语标记"到"》(《当代语言学》2014年第1期)。

从容、美得让人落泪、美得有点不像在人间、美得特别不落窠白特别复杂纯粹神奇

A(V)＋到＋C——美到哭、美到爆、美到极致、美到不行、美到没朋友、美到令人惊艳、美到被时间遗忘、美到让许多网友看傻了眼/美到震撼、美到我词穷、美到让人恍惚、美到不舍得醒来、美到像呼吸一样简单、美到那种大家不忍心对她犯罪

考察发现,组合式唯补结构中补位上的充填材料极为丰富,呈现出鲜明的描述性、感受性和夸饰性等表达特点。也可以说,较之状位,句法结构中的补位特别适合描写性成分的嵌入,其所表程度的主观感受性特别强烈。此外,从补位嵌入情况来看,"A(V)＋得＋C"结构还有两种特殊类型,分别为"A(V)＋得＋虚化C"和"A(V)＋得＋∅",即补充成分出现虚化和空化现象。例如:

(41)《宁波日报》老总编何守先,在作者入党的关键时刻挺身而出说了公道话,不仅让作者深受感动,还从此改变了他的处世为人,在其后担任领导职务的五六个单位里,他总是宽厚待人,能帮人家多少就帮多少。就连地铁站里小姑娘一句"你需要帮助吗",都能把他<u>感动得什么似的</u>。(光明网,2018-03-27)

(42)看你<u>急得</u>,我又没说你和耿获在搞鬼!(严歌苓:《穗子物语》)

上述例句中"感动得什么似的"和"急得"为组合式唯补结构的两种特殊用例,前者补充成分为虚指性比况短语"什么似的",后者补充成分为零形式,二者结构语义已经高度规约化,用来表达程度之甚。如人民网和北京大学CCL中就有"高兴得什么似的""美得什么似的""瘦得什么似的""爱得什么似的""急得什么似的"和"给嘉庆气得""把我女儿吓得""昨天把我们愁得""听那女孩儿哭得"等多种用例。这些特殊表达为唯补结构所独有,状中结构无相应表达。

最后,从语用功能来看,补位与状位也呈现出非对称性。补位可用于强烈主观评价,褒贬色彩极为鲜明;而状位表达相对理性,程度弱化,感情色彩较为淡薄,因此,唯补结构与强烈主观极性评价具有较高的兼容性和适配性。这种非对称性与结构语义类型和信息结构表达特点密切相关,因为如上所述,程度

状语可以对中心成分进行全程限量,这种非专用极性程度限量对状中结构的程度表达有影响,相关结构语义弱化,无法成为强烈主观极性评价的有效载体。而唯补结构专司极性程度表达,结构语义具有强烈主观性、极量性和夸饰性,这种表义特点吻合了强烈主观极性评价的语用表达需求。此外,唯补结构特别适合强烈主观极性评价还与信息结构表达特点有关,因为,汉语遵循"语义尾重"表达原则,结构末端是信息焦点的自然取位,可以凸显相关结构所要传递的新信息,相应的语义功能表达也更为强烈。因此,为了满足强烈主观极性评价表达需求,由补位所生成的唯补结构便会成为优先选择的表达形式。就"帅"的极性程度表达来说,诸如"帅爆了""帅飞了""帅炸了""帅惨了""帅哭了""帅到没朋友"等唯补结构用例的生成,都是这种语用动因驱动的结果。

7.2.2 否定排斥

所谓否定排斥,大致包括两方面。

一是指该类喻化唯补图式构式中表程度的肯定性后补成分一般无法接受否定[①],即没有对应的否定性表达形式,整体结构语义的表达呈现出强烈的否定排斥表达倾向。例如:

(43) 笑傻了——※笑没(有)傻了/※笑不傻了
　　丑哭了——※丑没(有)哭了/※丑不哭了
　　无聊透顶——※无聊没(有)透顶/※无聊不透顶
　　美得逆天——※美得没(有)逆天/※美得不逆天

二是该类喻化唯补图式构式在具体句法结构中与其陈述对象组配时只能是肯定形式,而无法接受否定修饰。例如:

(44) 他坏死了。——※他不坏死了。
　　她兴奋异常。——※她不兴奋异常。(转引自范雨静、邱莉芹,2015)

---

① 之所以强调肯定性表达形式,是因为实际语言生活中还有部分否定性表达形式也可以作为补充成分以表达主观极量义,如"美得不行、帅得不像话、丑得不要不要的"等。由此可见,所谓"否定排斥"还与结构语义性质有关,即具有主观极量表达特点的负面语义表达形式无法转换为相反的正面语义表达形式。

比较发现,如果将上述用例中表主观极量的后补成分去掉,即单用性质形容词,句法结构语义表达的可否性便可得以恢复。例如:

(45) 他坏——他不坏/他不算坏/他不怎么坏/他一点也不坏
　　 她兴奋——她不兴奋/她不太兴奋/她不怎么兴奋/她一点也不兴奋

这种可否性的有无恰好能够证明,在具体语境中,该类喻化唯补图式构式与肯定性表达具有较高适配性,而与否定性表达则无法兼容。关于这种表达规律的生成动因,方芳(2006)认为极限性补语强调主观感觉已达极点,是"已经发生的结果",因此不能与否定词连用;而范雨静和邱莉芹(2015)则认为相关结构表达的是一种高程度义,也是一种状态,而"程度"和"状态"都是不能被否定的。不过研究发现,相关分析还都只停留在该类结构本身语义表达层面,且分析还不尽合理,因为所谓的"结果""程度"和"状态"在特定语境中都可以恢复可否性。例如,"他坏透了"在特定语境中完全可以有"他是坏,但是还没有坏透了"这样的否定性表达。当然,这种表达属于条件性表达,需要强语境支撑,与该类结构的否定排斥表达倾向并不冲突。但足可证明单纯从结构本身语义表达角度,我们无法得出否定排斥的科学结论。为此,我们拟另辟蹊径,从肯定否定与结构语义表达的关联性入手,来系统阐释该类语言现象的深层理据。关于肯定与否定的使用规则,石毓智(1990)认为自然语言中肯定否定的使用需遵循如下法则:"肯定程度低的用于否定结构的概率就大,肯定程度高的多用于肯定结构,肯定程度不大不小的用于肯定式和否定式的概率大致相等。"沈家煊(1999:94)将该法则视为一种"关联标记模式",即"肯定和极大量有自然的联系,构成一个无标记的配对,否定和极小量也有自然的联系,构成另一个无标记的配对"。以此使用规则与关联模式来考察喻化唯补图式构式中的否定排斥问题,我们发现,喻化唯补图式构式属于上述研究中的"肯定程度高的"和"极大量"表达,因此与肯定表达有自然联系,形成高度契合的语义配对结构;相反,否定表达因无法满足这种自然语义关联需求,则被排除在该类表达结构的建构之外。这是喻化唯补图式构式在语境运行中出现否定排斥的真正原因之所在。

7.3 喻化唯补图式构式用例的衍生动因

所谓"去惯例化"(de-routinization),是指说话人为了强化表达性而采用新的说出事物的方式,即通过发现新方式以说出旧事物。这种"表达性具有为听话人改善信息性和与之同时允许说话人传达对情景态度的双重功能,这种情景包括言语情景"([美]Jpaul J. Hopper & Elizabeth Closs Traugott,1993/2008:89)。以此理论来考察汉语中喻化唯补图式构式用例的建构与运行状况,我们发现,诸多新兴喻化唯补图式构式用例的建构与运用都与语言表达过程中的"去惯例化"有关。关于该类表达规律,吕叔湘先生(2002:149)早就指出:"一切表高度的词语,用久了就都失去锋铓。'很'字久已一点不'很','怪'字也早已不'怪','太'字也不再表示'超过极限'。旧的夸张没落了,新的夸张跟着起来,不久又就平淡无奇了。"鉴于"很""太"之类的传统常规极性程度表达形式因使用太久而出现程度磨损,为了维持程度表达的高规格和主观评价的高强度,汉语中出现了诸多新创喻化唯补图式构式用例。除了上述分析的三种跨域映射相关新兴用例外,实际语言生活中的类似新创结构用例还可以再举一些。例如:

(46) 身为少女时代颜值担当的林允儿,单凭这张<u>美到让人怀疑人生</u>的脸就已经让人印象深刻了!(国际在线,2016 - 06 - 13)

(47) 霍建华颜值无可挑剔,但是也有一大硬伤就是牙齿,男神不爱笑是不是这个原因呢?牙齿特别小,还不够整齐,闭嘴时<u>帅得天昏地暗</u>,张嘴时<u>丑得让人流泪</u>!!!(寻医问药,2016 - 07 - 19)

(48) 有一个老员工每天做业务、做项目,从早到晚不得休息,估计公司连午睡都没有,尽管<u>忙得忘了自己姓啥</u>,但尹董事长半点也不手软,员工越是忙他就是越要忙着使,忙上加忙,"侵晨昏而弗息……而使之弥勤"。(搜狐网,2017 - 02 - 09)

(49) 洵,我做了一件非常傻的事,<u>傻到我想打死我自己</u>。(新浪微博,2024 -01 - 06)

(50)感觉我好笨,就是纯粹的笨,<u>笨到让人烦躁</u>。(新浪微博,2024-01-05)

上述例句中的主观极量表达结构用例都有形式创新和语义强化等表达特点。此类结构语义表达皆非"很美""很帅""很丑""很忙""很傻""很笨"之类的"很+X"和"美极了""帅极了""丑极了""忙极了""傻极了""笨极了"之类的"X+极了"等传统常规表达形式所能取代。究其因,我们发现,传统所用的常规极性程度表达形式本身就具有一定的模糊性、主观性和虚夸性,并不必然地表示最大逻辑语义值,具有这种表义特点的表达形式在长期使用中极易沦为俗套和平淡,语义强度受损,无法有效刺激受众的感知神经。而语言表达系统本身就具有自我更新和自我调节功能,为了改变这种"形式贫困"和"感知疲顿",诸多让人耳目一新的喻化唯补图式构式用例应运而生。就上述例(47)中的"丑得让人流泪"来说,与其有关的"丑得(到)X"结构已经成为极为能产的表达结构,人民网中就有"丑到哭""丑到爆""丑得伤心""丑得反胃""丑到掉渣""丑到一种境界""丑得登峰造极""丑得超出一般人的想象力""丑得被压扁了就快要贴在门上辟邪"等诸多新创结构用例。该类语言现象进一步证明了上述极量表达"唯补优选"的论断,即与状位相比,汉语语法结构中的补位为极性程度表达的最佳取位,具有开放性和包容性,可以接纳不同形式的极性程度表达构件,如上述引例中的补充成分既有"哭""爆""伤心""反胃"之类的简单词项,又有"超出一般人的想象力""被压扁了就快要贴在门上辟邪"之类的复杂短语。相关用例具有感受性和描述性,应需而发,随意而至,可以更为自由地履行主观极性评价。

"唯补优选"为汉语主观极性程度表达的"去惯例化"提供了形式便利,而新兴网络媒介则为该类"去惯例化"提供了思想资源与运行条件。因为"进入互联网时代语言传播的方式更为便利,传播的速度更加迅速,各类词语的副词化进程也比以前大大加快了。在当代,只要有合格的临界环境和语义基础,只要有合适的句法结构和韵律条件,加上有表达的语用需要和同类词语的感染促发,新兴的后置式程度副词就会很快形成并不断成熟"(张谊生,2013)。张文此处考察的是新兴后置式程度副词问题,如果将考察视野拓展到喻化唯补图式构式用例中的所有后补成分,我们会发现,当代汉语喻化唯补图式构式的建构与运用已呈现出极为丰富的表达样态。因为，新兴网络媒介赋予广大网民，尤其是年轻网民以极大的表达自由，这种表达自由为汉语主观极量表达过程中的"去惯例化"提供了思想资源与不歇动力，源出于校园流行语的"酷毙了""帅呆了""美哭了""爱惨了"，利用上网就地取材的"帅得拖慢网速""把服务器帅崩"以及最近流行的具有卖萌文化特点的"帅得不要不要的""美得不行不行的"①等新兴喻化唯补图式构式用例即为明证。而网络媒介的交互性、开放性、包容性与海量性又为这些新创唯补结构用例的运行与传播提供了便利条件。相关因素形成合力，极大地促进了新兴喻化唯补图式构式用例的产生与流行。

综上所述，由具象物质域中的终结义跨域映射为抽象程度域中的极性义已经成为汉语喻化唯补图式构式得以生成的一个重要认知加工策略。其中的终结义具有广义性，包括"到顶"类空间位移域的终结、"死"类生命活动域的终结和"傻"类功能效用域的终结，这三域"终结"的喻化衍生基本上可以涵盖汉语中诸多喻化唯补图式构式的生成机制和语义演化样态。由此证明，抽象性的主观极量程度表达往往需要诉诸具象物质域中的种种意象，这些意象或为路径终点，或为生命死亡，或为功用丧失，与具有终结特征的结果状态密切相关。由于结果状态的表达形式以补充性结构为常，相应的主观极量程度表达也呈现出唯补优选的表达态势。比较发现，在主观极量语义表达过程中，补位要比状位更具极性程度表达优势，其所填成分语义更为专一，形式更为自由，感情色彩更为强烈。由于喻化唯补图式构式具有"极大量"和"肯定程度高"表达特点，遵循肯定与否定"关联标记模式"，该类表达结构在具体语境中与肯定性表达具有自然联系，可组成高度契合配对结构，与否定性表达则无法兼容，呈现出强烈否定排斥倾向。此外，由于诸多极性程度表达具有主观性、虚夸性和模糊性等表达特点，习用太久，程度易损，无法满足强烈主观极性表达需求。而人类语言运用本身具有自我调节功能，借助唯补结构的表达优势，大力实施主观极量表达的去惯例化，当代网络语境的自由开放又进一步助推了这一进程，致使当代语境，尤其是网络语境中出现大量新创喻化唯补图式构式用例。语言表达系统具有生态性，动态变化是其发展规律，新陈代谢永无止境，作为其分支细脉，喻化唯补图式构式用例的建构与运行也必将会顺势而为，不断翻新。

---

① 关于这两个新兴流行构式的来源，我们认为"X得不要不要的"应该与源出于吴方言区的极性评价构式"不要太X"有关，而"X得不行不行的"则为"X得不行"的复叠结构形式。

第8章　跨域类比图式构式的主观极量表达

汉语中有一种主观极量表达构式是通过跨域类比方式建构的,如"当代毕昇"(王选)、"中国乔丹"(胡卫东)、"植物钻石"(沉香木)、"东方威尼斯"(苏州)、"乒坛莫扎特"(瓦尔德内尔)、"经济界奥斯卡"(CCTV中国经济年度人物评选)、"乡下佬中的但丁"(米莱)等。为了称说方便,我们暂且将此类建构码化为"X(的)Y"结构框架。其中"X"界定了极性评价对象的所属领域或范畴,提示区别性特征,属于概念性构成元素,具有逻辑语义真值;"Y"提供了极性评价义的参照对象,提示相似性特征,属于修辞性构成元素,不具有逻辑语义真值。二者加合,生成另有所指的命名式"X(的)Y"建构,可称之为"跨域类比图式构式"(Cross Domain Analogical Schematic Construction)。关于此类构式,吉益民(2008)从认知角度探究了"中国乔丹"式人物称名性建构机制与生成动因;温锁林(2010)在研究汉语中极性义对举构式时称此类构式为"对举压缩式",认为相关建构的原始形态是对举格式,压缩过程蕴含着提取和整合加工程序。周日安(2010)在研究"名名组合的句法语义关系"时运用原型认知理论探究了相关问题。我们认为,现有研究虽然注意到这种特殊表达形式,但该类建构都只是作为其研究对象的一个次类被提及,描写与解释还不够合理充分。

就形式特点来说,除了一般性转指建构外,还出现了多向转指、跨行转指和复合转指等多种类型。如在北京大学CCL语料库中,单是一个"硅谷"就分别出现了"中国硅谷"(北京中关村)、"印度硅谷"(印度南部城市班加罗尔)、"法国硅谷"(法国奥尔赛市)、"中原硅谷"(郑州高新技术产业开发区)、"艺术硅谷"(北京蓟门桥)、"焊接硅谷"(中国哈尔滨)等多种建构。而构式中的"X"所界定的范畴特征还出现了跨行越界现象,如上述"乒坛莫扎特""经济界奥斯卡"等。此外,"美国活雷锋"(路乞)、"台北女乔丹"(钱薇娟)等建构则具有了复合转指的特点。类似建构在已有研究中并未涉及,很有进一步考察探究的必要。

就生成理据来看,温先生将其还原为对举格式的压缩整合,似乎只注意到了其潜在形式的加工特点,且带有一定的主观臆测倾向,解释还不够合理充分。本质上,极性评价表达式"X(的)Y"结构的生成与人类转喻认知密切相关,内蕴跨域映射认知机制,显性源域"Y"与隐性靶域"W"(所要表达的极性义主体)并非平行对等关系,以"Y"转指"W"蕴含着极性评价语义功能,能够彰显表达者的主观表达意趣。

总体来看,跨域类比图式构式"X(的)Y"的建构机制、生成动因和语义表达具有一定的复杂性。相关问题可以纳入认知语言学理论视阈中进行统一考察分析。

8.1 跨域类比图式构式的义域类型

关于跨域类比图式构式"X(的)Y"的建构类型,我们可以从其整体构式所转指的义域类型角度进行考察分析。作为社会经验、主观认识和表达意趣的一种特殊编码形式,"X(的)Y"构式所涉及的义域类型具有多样化特点。通过对北京大学CCL语料库、人民网和百度网等平台中的相关语料考察发现,跨域类比图式构式"X(的)Y"所转指的义域主要有以下几种类型。

8.1.1 人物评价性称名建构

该类建构中的源域"Y"皆为具有典型属性特征的人物专名,整体构式所转指的潜在靶域"W"为相异辖域中具有类似属性特征的典型人物,内蕴极性评价义。根据构式中提示相异点的构件"X"的性质,可以分为以下几小类。

8.1.1.1 跨地域转指

例如:

(1) 当天比赛最大的看点应当说是刚刚从 NBA 回来的素有"韩国姚明"之称的小巨人河升镇。2.23 米的河升镇首发出场,这对平均

身高1.82米的巴林队来说,真有些鹤立鸡群的感觉。(搜狐新闻,2006-12-02)

(2)昨天,扬子晚报记者了解到一条重磅消息——如果没有意外情况,江苏篮球的旗帜性人物、有"中国乔丹"之称的胡卫东,新赛季将接替合同到期的老帅徐强,成为江苏同曦队的新任主教练。(搜狐资讯,2016-04-21)

(3)在参议院,她是民主党的形象代表,经常向首相质询,参加电视辩论,被誉为"日本希拉里"。甚至很多民主党大佬在竞选时都会打出"莲舫牌"为自己拉人气。(搜狐新闻,2015-05-13)

(4)美国前总统林肯称爱默生,RALPH WALDO EMERSON 1803-1882,是美国的孔子,美国文明之父。(百度文库,2012-11-10)

上述例句中的"韩国姚明""中国乔丹""日本希拉里""美国的孔子"都属于跨地域人物转指建构。作为修饰性构件的"韩国""中国""日本""美国"提示的是相异点,而被修饰成分"姚明""乔丹""希拉里""孔子"提示的是相似点,二者加合,分别转指韩国男篮巨人河升镇、中国男篮球星胡卫东、日本政坛很有个性的女新秀莲舫和美国著名的思想家、文学家和诗人爱默生。相关建构受源域典型属性特征驱动,与"中国姚明""美国乔丹""美国希拉里""中国孔子"的特质彰显密不可分。类似建构还有"日本刘翔""中国保尔""亚洲巴乔""大陆古天乐"和"中国的比尔·盖茨"等,充分体现出该类建构具有一定的能产性。

8.1.1.2 跨时间转指

例如:

(5)我们怀念汉字激光照排和电子出版系统创始人,有"当代毕昇"之誉的著名计算机科学家王选,他的成果开创了汉字印刷的一个崭新时代,引发了我国报业和印刷出版业"告别铅与火,迈入光与电"的技术革命。(光明日报,2014-08-01)

(6)脱口秀上春晚,就是文化和亲。徐志胜竟是当代王昭君。(新浪微博,2023-01-21)

(7)被挂黑的宝宝们快冲啊,是属于你们的铡美案高潮。大舞台来了,快快拿上你们辜负真心天地可鉴的真情实意小作文摆上来。

讨伐当代陈世美,欺骗感情,都是为你好你怎么不听呢!(新浪微博,2024-01-03)

(8)这位虽然只有40岁的才子在周易界和中医界名望颇深,在中医界百姓称之他为"现代华佗",在周易界人称他为"小神仙",他在中医和周易的结合中如何显示出这么多"正能量"?他到底是怎样的一位奇人呢?(MBA中国网,2013-05-13)

(9)许魏洲和古力娜扎扫楼,近距离看娜扎真的好美,现代版貂蝉西施。(新浪微博,2023-11-15)

(10)心理咨询预售可以有!胃肠镜预售必须有!内科预售B超预售闭眼入!谁还不是21世纪林黛玉呢!(新浪微博,2023-11-01)

上述例句中的"当代毕昇""当代陈世美""现代华佗""现代版貂蝉西施""21世纪林黛玉"属于跨时间人物转指建构。其中毕昇是中国古代著名的印刷家;陈世美是传统戏曲《铡美案》中塑造的忘恩负义、抛妻弃子的反面人物形象;华佗是中国古代著名的医学家;貂蝉与西施位居中国古代四大美人之列,分别享有"闭月羞花"和"沉鱼落雁"美誉;林黛玉为中国古典名著《红楼梦》中塑造的具有体弱多病、富有才情、多愁善感等特征的人物形象。上述人物都具有极为典型的属性特征,且为人们熟知与认同,于是就有了转指与泛用的可能。值得一提的是,有时为了突出跨时间差异,还可以通过复合性修饰元素予以彰显。例如:

(11)他生命不息,奋斗不止,退休后仍带领子孙坚持年年植树造林,被称为"当代活愚公"。2月10日,因心脏病突发去世,享年87岁。马永顺先后获得全国劳动模范、全国十大绿化标兵、全国"五一劳动奖章"和联合国环境规划署颁发的全球500佳生态环境奖等荣誉。(百度知道,2017-04-17)

(12)公众号里的莫言——当代活鲁迅。(新浪微博,2023-08-31)

(13)在安阳警营,有这样一位当代的"活雷锋",每次出勤回来,他做的好事也有一箩筐,他就是安阳市公安局北关分局治安巡防大队民警王陆山。(大象新闻,2024-01-01)

上述例句中的相关建构都运用了双修饰性元素"当代"与"活"以强调人物

转指的时代性差异,属于强调型复合转指建构。

8.1.1.3 跨行业转指

例如:

(14) 他是世界乒坛的百年奇才,他有着"乒坛莫扎特"的美誉,他是游击队长,是魔术师,是常青树。他是谁? 他是瓦尔德内尔! (全民乒乓网,2015-08-13)

(15) 普吉村·列昂尼特是一位受人尊敬的老人,他的一生充满着传奇色彩,这位苏联时期的优秀共产党员,以其一生卓著的功勋成就,被人们誉为"画坛的保尔·柯察金"。(搜狐资讯,2014-06-16)

(16) 毫无疑问,C罗用自己的球技和职业精神捕获了无数迷弟的心,而曼联中场林加德便是其中之一。林加德近日在接受《天空体育》采访时表示,C罗是真正的足球偶像,是足球界中的迈克尔·乔丹。(奥分体育,2020-07-30)

上述例句中的"乒坛莫扎特""画坛的保尔·柯察金""足球界中的迈克尔·乔丹"都属于跨行转指建构。莫扎特是奥地利著名的音乐天才,保尔·柯察金则是苏联作家奥斯特洛夫斯基在《钢铁是怎样炼成的》中所塑造的身残志坚革命者形象,迈克尔·乔丹是美国NBA历史上最伟大的篮球明星,上述例句分别用来转指瑞典乒乓球奇才瓦尔德内尔、苏联时期著名的残疾油画家普吉村·列昂尼特和葡萄牙著名的世界级足球明星C罗,属于乐坛与乒坛、军旅与画坛、篮坛与足坛的跨行交叉对接转指建构。

8.1.1.4 跨性别转指

例如:

(17) 去年"十一"黄金周,这个"生活中的普通小女人"从北师大的讲台走到了观众面前,在央视百家讲坛连续7天开讲《论语》心得,一举成名天下知,被称为"学术超女""女易中天"。(新浪网,2007-03-23)

(18) 这些思想,今天看来都有点过于浪漫,无疑更会让当时的人们目瞪口呆了。这样的"女陈世美"竟然还有脸写成书? 让人想不

到的是,正是这些书,在今天给我们留下了司法上的研究价值。(人民网,2012-09-27)

(19) 一句话形容自己和老公:他是<u>男版林黛玉</u>,我是<u>女版鲁智深</u>。鲁智深倒拔林黛玉。(新浪微博,2024-01-05)

例句中"女易中天""女陈世美""男版林黛玉""女版鲁智深"的修饰性元素"女""男版""女版"凸显性别差异,整体建构分别转指在百家讲坛中知名度可以比肩易中天的北师大教授于丹、忘恩负义抛弃丈夫的遇罗锦、柔弱的丈夫与强悍的妻子。

8.1.1.5 复合型转指

例如:

(20) 和以前的超人、蜘蛛侠、蝙蝠侠相比,汉考克在能力上有过之而无不及,但在群众基础上就远远不及了。作为一个<u>美国活雷锋</u>,混成这样绝对和性格有关系。(凤凰娱乐,2008-07-03)

(21) 今年满40岁的钱薇娟,纵横台湾地区女篮25年,素有"<u>台湾女乔丹</u>"之称。(搜狐资讯,2011-05-18)

所谓复合型转指,是指作为提示相异点的修饰性构件并非单一性质,双修饰性构件分别从不同范畴角度对转指核心构件"Y"进行限定。例(20)中的"美国活雷锋"属于跨时空转指建构,其中的修饰性构件"美国"与"活"分别突出了地域性与时间性差异,例(21)中的"台湾女乔丹"则属于跨地域和跨性别复合转指建构。

8.1.2 地域评价性称名建构

该类建构中的源域"Y"皆为具有典型属性特征的地域专名[①],整体构式所转指的潜在靶域"W"为相异辖域中具有类似典型属性特征的地域名称,包括城市、街道、河流、湖泊、港口、名胜古迹等多种类型,内蕴极性评价义。例如:

(22) 阿比让是西非最繁华的美丽城市之一,素有"<u>西非巴黎</u>"之

[①] 此处的地域专名具有广义性,包括人为划分的地理区域、天然形成的地理景观,以及人工建造物在内的所有具有地理位置特征的地域名称。

称。由于阿比让是一个开放城市,邻国侨民大批涌入,导致该城面临人口"爆炸"的危机。(南方日报,2004-07-08)

(23)被誉为"<u>东方多瑙河</u>"的澜沧江—湄公河发源于中国青藏高原唐古拉山脉,流经中国、缅甸、老挝、泰国、柬埔寨和越南,是沿线3.26亿民众世代繁衍生息的摇篮,孕育了澜湄国家各具特色又相亲相近的文化。(人民日报,2016-03-23)

(24)游客除了在歌诗达经典号这座"大海中的意大利风情城市"上参加一连串浓厚意大利色彩的多元化娱乐活动外,还能进入台中和台北两大中心区域观光。其中包括到中台禅寺感受大雄宝殿的磅礴气势,到日月潭景区饱览"<u>台湾天池</u>"的湖光山色等,还能到台北进行尽情购物。(大成网_腾讯网,2010-01-12)

(25)在国内外对安倍的各种批评声中,澳大利亚却似乎一点都不避嫌。这个国家似乎已经完全忘记了,二战期间,日军战机在达尔文港投下了比美国珍珠港更多的炸弹,忘记了这里被称为"<u>澳大利亚的珍珠港</u>"。(海外网—人民日报海外版,2014-06-17)

考察语料发现,该类评价性称名建构在汉语语篇中具有较高的使用频率和较强的能产性。其中多向转指建构最为典型,除了上述提及的"硅谷"类多向转指外,"江南""巴黎""威尼斯""夏威夷"等也经常充当多向转指的始源域,人民网中就有"塞外江南""西藏江南""北国江南""陇上江南""雪域江南""非洲巴黎""西非巴黎""南美巴黎""东方巴黎""东方威尼斯""亚洲威尼斯""北方威尼斯""南美威尼斯""东方夏威夷""韩国夏威夷""湘潭夏威夷"等多种表达用例。

8.1.3 其他评价性称名建构

除了人物与地域两大评价性称名建构外,汉语语篇中还出现了许多其他类型的"X(的)Y"评价性称名建构,充分体现出该类建构具有一定的复杂性与能产性。例如:

(26)法国昂西国际动画节始创于1960年,是戛纳国际电影节动漫部门独立出来的动漫专项电影节,被公认为目前世界顶级的国际动漫评奖节,素有"动漫戛纳"的美称。(新华网,2011-09-25)

(27) 在世界经济持续困难、中国经济面临转型升级的背景下,有"中国经济界奥斯卡"之称的2012中国经济年度人物获奖名单备受关注,昨天该名单在央视新台址最终揭晓。(北京青年报,2012-12-13)

(28) 声誉卓著的沃尔沃环球帆船赛每三年举办一次,素有"航海界珠穆朗玛峰"的美名。(腾讯汽车,2011-12-02)

(29) "国际小姐世界大会"是世界三大顶级赛事之一,被誉为"选美奥林匹克",始于1960年的美国加利福尼亚州长滩。(齐鲁网,2011-02-23)

上述例(26)和例(27)中的"动漫戛纳"和"经济界奥斯卡"属于奖项跨行转指建构,其中源域"戛纳"与"奥斯卡"皆为电影界的最高奖项名称,用来转指靶域"昂西国际动画电影节"和"CCTV2011中国经济年度人物评选",调取的是其最高奖项的属性特征,用于对应靶域的极性评价。而例(28)和例(29)中的"航海界珠穆朗玛峰"和"选美奥林匹克"分别转指"沃尔沃环球帆船赛"和"国际小姐世界大会",其始源域涉及的义域类型分别为登山与体育。类似建构还有"植物钻石"(沉香木)、"动物人参"(鹌鹑)、"纤维宝石"(羊绒)、"金属玻璃"(铍)等,充分体现出极性评价称名建构中双域对接的复杂性与多样性。

8.2 跨域类比图式构式的认知阐释

8.2.1 属种范畴错置——跨域类比图式构式的建构机制

跨域类比图式构式"X(的)Y"的建构机制可以从其构件"X"与"Y"的性质及其组配方式角度进行考察分析。就构件语义性质来看,"X"与潜在靶域之间有类属关联,界定了整体构式所转指的义域范畴,属于概念性构成元素;"Y"提供了极性评价义的参照对象，成为构式转指的始发源域，属于修辞性构成元素。建构过程中，"Y"的典型属性特征被转移投射到潜在靶域"W"上，致使整体构式带上了强烈的极性评价义。就构件组配方式来看，"X"与"Y"之间并不具有逻辑语义真值关系，二者加合，生成属种范畴错置建构。所谓属种范畴错置，是就构件"X"与"Y"之间潜在的逻辑语义关系而言，如"中国乔丹"建构实际上表达的是"中国人"与"乔丹"之间的语义关联，二者之间不具有逻辑范畴一致性。同理，上述所考察的"当代毕昇""东方威尼斯"和"女易中天"等建构也分别代表了"当代人"与"毕昇"、"东方城市"与"威尼斯"、"女人"与"易中天"之间的语义关联，相关建构中的属种概念范畴配置都不具有同一性，整体构式属于形义扭曲建构。

而构式显层的逻辑语义乖互正是该类建构的表达意趣之所在，意在阻断常规解码程序，引导受众寻求其曲折的语义关联，进而获得极性评价的表达效果。因为，每一例属种范畴错置表达形式都是基于潜在的常规范式得以建构，如"中国乔丹"系连"美国乔丹"、"当代毕昇"系连"古代毕昇"、"东方威尼斯"系连"西方威尼斯"、"女易中天"系连"男易中天"。关于二者的区别，我们不妨以"美国乔丹"和"中国乔丹"为例列表比较如表8-1所示。

表8-1 概念性建构与修辞性建构比较

建构示例	范畴关系	语义表达	构式性质	解码方式
美国乔丹	常态	真值	概念性	直接
中国乔丹	错置	非真值	修辞性	间接

从认知处理角度看，上述两种构式编码和解码程序具有较大差异。"美国乔丹"属种范畴关系处于恒常状态，构件语义表达具有逻辑真值，概念性结构形式具有最大相似性，即"空间上相邻近的成分如果在神经结构上有相似的邻接性，那么神经元的激活就可协同发生，从而缩短处理时间"（沈家煊，1996）。因此，相应的表达形式可以直接解码。而"中国乔丹"建构恰好相反，构件所示的属种范畴错置误配，语义表达不具有逻辑真值，整体构式破坏了句法相似性。"空间上相邻近的成分在神经结构上不具有相似的邻接性，神经元的激活受阻，从而会延长处理时间。这种受阻和延迟正是修辞性认知的必然过程。"（吉益民，2008）通过设置语义断堑，触发认知联想，"中国乔丹"便成为一个具

有特殊语义表达功能的命名性能指建构。范畴上的错置,造就了表达上的陌生;形式上的悖逆,恰好是修辞上的翻新。认知表达过程中所赋予的极性评价义由此而生。

8.2.2 双域特质彰显——跨域类比图式构式的生成条件

跨域类比图式构式"X(的)Y"的生成涉及两个域的对接映射,即源域"Y"的属性特征向靶域"W"的辐射迁移。这种辐射迁移是主客体共同作用的结果,与客体特质彰显和主体认知运作密不可分。相关建构内蕴了认知主体调取已有事物的属性特征来认识与表达新的客体对象的机制与过程,即"对已有意义的一种召唤性使用(evocative exploitation)"(束定芳,2000:65)。首先,源域"Y"的特质彰显是相关建构得以产生的先决条件。纵览上述"X(的)Y"类建构,我们发现能够进入结构的源域"Y"都具有原型特质彰显之特点。无论是专有名词,还是普通名词,在人类长期社会生活实践中都被赋予了某种典型属性特征,这些属性特征已经固化在人类百科知识体系中,成为可以随时调用的有效认知资源。一旦有相似情境或性状的触发,这些认知资源就会被提取出来,用来认识与表达新的客体。诸如"钻石"的珍贵、"人参"的稀有、"乔丹"的球技精湛、"华佗"的医技高明、"雷锋"的助人为乐、"保尔"的身残志坚、"陈世美"的忘恩负义、"林黛玉"的多愁善感、"威尼斯"的独特水景、"夏威夷"的迷人海滩等,都已经储存到人们的长时记忆中,成为已有认知资源的组成部分。于是,具有特质彰显的相关名词就有了转指泛化的可能性,其属性特征可以被转移嫁接到新的目标对象上,用来表达认知主体的主观评价和情感态度,如"中国乔丹"显然要比"胡卫东"更具赞誉性。在此需要指出的是,不管是客观存在,还是主观认定,能够进入结构的源域"Y"都必须具有特质彰显之特点,换言之,并不是所有名词都可以自由进入该类建构,相关建构充分体现出人类的认知选择性。

其次,靶域"W"的特质彰显是触发相关认知联想的必要条件。尽管源域"Y"对相关建构的生成具有决定性的意义,但其从认知资源库中提取出来还需要相似情境或性状的触发,即双域的对接映射不仅取决于源域的特质彰显,还取决于靶域的特质彰显。从双域对接映射角度看,"X(的)Y"建构所蕴含的认知加工程序为:认知主体在面对特质彰显的新的客体时,容易萌生夸饰性表达需求,即一种极度评价欲望。策略之一便是在认知资源库中寻求最佳配体来表达新的客体。这最佳配体必须具备两个条件:一是具有极限属性特征;二是与新客体具有相似性。认知主体在提取最佳配体来充当映射始源域时,意在将其极限属性特征转移嫁接到新的客体身上,从而借助配体的极限属性特征来实现极性评价的表达需求。相关认知加工程序显示,"X(的)Y"的建构是对不同对象之间相似性的发现与链接,其中作为源域的已有对象必须具有最大属性值,而作为靶域的认知对象也必须具有较高彰显度,唯有如此,二者才能形成有效认知对接。就上述诸例中的靶域"W"来说,王选在汉字激光照排系统方面所取得的突出成就,是激活源域"毕昇"的必要条件;没有胡卫东的精湛球技和在 CBA 中的上佳表现,"乔丹"不会出场;苏州的水乡古城特色容易引发意大利水上之城——威尼斯的认知联想;韩国篮球队员河升镇 2.21 米的身高成为其"韩国姚明"建构的重要基础;于丹在百家讲坛中对《论语》的精彩解读及其影响使"女易中天"雅号应运而生。相关建构显示,靶域"W"和源域"Y"必须具有属性近似值,这种近似值来源于主客体的认知互动,双域对接映射寄寓着认知主体的极性评价表达需求。

8.2.3 源域属性泛化——跨域类比图式构式的多样转指

跨域类比图式构式"X(的)Y"建构的复杂性体现在其多样转指上,即可以多向转指和跨行转指。究其因,显然与源域"Y"的属性彰显与泛化有关。因为从形式和语义关系角度看,能够进入构式的源域"Y"都是汇聚了相关属性特征的浓缩体,即所谓的"名词容器性"(高云玲,2007),名词与其属性构成"容器—内容"意象图式。当其中某一属性成为凸显属性时,该属性就可以由其所依附的名词赋值,于是,该名词就获得了代表其凸显属性的身份地位,由指称功能转化为陈述功能。相应地,具有陈述功能的能指符内涵收缩,外延开放,可以用来言说不同客体。Kövecses(2002)在研究整体与部分之间的转喻问题时,曾经提到范畴与属性特征之间的转喻类型,认为属性可以看成是范畴的部分,如果范畴可以通过一组属性来定义的话,那么这些属性一定包含在这个范畴之内。通过转喻认知机制,我们可以使用范畴来激活并指代其定义特征或基本属性,另一方面,范畴的定义特征也可代表整个范畴。这里所说的范畴与属性特征之间的互转关系正是"X(的)Y"多样转指的重要基础,其多向转指与跨行转指都是基于源域"Y"及其典型属性特征之间的认知连通性。

就"X(的)Y"建构来说,其多向转指主要表现为两个方面。首先,源域"Y"可以多向映射。上述"硅谷"类诸多表达形式便属于这一类型,其中的"中国硅谷""印度硅谷""法国硅谷""中原硅谷"属于"地域+硅谷"建构,"艺术硅谷""焊接硅谷"属于"行业+硅谷"建构。"硅谷"成为其统一映射始源域,建构源起和机制与"硅谷"特质彰显有关。因为美国"硅谷"是高科技的孵化器和集散地,已经成为现代高技术产业的代名词,于是只要在高科技方面有所作为,都可以用"硅谷"命名。其次,整体构式可以多向转指。因为,"X(的)Y"建构已经成为极性评价称名性建构,关注的是不同对象之间的相似性属性特征,于是便获得指称具有类似属性特征不同客体的功能。如百度网中的"中国保尔"就可以分别转指张海迪、吴运铎、史光柱、陆永康、马俊欣、王孟筠、郑复生等人,身残志坚是其共同映射域。基于名词与其典型属性特征之间的最佳认知关联,于是保尔就可以获得共用冠名的资质,相应的"中国保尔"建构便可以多向转指。

基于源域"Y"的彰显与泛化,汉语语境中又滋生出跨行越界"X(的)Y"称名建构。上述"动物人参""植物钻石""篮球莫扎特""经济界奥斯卡"等都属于该类建构。通过考察发现,能够进入建构的源域"Y"在其所属领域或范畴中都处于顶级状态,属于最佳原型标本,具有极限属性值。整体构式内蕴了概念整合和转喻认知加工机制。现以"乒坛莫扎特"为例将其认知加工机制分析如图8-1所示。

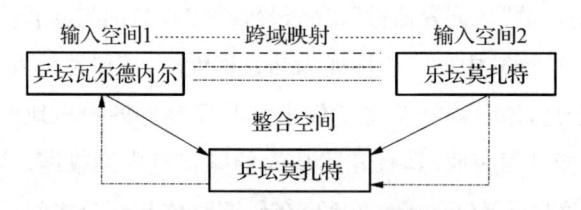

图 8-1 "乒坛莫扎特"概念整合与转喻认知加工机制

如图所示,"乒坛莫扎特"是由"乒坛瓦尔德内尔"和"乐坛莫扎特"两个输入空间整合而成,是经过在线认知处理所生成的新生概念结构。从转喻跨域映射角度看,图中虚线标示的是转喻认知加工路径,即"乐坛莫扎特"是映射始源域,"乒坛瓦尔德内尔"是映射目标域,"乒坛莫扎特"是系连二者的认知中介。映射过程中舍弃源域的类属范畴,保留其极性属性特征,即在某行业中所取得的突出成就,用来转指靶域,以表达极性评价义。瑞典乒乓球名将瓦尔德内尔之所以能够获得"乒坛莫扎特"的雅号,是由于其良好的天赋和精湛的球技激活了相关认知联想。音乐天才莫扎特和乒坛"常青树"瓦尔德内尔在他们各自所从事的领域中都取得了骄人成绩,二者成就显赫促成了乐坛和乒坛跨界域语符建构的联姻。

8.3 跨域类比图式构式的语义表达

考察发现,极性评价已经成为跨域类比图式构式"X(的)Y"语义表达的共有特征。其极性评价义的生成是多种因素共同作用的结果。具体来说,大致有以下三方面。

8.3.1 构式赋义

"X(的)Y"的极性评价义是由其整体构式赋予的。该类构式具有称名性特点,极性评价义的生成与称名性建构活动密切相关。表达者在构建称名性"X(的)Y"表达形式过程中,有意识地将自己的主观评价融进称名性在线认知加工程序,使整体构式成为极性评价的语义功能载体。构式语法理论认为,句法构式本身能够表达某种独立的意义,不同的句法构式有不同的句式意义。也可以说,特定的句法形式与特定的句法语义相匹配,构式是"形式与意义的结合体"。"构式意义既是语义信息,也包含焦点、话题、语体风格等语用意义,所有这些与构式的关系都是约定俗成的,是构式本身所具有的表达功能。"(严辰松,2006)比照构式语法理论,我们发现"X(的)Y"称名建构也内蕴了特定形式与特定意义的匹配关系,称名性建构过程也是构式赋义过程。从建构过程来看,该构式是完型类比结构的浓缩,相关建构大多类属于"名+名"偏正结构框架。谭景春(2010)认为,"名名偏正结构的语义关系可以是多种多样的,而造成语义关系复杂性的原因是其中带有隐含的谓词,当人们要理解这类结构的意义时,必须找回并复原其中隐含的具体谓词,才能获得这类结构的语义解释。"对于"X(的)Y"来说,编码过程中省略的不仅是谓词,而且也包含核心主词,使其成为转指的潜在靶域。所隐含的述谓关系是一种类比关联,显层构式是双域相关构件的整合,名名相加使整体构式带有称名性特点。对相关构件的选择与组配渗进了表达者的主观情感态度,极性评价义由此而生。

8.3.2 极性传导

所谓极性传导,是指进入构式的源域"Y"具有极限属性值,并通过整体构式将其极限属性值传递到所转指的潜在靶域"W"身上,进而使靶域"W"带上极性评价义。亦即"说话人把具有极高知名度的事物与另一个事物放在一起进行类比,其语用目的正是增强二者的关联性,表达二者在某个方面具有'最、顶、第一'的类同关系。"(温锁林,2010)如上所述,构式中的源域必须具有特质彰显之特点,即具有最大属性值和最高知晓度。因为,在长期社会生活实践过程中,人们逐渐形成对某些人物、事物或现象的主观认识和评价。其中有些人物、事物或现象会成为相关属性特征的典型样本,储存在长时记忆中,成为随时可以被激活调用的有效认知资源。如"雷锋"与"助人为乐"、"乔丹"与"精湛球技"、"威尼斯"与"水城风光"、"硅谷"与"高科技产业"等都形成了最佳认知关联,一旦有相似情境或性状的触发,这些属性特征就会通过在线认知处理被传递到新的目标对象上。因此,"X(的)Y"建构过程也是极性评价义的传导过程,表达者借助认知资源库中的典型样本完成对认知客体的再度命名工作,意在将源域的属性特征转移嫁接到靶域身上。这种转移嫁接是表达者积极认知运作的结果,内蕴主观极性评价功能。

8.3.3 语境帮衬

除了构式及其组件赋义外,"X(的)Y"极性评价义的生成还与外部语境的铺垫衬托有关。因为考察语料发现,在具体语境中,"X(的)Y"并非孤立建构,总是基于一定的语境因素完成相关语义表达。这些语境因素主要包括靶域同现、称名标记和关联陈述等要素。例如:

(30) 作为中国历史文化名城的哈尔滨,素有"<u>东方小巴黎</u>"和"<u>东方莫斯科</u>"之称。作为 20 世纪俄罗斯人休假、避暑的理想场所,太阳岛上居住的俄侨和中国人民关系融洽,生活习俗也互相影响渗透,形成了特有的异国风情和神韵。(新华社 2004 年 4 月份新闻报道)

(31) 有"<u>东方小威尼斯</u>"之称的同里,除小桥流水之外,富有江南水乡特色的深宅大院和民居建筑群同样备受青睐。于去年列入世界遗产名录的退思园,游人如织。(文汇报,2001-05-05)

(32) 无锡则抓住中央台建外景基地的机遇,投资二千万建"唐城、三国城、欧洲城",一跃成为"<u>东方小好莱坞</u>",成为当红的旅游明星,直让定性为风景旅游城市并以上海"后花园"为己任的杭州羡慕不已。(1994 年报刊精选)

(33) 改革开放的春风一起,沈默的岳父母获准移居澳门。沈默的太太带着两个儿子,也移居澳门。这下子,只剩下沈默独自在沪。沈默埋头于雕塑,进入他的艺术生涯的黄金岁月。他变得很忙,他的新作不断地问世,获得了"<u>东方小罗丹</u>"的美誉。他被借调到上海油雕室从事专业创作。(CCL:作家文摘\1994\1994B)

例(30)中的"东方小巴黎"和"东方莫斯科"所系连的语境因素包括同现的靶域"哈尔滨"、称名性标记"素有……之称"以及关联性陈述"中国历史文化名城""休假、避暑的理想场所""特有的异国风情和神韵"等。靶域同现可以驱动双域相似性的认知联想;称名件标记可以显示相关建构的命名性和评价性;关联性陈述意在突出双域相似的具体项目,如历史文化内涵、理想休闲场所、浪漫异国风情等。三者共同作用于"东方小巴黎"和"东方莫斯科"建构的语义表达,使其中蕴含的极性评价义得以彰显。与此同理,例(31)中的"小桥流水""江南水乡""深宅大院""列入世界遗产名录""游人如织"等表达为"东方小威尼斯"作了铺垫;例(32)中的"中央台建外景基地""唐城、三国城、欧洲城""当红的旅游明星"也为"东方小好莱坞"作了诠释;例(33)中正是因为有了"埋头于雕塑""进入他的艺术生涯的黄金岁月""新作不断地问世"等奋斗与成绩,以法国著名雕塑家罗丹冠名的"东方小罗丹"才能出场,并与具体语境取得协同。

需要指出的是,跨域类比图式构式"X(的)Y"所转指的靶域还具有彰显程度差异。有些"X(的)Y"建构熟用以至凝固,其中内蕴的相似性关联已经固化到长时记忆中,在表达过程中可以省略或隐含,成为背景知识。如"东方威尼斯"在某种意义上已经成为"苏州"的代名词,"中国硅谷"与"北京中关村"的认知关联不言自明,其语义表达的语境依赖性相对较弱,可以直接解码。相反,知名度较低的"江北小延安"(佳木斯)、"北方沙头角"(大黑河岛)等建构对语境的依赖性较强,需要较多的提示与说明,以帮助接受者准确地认识和把握其中的内在关联以及所表达的极性评价义。

第 9 章　元语否定图式构式的主观极量表达

在现代汉语诸多主观极量表达形式中，有一种类型较为特别，它是通过对模糊极性语义表达结构"最 M＋H 之一"①进行元语否定得以建构，所否定的对象为原型表达结构中提示一定范围内的数量或事物中的一个的"之一"，新生结构为"最 M＋H，没有之一"。由于其中的极性程度表述对象具有可变性，在构式中为待嵌空位，因此，该类构式可称为元语否定图式构式（Meta Language Negative Schematic Construction）。关于该类构式，王卯根（2011）曾较为系统地探究了其格式来源及其修辞特点，认为该格式是"最 XN"结构与"最 XN 之一"格式的组合重构，其中的"X"为形容词或动词，"N"为名词性短语，"没有之一"否定最高级表述对象与评价对象之间存在群体/个体关系，修辞上具有强调色彩和明快果决的风格。我们认为，在语义表达上，衍生结构"最 M＋H，没有之一"虽与"最 M＋H"结构有一定的关联，但其直接衍生母体应为"最 M＋H＋之一"，是通过对母体进行元语否定得以建构。这种否定旨在排除母体构式语义的兼容性与模糊性，以实现绝对极性评价，且具有强烈主观性色彩。这种表达风格满足了"群媒体"时代网民们的极端情绪化诉求，因此，该类构式能够广泛运行于新兴网络媒介空间，成为使用频率极高的一种表达形式。我们在百度高级检索里以"title:（没有'之一'）"为检索项检索了使用情况（截至 2024 年 1 月 6 日），结果共有大约 32 600 000 条，足见其流行之广和影响之大。鉴于"最 M＋H，没有之一"在诸多主观极量表达形式中具有特定的表达价值和流行趋势，本章拟系统考察探究该类表达构式的建构机制、语义

---

① 该构式是由"最伟大的作家之一"之类的表达结构提炼概括而成，其中的编码"MH"借自王寅（参见《构式语法研究（上卷）理论思索》，上海外语教育出版社 2011 年版，第 170 页），为"Modifier＋Head"（修饰语＋语核）的缩略。

表达、修辞特质与流行动因等问题。限于篇幅,文中所引语料均只标明来源及时间,具体出处从略。

9.1 元语否定图式构式的建构机制

9.1.1 构式来源:元语否定与等同固化

从组构部件和组构方式来看,新生构式"最M+H,没有之一"的关联对象为"最M+H+之一"和"最M+H",前者为其直接衍生母体,后者为其结构组件,三者形成了语义互联句法结构群。正是基于这一特点,王卯根(2011)认为该格式是"最XN"结构与"最XN之一"格式的组合重构。为了更为清晰地展现三者在句法建构和语义表达方面的异同,我们不妨以"最伟大的作家"表达为例作一对比分析。

(1) 总统奥朗德在一份公报中对于莫迪亚诺围绕"记忆"和"身份"的写作方式大加赞赏,总理瓦尔斯也称赞莫迪亚诺是"近年<u>最伟大的作家之一</u>",认为其获奖当之无愧。(经济参考报,2014-10-17)

(2) 诚然,如今的汀州尽管蓄积了千年修为,但仍有"藏在深闺人未识"的遗憾观感,正如汀州孕育了中国当代<u>最伟大的作家</u>,但却往往容易被人所忽略一样,这就是浮躁趋利的时代造成的深层悲哀。(人民网,2015-08-27)

(3) 能够有这样一次创作的机会,孟导觉得很奇妙、很庆幸,在他看来,余华是中国当代<u>最伟大的作家,没有之一</u>。(新浪博客—DJ若尘的博客,2013-08-09)

上述例句中分别含有"最伟大的作家之一""最伟大的作家"和"最伟大的作家,没有之一"等表达形式。比较发现,三者句法建构上的差异反映出语义表达层面上的区别,即评价对象与最高级表述对象之间存在个体关系和群体关系的异同。其中"最伟大的作家之一"典型地表达了评价对象与表述对象之间存在个体与群体的隶属关系；"最伟大的作家，没有之一"则典型地表达了评价对象与表述对象之间存在个体与个体的等同关系；而"最伟大的作家"所表达的题元语义关系则介于二者之间，具有一定的可变性，需要依凭语境而定。这三种语义关系表达如图9-1所示。

最M+H+之一 ← 最M+H → 最M+H，没有之一

隶属 ———— 隶属/等同 ———— 等同

图 9-1　"最"类互联句法结构的语义关系

分析显示，"最M+H"所表达的题元语义关系具有多义性，包含着隶属与等同语义潜势，为了分化这种结构语义多义性，汉语中产生了相应的表达形式，其中"最M+H+之一"固化了题元之间的隶属语义关系，"最M+H，没有之一"固化了题元之间的等同语义关系。区别在于，"最M+H"和"最M+H+之一"为传统常规句法结构，"最M+H，没有之一"为新生修辞性句法结构，具有特定的语义语用表达价值，其源于"最M+H+之一"建构，二者语义表达具有对立性。这种衍生性修辞构式通过对母体构式"最M+H+之一"进行元语否定得以建立，旨在突出强调评价对象和表述对象之间的极性等同关系。所谓元语否定，是指对语言表达形式本身的一种否定，它是语言自返性的一种表现。即"最M+H，没有之一"是通过对母体构式"最M+H+之一"中的"之一"进行否定得以建构。这种否定，意在排除"最M+H"所表达的极性属性特征的群体共有性，将其单独赋予评价对象个体，以显示相关极性属性特征的专属性。三种互联句法结构成分的逻辑关系和表义特点列表分析如表9-1所示。

表 9-1　"最"类互联句法结构成分的逻辑关系与表义特点比较

互联句法结构	逻辑关系	表义特点
X 是最 M+H	X=最 M+H；X∈最 M+H	专属性/群属性
X 是最 M+H+之一	X∈最 M+H	群属性
X 是最 M+H，没有之一	X=最 M+H	专属性

9.1.2　变项"M+H"的准入条件与类型

元语否定构件"没有之一"对构式极性语义的专属性起突出强调作用，但

构式概念语义表达的主要承担者则是"最 M＋H"。因此,为了阐明该类构式的建构机制和语义表达等问题,我们还需要探清其中的概念项"最 M＋H"的组配方式和语义类型。

9.1.2.1 变项"M＋H"的准入条件

从建构形式来看,变项"M"的语法性质和音节形式会对"最 M"和"H"的组合方式产生一定的影响。若"M"为动词性成分,不论何种音节,与"最"组合(以下码化为"最 V")修饰"H"时通常需要动用结构助词"的",如"小学时最爱的女神,没有之一"和"最喜欢的歌词,没有之一",其中结构助词"的"可以实现降级述谓,明示修饰关系,以区别于述谓结构。而形容词性"M"与"最"组合(以下码化为"最 A")修饰"H"时情况较为复杂,结构助词"的"的运用与结构变项的音节形式有关,以顺应汉语韵律节奏表达需求,有时还会出现两可局面。综合考察发现,结构助词的运用大致可分为强制性和可选性两种类型,其中强制性运用旨在满足汉语节律组配原则,主要有"最 A 单＋H 单"("单""双"为音节数标识)、"最 A 双＋H 单""最 A 双＋H 双",或者其中有一项为多音节等几种情形,如"最好的书,没有之一""最浪漫的事,没有之一""最伟大的导演,没有之一""最好的手机屏幕,没有之一""最简单粗暴的配置,没有之一"等。而可选性运用主要出现在"A 单＋H 双"建构中,除了满足汉语节律表达需求外,结构助词运用与否对结构语义功能表达也会产生一定的影响。例如:

(4) 用炸弹塔来防御黄家驹可以说是目前游戏里<u>最烂的策略,没有之一</u>。(人民网,2016－07－25)

(5) 宋妍霏、葛浠吟和王梓澈在一部民国戏里当了回丫鬟,没有任何台词甚至没有正脸,三人的专业精神却赢得了导演的高度赞扬,获称"<u>最佳丫鬟,没有之一</u>"。(人民网,2015－12－16)

例(4)与例(5)中"最烂的策略"和"最佳丫鬟"语义用法有别,前者为普通述谓构件,结构松散,后者具有称名特点,结构凝固。此外,节律组配原则也是无结构关系标记"A 单＋H 双"的重要建构动因,即无结构关系标记"最 A 单＋H 双"组合恰好吻合了四音节偶数节律组配原则,如人民网和百度网中就有"最丑照片,没有之一""最棒游戏,没有之一""最佳途径,没有之一""最大卖点,没有之一""最强盟友,没有之一"等多种结构用例。

从语义表达来看，构式中的"最 M＋H"为具有极性义表达特点的名词性成分，其极性义表达需要诉诸修饰性成分"最 M"组合。关于"最 M＋H"的构成情况，王卯根(2011)曾将其码化为"XN"，认为"X"为形容词或动词，"N"为名词性短语。不过，考察语料发现，王卯根的分析显得过于粗疏，事实上，构式中的"最 M＋H"为具有极性表达特点的名词性成分，其中的极性表达诉诸修饰性成分"M"。具有极性表达特点的修饰性成分一般为谓词性成分或结构，内蕴程度差异，可以接受极性程度副词"最"的修饰限定。也就是说，"M"中必须含有可量化的语义成分。

9.1.2.2 变项"M＋H"的语义类型

如上所述，根据变项"M"的语法性质，"最 M＋H"构件可以分为"最 A＋H"和"最 V＋H"两种组配类型。这种分类有其特定的语义基础和功能依据，因为"程度副词的主要功能是对形容词及部分动词所具有的程度义特征进行定位，或使连续的程度量有界化"(张亚军,2002:127)。此外，还有一些非"最"类表达结构，其结构语义也具有极性特征，与"最 M＋H"结构义相当。

第一，最 A＋H。这种类型在"最 M＋H"用例中占比最高，因为"性质形容词的典型性与量幅伸展空间存在着一种依变关系，这种关系的语法表现是典型的性质形容词具有与微量、中量、高量和极量等四种不同量级的程度词组配的潜能，以表现其潜在的量上的可伸延性"(张国宪,2006)。而与"没有之一"组配的"最 M＋H"为典型的极量表达结构，其中"M"的最佳样本为属性成分，性质形容词为事物的属性表述，刚好满足了这种表达需求。因此，在实际语言生活中该类组合最为常见。例如：

(6) 这个胖姑娘是全世界<u>最幸福的女人</u>！没有之一！(搜狐网,2015－06－22)

(7) 看到品客读者厕在讨论苏童《红粉》，特别赞同，我个人还比较喜欢苏的文风，但这部小说是我读过的所有中短篇小说里<u>最恶心的</u>，没有之一。(新浪微博,2024－01－06)

(8) 史上<u>最娇艳妩媚的大学校长</u>，没有之一(搜狐教育,2015－09－11)

(9) ××集团，你坑害业主还要坑害你的员工。你简直就是大学

城最不要脸、最黑心、最卑鄙无耻、最下流的开发商,没有之一。(天涯论坛,2014-02-22)

上述"最A+H"结构用例中的修饰性成分"A"具有多样化特征,既有单个词条"幸福""恶心",又有联合结构"娇艳妩媚",还有多体并列成分"不要脸""黑心""卑鄙无耻"和"下流",表达的都是相关对象的属性特质,因此与极具主观评价色彩的"最M+H,没有之一"构式语义具有较强的兼容性与适配性。

第二,"最V+H"。这种类型中的修饰性成分"V"为动词性词项或结构,其中的词项以可量化的心理活动动词为主,而结构类则以"适合、能力、影响类动词"(林娟,2005:21)参与建构的形式为主,因为这些动词内蕴可量化语义因子,可以接受极性程度副词"最"的修饰限定。例如:

(10) 感谢小甲鱼的教导……他是我此生最喜欢的老师,没有之一(鱼C论坛—吹水阁,2015-01-20)

(11) 从《上车走吧》《生存之民工》到《外乡人》,他可能是全中国最像外来务工人员的演员。对,没有之一,比王宝强都像。(人民网,2014-12-24)

(12) 可颂甜甜圈绝对是全球最招美食妒忌的美食,没有之一!其他的美食都渴望打破这种用羊角面包制成的甜甜圈所带来的流行。(人民网,2014-11-14)

(13) 刘诗诗真的可以称得上是和雪景最配的演员,没有之一!(天天聊娱乐yule,2021-11-23)

(14) 生活不是娱乐圈的歌舞升平,在这些浮华的另一面,也许真相能惨不忍睹。那就是医院。医院是最能检验人性的地方没有之一。人情的冷暖也许平时在社会上见惯了,但是那些人情冷暖和医院里的比起来,只能是小巫见大巫。生死面前,所有的人情都没用,不管能动用多少人际关系,也挽不回一条鲜活的生命消逝。久病的消耗,不仅是对钱财的消耗,也是对精神的摧残,是对病人和家属双方的考验。(情绪的站台,2022-04-19)

第三,非"最"类极性程度表达结构。考察语料发现,汉语中表达极性程度的方式具有多样化特点,除了含有显性程度标记"最"类极性程度表达结构外,汉语中还有许多非"最"类极性程度表达结构。例如：

(15) 好听到哭,歌词简直绝了,也只有王菲能唱出这种匆匆那年的感觉了,<u>年度金曲,没有之一</u>。(人民网,2014-12-08)

(16) <u>年度的神作,没有之一</u>！它说透了人心,预见了未来。(豆瓣电影,2018-10-06)

(17) 给大家讲讲我遇到的<u>极品租客,没有之一</u>。(天涯论坛,2013-07-10)

(18) 豆瓣9.6,华语影史的<u>巅峰之作,没有之一</u>。(豆瓣电影,2020-06-14)

(19) 祝我最最亲爱的妈妈,生日快乐！每一天每一分每一秒都能保持灿烂的笑容,健健康康的,高高兴兴的,永远年轻,美美哒！我心目中<u>唯一的女神,没有之一</u>！(新浪微博,2015-10-23)

(20) 《大明王朝1566》：我愿称之为<u>国产剧天花板,没有之一</u>。(豆瓣电影,2023-04-01)

(21) 目前国内<u>硬核科幻片,没有之一</u>！(豆瓣电影,2023-02-06)

(22) 更改大明王朝之人：<u>历史第一妖僧,没有之一</u>。(哔哩哔哩,2021-06-01)

上述诸例中含有的极性程度表达成分分别为"年度金曲""年度的神作""极品租客""巅峰之作""唯一的女神""国产剧天花板""硬核科幻片""历史第一妖僧",其中的"金曲""神作""极品""巅峰""唯一""天花板""硬核""历史第一"都蕴含着与"最"类极性程度副词相当的极性程度义,因此也可以与该类元语否定表达结构"没有之一"组合使用。

9.2　元语否定图式构式的语义表达

从结构特点来看,元语否定图式构式"最M+H,没有之一"是一种特殊分裂强调构式。其结构分裂源于元语否定,旨在满足特定语义功能表达需求。具体来说,就是通过元语否定和结构分裂来排除原型结构"最M+H之一"语义表达中的群属性与模糊性,使所陈述客体的极量属性特征专属于其评价主体,进而实现对特定对象进行极性评价的表达目标。综合考察发现,这种元语否定图式构式的极性语义表达是多种因素共同作用的结果,与构式框架、待嵌构件和依存语境等要素密切相关。

9.2.1 构式赋义

构式语法理论认为,除包含在语法格式即构式之内的组成部分以及它们之间的结构关系外,构式本身也有意义,不同的构式有不同的构式意义,任何一个构式都是形式和意义的对应体。而经过元语否定所生成的分裂式强调构式"最M+H,没有之一"也是一种特定形式与规约意义的对应体,其构式本身也具有为待嵌构件"MH"赋义的功能。不过,由于该类构式生成机制特别,其构式赋义也具有一定的特殊性。具体来说,就是这种构式赋义既与结构框架本身有关,也与其潜在的母体原型结构语义有关。首先,从构式本身来看,典型的主观极量表达构式"最M+H,没有之一"的框架构件为"最"和"没有之一"。其中"最"为极性程度副词,用于对可量化的变项"M"的程度限定,组合构件"最M"可以对所修饰的语核"H"进行极性属性特征描述,但这种极性属性特征描述具有一定的模糊性,它既可归属于个体,也可归属于群体,与该类构式所系连的评价对象并不构成必然的专属关系;而"没有之一"为元语否定构件,意在取消"最M+H"极性语义表达中可能存在的群属性和模糊性,从而可以为评价对象专门赋值。二者相互为用,组配成极性语义表达模框,可以对待嵌构件"MH"乃至构式所系连的评价对象进行极性赋值。需要说明的是,元语否定构件"没有之一"为高活性度构式组件,具有较强的组配运作功能,它既可以与"最"类构件组配,还可以与其他非"最"类极性表达形式组配,甚至还可以独立使用,相关问题留待下文详述。其次,从构式来源以及认知机制层面看,"最M+H,没有之一"的赋义过程还具有联想比照赋义特点。即该类构式赋义是通过与潜在的母体结构"最M+H之一"进行对比而实现的。因为,就构式运用的认知心理来说,当我们使用元语否定强调构式"最M+H,没有之一"时,受心理活动规则中的邻近激活原则影响,自然会联想到其所由出的母体结构"最M+H之一"。显性的"没有之一"和潜在的有"之一"形成鲜明对比,进而可以强化"最 M+H,没有之一"构式语义的顶级性与专属性。

9.2.2 "MH"赋义

元语否定强调构式"最 M+H,没有之一"的主观极性义是模标与模槽填充物共同作用的结果,模标提供了极性义得以生成的结构形式,模槽填充物则提供了极性义得以生成的概念实体。因此,我们在强调构式赋义的同时,也不能忽视模槽填充物对结构语义表达的影响。考察发现,由极性程度副词"最"所系连的填充物"MH"通常为难以精确量化和严格查证的对象,而可以准确判断和易于查证的对象则不宜嵌入该构式。我们可以通过例证比较来分析二者的差异。例如:

(23)《花千骨》是这个暑假最火的电视剧,没有之一。(人民网,2015-08-17)

(24)珠穆朗玛峰是世界最高的山峰,没有之一。(自拟)①

比较发现,例(23)为惯用的合法表达形式,而例(24)可接受性则较低。区别来源于"最火的电视剧"和"最高的山峰"可量化与可查证的程度差异。因为例(23)中的"最火"为模糊表达结构,形名兼类的"火"无法精确量化,适用于具有模糊表达特点的隶属性逻辑语义关系的表达,因此,例(23)可以有其对应的母体表达结构"《花千骨》是这个暑假最火的电视剧之一";与之相反,例(24)中的"最高"为精确表达成分,可以精确到海拔 8 848.13 米,因此在逻辑上无法拟构出其合法母体表达结构"珠穆朗玛峰是世界最高的山峰之　",母体不存,子体焉附？例(24)由此便沦为可接受性较低的表达结构。

通过上述比较分析,我们可以得出结论,待嵌构件"MH"的入选条件之一是其必须内蕴难以精确量化和严格查证的属性义,而这种无法精确定性的属性义正是整体构式语义表达的先决条件。因为"最 M+H,没有之一"为主观极量表达结构,主观性是其语义表达的重要特征,与难以精确量化和严格查证的模糊属

---

① 从理论上讲,该句可用于对"珠穆朗玛峰是世界最高山峰之一"的否定评判,不过,由于"珠穆朗玛峰是世界最高山峰"命题具有客观真值,相应的"之一"类模糊表达及其否定评判便失去意义。由此也进一步佐证了"最 MH,没有之一"的主观评价功能。

性具有较高兼容性,如例(23)中的属性程度表达成分"最火",什么叫"最火"? 人言人殊,无法界定。这种模糊性为构式语义的主观性表达提供了语义基础。考察发现,就结构中的"M"来说,除了传统模糊属性构件外,具有新新人类口语表达特点的"奇葩""牛逼(包括 NB、牛 B、牛 b 哄哄等多种变体)""恶心""坑爹""雷人""垃圾""火爆""烂""棒""强"等是该类构式中的高频使用构件。例如:

(25) 以前的手机广告都弱爆了! 史上最雷人广告,没有之一。(搜狐视频,2011-10-16)

(26) 淘宝 8 年遇到的最牛 b 哄哄的卖家,没有之一。(天涯论坛,2015-07-19)

(27) 虽然才到年中,但可以铁定地说,黄奕黄毅清将当选本年度最奇葩夫妻,没有之一。(人民网,2014-08-14)

(28) 网友爆料:建业绿化,最坑爹的绿化,没有之一,还美其名曰"建业春天里",别侮辱"春天里"了好不好。(新浪微博,2022-03-21)

(29) 石家庄正定机场是全国最垃圾的机场,没有之一。飞全国各地大大小小机场都没遇到电脑不能托运的。以后永远不可能再从这转机,恶心死了。(新浪微博,2024-01-04)

(30) 这是今年最恶心的热搜,没有之一。(腾讯网,2022-03-28)

(31) 恕我直言,《天气预爆》就是本年度最烂国产电影,没有之一!(搜狐网,2018-12-25)

(32) 他是许多影迷心中最棒的华语导演,没有之一。(BOSS 电影,2017-11-06)

9.2.3 语境赋义

认知构式语法理论[①]提倡综合性多维研究,主张联系功能要素(包括语义和语用)对各种形式参数做出详尽的阐释。特别重视不同构式所依存的具体句法

---

① 此处提及的认知构式语法理论主要包括 Lakoff and Goldberg 的"认知构式语法"、Langacker 的"认知语法"和 Croft 的"激进构式语法",相关研究在认知语言学理论框架下进行,旨在对语言知识的表征提供解释。这种认知构式语法是一种基于使用模型的构式语法。相关内容可参见杨坤《认知构式语法的基本思想及最新发展》《西南大学学报(社会科学版)》2015 年第 1 期)。

环境的作用,"基于用法的模型"(Usage-based Model)和"所见即所得"(What You See is What You Get)已经成为其重要的理论取向。基于这种理论取向,我们在探究"最 M+H,没有之一"构式用例的语义表达时,也应该要重视其所依存的语境要素对构式用例语义表达所施加的影响。考察发现,该类构式用例所联系的语境要素可分为句内语境和句外语境两种类型。其中句内语境对构式语义表达的影响主要体现在限制性定语(Restrictive Attribute,简称 RA)的运用上,因为综合考察"最 M+H,没有之一"所依存的表达结构发现,在对相关对象进行极性评价时,往往需要圈定一个评价界域,以显示相关评价的适用范围,从而增强相关评价的可信度与分寸感,如上述例(26)中的"淘宝八年遇到的"和例(27)中的"本年度",这些 RA 构件可以将其系连构式的极性表达限制在特定范围之内,以显示相关评价对象在特定界域中处于顶级状态。不过,在诸多表达用例中,"RA"的使用也具有一定的夸张性和极限性表达趋势,表极限的全时空限定成分"史上""有史以来""天底下""世界上""全宇宙"等是其常见用例。例如:

(33) 前几天,云视链进行语音与视频同步直播,效果太差,被网友评为"史上最烂直播没有之一"。(人民网,2015-08-11)

(34) 栗子卡士达奶油蛋糕,卡士达是天底下最好吃的味道没有之一。(百田吃货圈,2013-10-08)

(35) 全宇宙最垃圾的网络游戏!!! 没有之一。(百度贴吧—李毅吧,2012-09-03)

(36)《永乐大典》是中国有史以来最牛的一部书,没有之一,别提《四库全书》,在《永乐大典》面前,《四库全书》就是拎包的小弟。(石塘网,2022-08-12)

上述例句中的限定成分"史上""天底下""全宇宙""有史以来"都具有全值极限表达特征,分别用于对陈述对象"最烂直播""最好吃的味道""最垃圾的网络游戏""最牛的一部书"的界域限定,与相应构式用例的夸张性极性语义表达具有很强的兼容性与适配性,可以进一步强化相关构式用例的主观极性评价义。

除了句内语境要素赋义外,该类构式用例所联系的句外语境也是其构式语义表达的重要依凭,可以对构式语义表达起到佐证与强化作用。因为考察语料发现,"最 M+H,没有之一"构式用例并非孤立建构,其语义表达总是依托于特定的句外语境,即语篇语境。所依存的句外语境大都是对相关评价的具体介绍和说明,这些介绍说明旨在展现"最M+H,没有之一"用例主观极性评价义的具体表现,可以为相关主题表达提供佐证。例如:

(37) 烟花爆竹,当今中国传统<u>最</u>大的恶习,<u>没有之一</u>
春节闹得人人日夜不得安宁近一个月。
平时节假婚庆能扰民就玩命扰。
弄得全国火灾不断危及人身安全。
这玩意儿不就是给没胆的壮会胆没自信的装会 13 吗?
除此还有个鸟的正能量!(宁国市论坛,2013-02-13)

(38) 三藩湾的恶魔岛,是美国<u>最</u>最臭名昭著的监狱,<u>没有之一</u>。大约 1 500 名罪犯,曾经在这里服刑,而其中不乏"名人",比如犯罪大亨卡彭、越狱犯亚瑟·巴克等。荒凉的土地、罪恶的"种子"、最恶劣罪犯的"美誉",恶魔岛已经成了一个传奇。(人民网,2014-11-23)

例(37)是网民"胜者无招 1"发布在"宁国市论坛"上的一则帖子,其中"烟花爆竹,当今中国传统最大的恶习,没有之一"为标题,其余部分为陈述内容。这些内容为标题中的"最M+H,没有之一"用例所统领,也是其所依存的句外语境,用于对"当今中国传统最大的恶习"的具体说明。例(38)中的"大约 1 500 名罪犯""犯罪名人""荒凉的土地""罪恶的种子""最恶劣罪犯的美誉"等句外语境要素是对"三藩湾的恶魔岛,是美国最最臭名昭著的监狱,没有之一"的具体诠释。综合考察发现,这些句外语境的赋义机制具有共性特点,"最M+H,没有之一"构式用例为带有强烈主观性的总括性评价,其所联系的句外语境为相关具体情况陈述,二者之间有语篇逻辑上的总分说明关系。

9.3 元语否定图式构式的修辞特质与流行动因

9.3.1 修辞特质

刘大为(2010)在研究语法构式和修辞构式关系问题时,曾提出修辞学"更关心那些在语言系统中没有稳定存在、只在使用过程中发生的现象。它们一开始都是些偶发的、即兴的、独一无二的临时形式,往往由于人们对语言采取了非典型、不规范包括创新性的用法而形成"。就元语否定图式构式"最 M＋H,没有之一"的建构机制与表义特点来看,其特殊建构也是一种在语言使用过程中临时发生的现象,元语否定为即兴所为,具有偶发性。所生成的结构为一种元语否定修辞架构,成为主观极性评价语义的功能载体。也可以说,"最 M＋H,没有之一"是一种在语形层面上经过加工处理的修辞构式,它依托原型结构"最 M＋H 之一"得以建立,意在取消原型结构语义的模糊性与分寸感。关于"最……之一"句式,叶国华(1985)认为它是一种委婉表达式,具有委婉和夸张修辞色彩:"既表示了自己之'最',又不排斥其同类之'最',因此,它非常适用于需要委婉词语的社交场合。"与之相反,"最 M＋H,没有之一"是一种具有激进夸张修辞色彩的表达结构,王卯根(2011)称其有明快果决的风格。因为元语否定构件"没有之一"具有强调性和断言性,可以有效排除迟疑、犹豫、含蓄、闪躲、折中等委婉和模糊表达色彩。因此,如果说"最 M＋H 之一"是一种带有委婉夸张色彩的模糊性修辞表达结构,那么"最 M＋H,没有之一"便是一种带有激进夸张色彩的断言性修辞表达结构。

研究发现,元语否定图式构式"最 M＋H,没有之一"的修辞特质不仅体现在其建构机制和表义特点方面,还体现在其具体运用方面。首先,该类构式在具体运用中可以用于反讽修辞。由于"最 M＋H,没有之一"是一种带有激进夸张色彩的断言性修辞表达结构,其语义表达具有主观极性评价色彩,呈现出强烈的褒贬倾向,主要分布于褒扬性表达语境和贬抑性表达语境。不过,考察语料发现,有些构式中的待嵌构件"MH"在具体运用中还有感情色彩的变化,通常为褒词贬用,属于夸张与反语修辞的综合运用,具有强烈的反讽和调侃色彩。例如:

(39) 莆田<u>最具特色的污水盖板,没有之一</u>,掉下去算谁的责任!
(莆田新城论坛——兴化茶楼,2015-04-04)

(40) 霍华德・休斯(Howard Hughes),一个神一样的男人,虽然学习很渣,但是在工程领域,包括空气动力学、航空与宇航制造等当时比较尖端领域都是比较厉害的,这也是世上<u>最伟大的败家爷们,没有之一</u>。(电子发烧友网,2015-07-23)

例(39)为发布在"莆田新城网—兴化茶楼"上的一则帖子,论坛上配发的图片显示,污水盖板没有了就在上面放些树枝遮盖敷衍一下。例句中的"最具特色"极具讽刺和批评意味,"没有之一"可以揭示出相关做法的荒唐和不负责任已经到了无以复加的地步。例(40)摘自"电子发烧友网"中的《最会败家的人,也很懂科技》一文,讲的是美国著名富豪霍华德·休斯(Howard Hughes)一边挥金如土一边狂赚钞票的生活状况。他既是飞行家、发明家、慈善家、电影制片人、航空航天工程师,又是色狼和精神病人,用几十万美元起家,建立了横跨数十个行业的商业帝国。即便极端败家,但他花钱的速度还是赶不上他赚钱的速度。文中"最伟大的败家爷们"所包含的讽刺揶揄调侃之意尤为突出。

其次,该类构式还可以减缩使用,即只截取其中的"没有之一",而置其余部分于不顾,谭永祥(1983)称之为"断取"修辞格。该类辞格的表达机趣在于利用部分与整体的联系,用部分来代替整体,进而可以收到含蓄隽永的表达效果。就"没有之一"来说,由于其是元语否定图式构式"最M+H,没有之一"的重要组件,与组配构件"最M+H"具有高度依存性,二者已形成规约性语义关联,"表达的习语化往往导致信号的缩减和简化"(鲍尔·J·霍伯尔,伊丽莎白·克劳丝·特拉格特,梁银峰译,2008:89),因此,在具体使用过程中便可以将其截取出来用以指代结构整体。考察发现,由于该类断取修辞具有新颖别致的极性语义表达特点,因此被广泛运用于各类标题名号。例如:

(41)帖子题名:刘德华——没有之一!(天涯论坛—娱乐八卦,2013-10-14)

(42)网页名称:没有之一(百度贴吧—毛阿敏吧的网页)

(43)文本标题:没有之一(起点读书网《斗破苍穹 吞噬星空》第三十九章标题)

(44)歌曲名称:《没有之一》(严云农作词,蒋卓嘉作曲的一首歌曲)

(45)餐厅名号:没有之一(杭州一家连锁餐厅)

9.3.2 流行动因

关于流行语的扩散与流行问题,辛仪烨(2010)曾深入地分析了流行语义、流行心态与语言优先表达机制,认为流行语义是形式意味和文化含义的交融,流行语的建构与运行是一种语言优先,其中蕴含的流行心态也是一种强烈的修辞动因。我们认为,除了构式本身的形式意味和文化含义,该类构式所赖以存在的网络语境也是其流行的一个重要条件。即"最 M+H,没有之一"的扩散与流行是构式的形式意味、文化含义与运行语境共同作用的结果。

首先,网络语境为该类构式的扩散与流行提供了便利条件。我们以"没有之一"为检索项系统检索统计了北京大学 CCL 语料库、人民网、北京语言大学 BCC 语料库、360 搜索、百度网等平台中的相关构式用例的使用情况,具体检索结果统计如表 9-2 所示(统计日期截至 2024 年 1 月 7 日)。

表 9-2 不同平台中的"没有之一"用例数量统计

平台	CCL	人民网	BCC	360 搜索	百度网
用例	1	42	3 613	约 583 000	约 32 600 000

列表显示,"最 M+H,没有之一"构式用例在不同性质媒介中的运行呈现出较大差异,这种差异也体现出该类构式用例运行的规律性,即:CCL<人民网<BCC<360 搜索<百度网。比较而言,该类构式与网络信息媒介语境具有较高的适配性和依存度,列表中百度网的用例已高达约 32 600 000 条,与之形成鲜明对比的是,CCL 中仅有 1 条,且这仅有的 1 条还是网络博客中的用例。具体情况如下:

(46)宝马新 7 系的操控比奔驰 S 自然高了好几个级别,至少目前为止,一定是同级别中操控最好的,没有之一。(CCL:\当代\网络语料\博客\李想博客)

由此可见,"最 M+H,没有之一"在 CCL 传统文本中未见用例,应为新创表达结构。此外,列表中的 CCL 与 BCC 用例情况也呈现出显著差异,BCC 中用例多达 3 613 条。究其因,是因为北京大学 CCL 中所收录的语料以传统纸质文本为主,纸质文本的表达风格以严谨持重为常,所以委婉有度的"最 M+H 之一"表达式更受青睐,我们以模式查询表达式"最$10 之一"检索了相关用例共计 15 921 条。而 BCC 中收录的语料分为"多领域""文学""报刊""对话""篇章检索""古汉语"四个板块,含"没有之一"的语料分别来自"对话"(2 018 条)、"多领域"(1 593 条)和"报刊"(2 条),其他板块皆无。由此可见,BCC 中不仅有传统纸质文本语料收录板块"文学""篇章检索""古汉语",还有新兴网络媒介语料收录板块"多领域"与"对话",这是其用例远高于 CCL 的重要原因。就其本质而言,是网络语境赋予了广大网民,尤其是年轻网民以极大的表达自由,"在虚拟世界里,网民获得比现实社会更多的话语主动权和张扬个性、彰显审美意趣的机会,每一个人都是相对独立的评价主体"(王卯根,2011)。在这种自由开放的交际环境中,传统中庸保守的"最 M+H 之一"已经不能满足广大网民恣意表达、尽情释放的表达需求,因此,极尽主观极性夸张之能事的"最 M+H,没有之一"构式便走俏网络,成为网络语境中高频使用的表达形式之一。此外,由于网络平台能够更加及时准确地展现现实社会的真实状况,因此,诸多在传统媒介中被加工筛选掉的真实信息都在网络平台中被一览无遗地呈现出来。这种真实信息的披露也在一定程度上刺激了受众的感知神经,进而为"最 M+H,没有之一"构式的建构与运行提供了重要的心理动因。

其次,就建构特点与运行模式来看,该类构式属于何自然(2005)所探究的表现型模因中的"同构异义横向嫁接"小类,其特点是结构形式不变而内容有变,在复制传播过程中往往与不同的语境相结合,出现新的集合,组成新的模因复合体。就"最 M+H,没有之一"来说,根据性质特点,其结构组件大致可分为三种类型,其中"没有之一"为恒定框架构件,是敏感于流行语义的典型成分,有时可以独立承担整体结构语义的表达,上述断取修辞的运用即为典型例证;"最"为惯用框架构件,是构式极性语义的显性标记,为敏感于流行语义的惯用成分,但其他非"最"类极性语义表达构件也可以自由进入该类架构;"MH"为可变待嵌构件,是具有情境适应性的可替换不敏感语义成分,但凡具有可量化属性特征的构件都可成为备选项,与构式模框组建成主观极性语义表达形式。模框恒定与嵌填可变赋予该类构式以极大的再生功能与传播优势,能够满足对不同情境对象进行主观极性评价的表达需求。这种可以框填与泛化的格式具有表达优选性,即在对诸多同类范畴成员进行极性优劣比较时,"最 M+H,没有之一"已经成为一种强势表达结构,语义功能规约性使其成为极为活跃的极性表达预制块,储存在表达者的心智之中,一旦有合适情境或对象的触发,该类构式便会被激活并被提取出来参与诸多适情应景的极性表达。在这一表达过程中,它不但限制了同类构式群中的"最 M+H"和"最 M+H 之一"的使用,也排斥了其他极性程度副词和极性程度表达结构的使用,始终处于临界备用状态。

最后,就构式内涵来看,该类构式的扩散与流行还有其特定的现实基础与心理动因。因为表达形式总是为特定概念内容服务的,现实世界和心智世界中的种种状况对表达形式的选用具有决定性的影响。作为一种极具主观评价性的极性表达构式,"最 M+H,没有之一"的建构与运行也与其所联系的内外世界密切相关。就外部世界来说,人类目前不但要面对传统现实世界,还要面对新兴网络世界,而后者对人类的认知方式、观念形成以及价值取向产生了极为重要的影响,这些影响诉诸语言表达,便成为"最 M+H,没有之一"建构与运行的重要概念基础。因为,较之传统媒介,新兴网络媒介以其即时性、交互性、海量性与开放性等特征,能够更为真实全面地介入生活与展现生活,诸多被传统媒介筛选过滤掉的"无用"信息和"不良"信息都在网络平台中被如实呈现出来,这些信息极易引起广大网民的高度关注和强烈反应,主观极性表达需求随之而生。这种外部环境的变化必然会引起内部心智世界与表达风格的变化。现实世界状况的真实呈现与虚拟交际平台的自由开放让广大网民体验到一种别样的生存境界和表达欲望,"或因某种情景在内心产生共鸣,或遇到钟爱期盼的事物,或触发压抑良久而急于宣泄的情感,都会直截了当地发表近似于独白的评价"(王卯根,2011)。网络平台赋予网民极大的表达自由,无须顾及现实社会各种科条律令以及他人的反应,于是极端化诉求和夸张性评价应运而生,极度夸饰、强烈褒贬、拒绝中庸、漠视理性、率性而为已经成为当代网络交际中极为典型的表达风格。干脆果决的"最 M+H,没有之一"构式恰好吻合了这种表达风格,于是便在网络平台中获得了广为流行的传播优势。

本章分别从建构特点、语义表达、修辞特质与流行动因等方面对元语否定图式构式"最 M+H,没有之一"进行了系统探究。研究发现,该类构式通过元语否定得以建构,意在取消原型构式"最 M+H 之一"极性评价语义的隶属性和模糊性,进而固化并突显评价对象与表述对象之间的极性等同关系。其中能够接受极性程度副词"最"修饰限制的变项"M"为可量化语义成分,可分为"最 A+H"和"最 V+H"两种类型,此外,一些具有极性语义表达特点的非"最"类结构成分也可以自由进入该类主观极量表达结构。该类构式的极性语义表达是构式框架、待嵌构件"最 M＋H"以及依存语境共同作用的结果,不同构成要素与运行条件都对构式语义表达作出了贡献。从构式性质来看,该类构式是经过特殊加工处理而生成的一种修辞构式,这种构式的修辞特质不仅表现在其建构机制与表义特点方面,还表现在其反讽与断取等具体修辞手法的运用上。自由开放的网络运行环境以及形式意味与文化含义相互交融的流行语义赋予该类构式以广泛流行的传播优势,极大地满足了信息时代网民们的极端情绪化诉求。

第 10 章　范畴重置图式构式的主观极量表达

在汉语主观极量图式化表达结构系统中,由"那叫一个爽""那叫一个尴尬""那叫一个脏乱差""那叫一个赏心悦目""那叫一个天生丽质难自弃"之类的表达用例提取而成的"那叫一个 X"已成为一种极为典型的表达形式。我们分别在"BCC"和"CCL"中以"那叫一个"为检索项检索到相关结构用例共计 3 740 个和 22 个(截至 2024 年 1 月 7 日),几乎都是清一色的夸饰性主观极量评价语义表达形式。该类结构的建构机制与表达特点已经引起了学界的关注,相关研究主要集中在"构式地位的认定、构式义的提取、构件准入条件的深入分析、构式与构件的互动关系、构式语用功能分析、构式主观性及主观化研究、构式家族及其承继关系研究"(王刚、郑淼琪,2017)等方面。其中唐雪凝(2009)探究了该类构式的句法语义特征、篇章功能和表达功能,认为格式的表达功能是强调和凸显"X"所负载的信息,"X"具有超乎常理的状况,构式表达的是主观夸张情感。刘清宇(2012)认为"那叫一个 X"是汉语口语中常见的一种句式,文章重点探究了句式中"X"的性质和句式的表达功能,结论是"X"以谓词性词语为常,也可以是名词,句式的表达功能是强调和凸显"X"所负载的信息,句式呈现的是动作行为的自主性和持续性,说话人用该句式还能表达自己的主观夸张情感。林忠(2015)以"天气那叫一个冷"为例探究了相关问题,研究结论是,"那"启动一个抽象话题;"叫"由言说类动词虚化为话题评论标记;说明部分通常是被"一个"名词化、个体化的事物的性质特征。三者合力对事物或现象进行明确的定性,从而在普通的描写句基础上构建具有评判功能的语用结构。其操作机制在于凸显一般描写句中的自然焦点,这种凸显过程受说话人的即时情感驱动,从而表现出强烈的主观性。甄珍(2016)基于构式语法理论,认为"那叫一个 A"是一个典型构式,并将其构式义概括为通过对某一主体性状的强主观性评价与命名来表达高程度义。具体研究过程中,分别从构式的适切语境、构式变项成分的特征、构式的句法功能、构式与成分之间的互动关系等方面展开了讨论,并分析了该构式与相关构式之间的推衍关系及其变体问题。周清艳(2018)重点探究了主观程度量构式"那叫一个 X"的来源及成因,认为该结构萌芽于清代,出现于民国,发展成熟于现代汉语中,经历了"称名—称名/判定评价—高程度量评价"的语法化过程。X 的谓词化、"叫"的认知凸显及"那"的远指心理距离功能是程度量结构"那叫 X"的形成动因。温锁林、胡乘玲(2015)较为系统地探究了"那/这才叫(个)X"构式,认为这种构式是通过指认的方式来实现范畴聚焦与强调的范畴化运作格式,可称为指认式范畴聚焦构式,其构式义是以指认方式强调对某个范畴 X 内涵的特异性与典型性的主观认知。

纵观上述各家研究概况,尽管研究视角和研究重点不尽相同,但在该类表达的构式性质以及主观评价的表达特点等方面已经达成一定共识。本研究拟在已有研究成果基础上,首先考察分析该类结构形式的表达特点与建构类型,着重就图式构式恒项"那叫一个"的生成理据以及变项"X"的语义结构类型等问题进行系统探究;其次,基于构式语法理论探究"那叫一个 X"构式语义及其生成理据;再次,对该类构式用例的语境分布情况以及语用功能做出阐释说明;最后,通过近似表达形式的比较分析进一步揭示出该类构式的表达特点及表达功效。

10.1 范畴重置图式构式的建构机制

由"那叫一个爽""那叫一个尴尬"之类的表达所提取出来的"那叫一个 X"构式是一种范畴重置图式构式(Category Reset Schematic Construction)。关于该类构式的表达性质及表达特点,温锁林(2012)称之为"聚焦式临时范畴化",属于当代汉语中出现的一种临时范畴化强加模式。温文认为,以往的"范畴化研究关注的往往是已经发生了的语言范畴化现象,即根据已有的语言事实来挖掘和还原其范畴化的途径并对其范畴化的动因给出解释,而对语言中正在经历的范畴化过程,即活生生的可以观察到的语言范畴化动态过程,却很少给予关注。其实,这个动态的过程更能直接反映语言使用者对既成范畴的创造性的运用,特别是能够直接展示人类在使用范畴过程中的认知活动与范畴的重建、扩展之间的密切关系。所以这种正在进行着的范畴化的动态过程应该是语言范畴化研究中更有意义的一项工作"。此外,温锁林和胡乘玲(2015)还考察探究了"那/这才叫(个)X"构式,将其命名为"指认式范畴聚焦构式",认为其构式义是"以指认方式强调对某个范畴 X 内涵的特异性与典型性的主观认知",并在此基础上进一步探究了其演化的感知性构式"那叫个 X"。相关研究充分揭示出该类表达所蕴含的动态范畴化性质、特点及其研究价值。为了更为系统地探究该类表达形式的建构机制,我们可以从构式恒项和构式变项角度的考察入手。

构式恒项"那叫一个"属于构式框架,由三个元件组构而成,其中"那"为远指性指示代词,"叫"为称名性动词,"一个"为数量短语,三者组合成一个非自足性句法结构,旨在对构式变项"X"赋值。不过,细察构式恒项的三元组合时发现,这里的构成元素皆非常规概念性句法语义表达成分,即具有"不可推导性"和"不可预测性","那"无法自由替换为对立性的近指性指示代词"这",并非交际场域中的概念性距离指示成分,呈现出较强的语用规约性;"叫"所联系的亦非称名性对象,即实施的并非称名性指谓言语活动;数量短语"一个"所修饰限制的对象也不是有界的离散性概念实体,而是无界的性状表达成分,且"一个"可替换为"一"或"个",甚至在一些情况下该构式中的"一个"可以省略。构式中的"X"是一未知的待嵌成分,可选形式极为复杂,可以是形容词,也可以是名词、动词,甚至可以是熟语、诗句等。对于构式语义功能表达来说,"X"是个极其重要的结构元素,因为整个构式所要聚焦并表达的语义信息都寄寓在"X"上。构式中已知成分的有定和未知成分"X"的可变使得该构式具有极强的能产性,被广泛运用于日常语言生活中,具有很高的使用频率。

10.1.1 构式恒项的考察分析

在构式"那叫一个 X"中,恒项"那叫一个"共由三个元件组构而成,分别为"那""叫"与"一个"。上述分析已经初步展现出这三个元件的特殊性质与用法,为了更为系统地揭示出构式恒项的建构特点与表达价值,我们拟结合相关研究与实际语料进行考察分析。

10.1.1.1 构件一:"那"

在指示索引类语义范畴中,"那"是一个常用的指示代词,用来指示人或事物,与"这"相对,各有分工,"那"为远指,"这"为近指。就框式结构"那叫一个"来看,其与"这叫一个"在语义规约和使用频率方面也呈现出一定的差异性,我们以这两个表达结构为检索项分别检索统计了 CCL 和 BCC 中的用例数量及占比,结果如表 10-1 所示。

表 10-1　CCL 与 BCC 平台中两类结构用例情况对比分析

检索平台	检索项目	用例数量	占比
CCL	那叫一个	22	88%
	这叫一个	3	12%
BCC	那叫一个	3 740	90.06%
	这叫一个	413	9.94%

统计列表显示,两种表达结构在两个平台中的用频及占比较为均衡,大约为 9∶1。现有研究已经关注到这一语言现象。唐雪凝(2009)曾经分别考察统计了"中青在线""深圳新闻网""人民网""北青网"中的用例数据,其列表分析如表 10-2 所示。

表 10-2　四个平台中两类结构用例数据统计(转引自唐雪凝(2009))

检索平台	时间段	检索项目	用例数量	占比
中青在线	2008-4-20	那叫一(个)X	125	93.28%
		这叫一(个)X	9	6.72%
深圳新闻网	2005-4-20~2008-4-20	那叫一(个)X	195	97.01%
		这叫一(个)X	6	2.99%
人民网	2005-4-20~2008-4-20	那叫一(个)X	116	92.06%
		这叫一(个)X	10	7.94%
北青网	2005-4-20~2008-4-20	那叫一(个)X	221	87.70%
		这叫一(个)X	31	12.30%

此外,朱玲君、周敏莉(2011)检索统计了中国重要报纸全文数据库

(1999—2008)中的相关构式用例,结果"那叫一个 X"约 140 例,而相应的"这叫一个 X"只有 9 例。甄珍(2016)检索统计了 2014 年 8 月 1 日 24 小时的全部原创微博,结果发现"这叫一个 A"与"那叫一个 A"出现的频率分别为 59 次和 692 次。

两个语义上具有对立性差异的表达结构为何会出现如此均衡的用频差异?相关研究已经关注到这一问题。杨玉玲(2011)曾经从七个方面系统考察探究了"这"和"那"在篇章中的不对称现象,其中除了常规的空间距离远近制约着"这"和"那"的搭配频率外,还从熟悉度高低的角度考察了相关问题,认为"对熟悉度低的对象要用'这'系词语来指称,而如果熟悉度高的对象被直接从篇章外突然拉进篇章,然后匆匆消失如昙花一现,即上文无相关说明下文也不会被继续关注,和上下文的相关程度几乎等于零,对这种对象就要用'那'系词语来指称"。韩雪(2013)认为是"那"与"这"的发音、意义和虚化程度导致的;尹若男(2018)从空间距离和时间距离角度探究了相关问题,认为该类构式一般都倾向于描述非此时此地的人或事物的场景,评价主体并非处于当前话语场景,因此,自然更多地使用指称距离相对较远的"那"。林忠(2015)从语用结构角度探究了这一问题,认为"构建一个语用结构通常需要一个话题。本来可以用基础句的主语作话题,但这样做一则动作幅度太小,二则专门性不强,效果不好。于是说话人另找一个词来充当话题,这个词最好是代词,且不能太具体,显然'那'是不错的选择"。并认为,"那"的远指功能影响到构式的适切语境,即倾向于用在描述"彼时彼地"的人或事物的场景中,评价主体一般不处于当前谈话场景中,否则句子可接受度变差。

纵观上述各家研究,尽管切入角度有别,但都聚焦于"那"与"这"的用频差异问题进行了较为系统的研究。比较而言,语义和功能层面的探究可信度更高、更有价值,因为在实际言语交际过程中"那"和"这"的选用本质上还是受控于语义表达系统和语用表达需求。在人类需要认识与表达的各类概念范畴中,尤其是主观评价性概念系统中,"彼时彼地"时空中的熟知对象的表达频率要远远高于"此时此地"时空中的新知对象的表达频率,因为较之其他动物,人类语言的一大特点就是可以不受时地环境的限制。德国哲学家恩斯特·卡西尔(1944/2004:33)认为:"除了在一切动物种属中都可看到的感受器系统和效应器系统以外,在人那里还可发现可称之为符号系统的第三环节,它存在于这两个系统之间。这个新的获得物改变了整个的人类生活。"因为其他动物的交际都是由当时当地的刺激引起的,是对具体情景的感性的反应,只能传递某种信息,既不能回顾过去发生过的事情,也不能设想未来。只有人类能用语言说古道今,表达深邃的哲理。这种"不受时地环境的限制"的特点为远指代词"那"的高频使用提供了先决条件,也可以说是评价性语境中"那"用频高于"这"用频的决定性因素。此外,语篇中前后表达片段的语义关联与照应也是"那"高频使用的一个重要动因,因为当表达主体是名词性成分时,"那"可以看作复指原句主语,但是在谓词性主语里"那"可以理解为该谓词性成分表现出来的神情或样子,即指称事件(邵敬敏,2006:372),而"这"表达则会受到许多限制。至于说"那"发音中的/a/开口度要大于"这"发音中的/e/开口度,"那"的语音展现力更强,更有利于情感的表达和宣泄。这种观点如果有道理,也需要从语音产生理据的声源学上寻找证据,已经超出本文讨论的范畴。因此,我们认为最有价值的讨论还是在语义表达和语用功能层面。为了更为直观地呈现这一表达特点,我们不妨援引例证进行具体分析。

(1) 现代人用手机看电影、追电视剧,<u>那叫一个舒服</u>。(搜狐网,2019 - 04 - 26)

(2) 现在都是用微信交水费、电费,比起老家的生活,<u>那叫一个方便</u>。(《人民日报》,2020 - 11 - 17)

上述两个例句中的"那叫一个舒服"和"那叫一个方便"表达的都是一种生活状态,即其中的构件"那"并不是直接指代"看电影、追电视剧"和"交水费、电费",而是指代人们用手机和微信做这些事情的一个状态,以及这些事情给表达者带来的感觉和体会。构件"那"在构式中通常是不能被替换或者省略的。随着"那叫一个 X"构式在口语中高频使用,其语义功能表达已有规约化趋势,并固化在交际者语言知识库中,如同人们在合适的语境中使用恰当的熟语一样。除此之外,构件"那"在构式中往往是回指之前提过的现象或事物,并且构式中的"那"保留了其指示功能,并不是直接指示前面提到的部分。

10.1.1.2 构件二:"叫"

作为勾连前后项的一个动词性成分,"叫"是该类构式中必有的一个重要构件。《现汉》将其释为:动(名称)是,称为,并配了例证"那真叫好!"。《现代汉语八百词》认为"叫"的一种用法为"名字是",必带名词宾语,如"我叫国柱""他有个女儿,叫张玉兰"。同时认为具有"名称是""给事物以名称""引成语说明事理"等用法的"叫做"在口语里也说成"叫"(吕叔湘,1980:267、269)。纵观该类构式中"叫"的相关研究,基本可分为两种观点,一是认为构式中的"叫"源于称名用法,如周一民(2006)认为,"叫"属于联系动词,也称系动词,它要求宾语表示名称,如"我叫国柱""这叫U盘"。而在"那叫一个＋形容词"句式中,其中的形容词实际上已经名称化,也就是名词化了。另一种观点则主要聚焦于"叫"在构式中所发生的功能变化。韩雪(2013)指出,该类格式中的"叫"已经发生了性质的改变,丧失了作为关系动词的基本语法功能和语义特征,更接近从判断转为强调标记的"是"。构式中的"叫"大致经历了一个由"名字叫"到"名称是"再到"可称为"这样一个发展过程,语义已经发生了虚化,变为一种辅助性的强调标记,有时候甚至可以省略。林忠(2015)认为"叫"作为言说类动词,在该句式中并不表示言说动作本身,而表示"我认为""我想"类意思的"知域"。我们认为,"叫"所带成分的变化与其原始称名用法并不矛盾,作为一个具有一定主观性的口语化表达成分,"叫"所系连的成分由体词性转向谓词性乃是源于称名用法的迁移,即称名活动也可以成为赋量活动,冠名可以有有界的称名类实体冠名,也可以有无界的性状类程度冠名,定性与定量相互交织。例如:

(3) 鲁豫:前线是什么样的?我们想象中的前线就是电影里面看到的那种我们在一个山头,敌人在另一个山头,<u>那叫前线</u>,是这样吗?(电视访谈\鲁豫有约·沉浮)

(4) 我知道你是老实人,不想做些明争暗斗报复人的事,可你总要替自己的前程着想吧?你难道就愿意拿自己的青春白护送他老人家退休不成?那不叫老实,<u>那叫傻</u>。(李可:《杜拉拉升职记》)

(5) 营业员介绍,这两年北京的鲜花销售特火,尤其是节假日买的人多,像教师节、母亲节等鲜花生意<u>那叫兴隆</u>,过节那天这里的红玫瑰就卖过500枝,每枝10元还抢手呢。(1994年报刊精选\10)

比较上述三个例句中的相关构式用例,例(3)中的"那叫前线"属于有界的称名类实体冠名表达,而例(4)和例(5)中的构式用例都属于无界的性状类程度冠名表达。其中例(4)中的"那叫傻"与"那不叫老实"连用,语境制约其侧重于定性表达,旨在给上述做法定性;例(5)中的"那叫兴隆"所处语境限定了其定量表达,以示兴隆程度之高。由此可见,"那叫 X"结构具有多功能性,且各项功能具有内在逻辑衍生理据,其表达功能衍生途径为:"称名类实体冠名→性状类程度定性→性状类程度定量"。其中"称名类实体冠名"与"性状类程度定性"有内在逻辑直接关联,都是人类对相关概念实体和性状特征进行认知处理并诉诸特定表达形式的一种认知加工活动,上述例(3)中的"前线"和例(4)中的"傻"都是基于上文语境的一种结论性冠名,区别在于前者属于称名类实体,后者属于性状类定性。而"性状类程度定性"发展到"性状类程度定量"也仅有一步之遥,因为由定性自然可以发展到定量,性质一旦确定下来后,便可以动用特定方式对其无界的量域进行操作与提升,例(5)中的"那叫兴隆"就是这种加工处理的产物,由称名类和性状类冠名表达彻底转化为性状类程度定量表达,且清一色的都是极量程度表达。比较而言,称名类实体冠名和性状类程度定性都或多或少地保留着其基于认知处理的结论性称名特点,而性状类程度定量表达则在上述二者的基础上走得更远,为该类语义范畴表达的终极衍化形式,语法化和规约化程度最高,已经发展成为专司主观极量表达的一种特有形式,被广泛运用于日常言语交际过程中。

10.1.1.3 构件三:"一个"

在"那叫一个 X"构式中,数量结构"一个"是一种极富特色的构式组件。其特别之处在于拥有有界的语义特征和表达功能,但却常常用于无界的性状范畴表达结构中,如"那叫一个爽""那叫一个尴尬""那叫一个伤心欲绝"等。且"一个"的有无对构式语义的表达还会产生一定的影响,如上述例(4)中的"那叫傻",如果变换为"那叫一个傻",定性表达便自然转换为定量表达,主观评价性会明显提升。此外,该组件在具体使用过程中还会出现各种变化,相关问题留待下文详述。

鉴于"一个"用法特别,其已成为该类构式研究不可回避的一个重要问题,引起了人们的极大关注。总体来看,现有研究主要聚焦于其功能的动态变化。周一民(2006)认为,句中的"一个"表示的是一种"夸张"的语气,即表示"整个的""完全的"之意。唐雪凝(2009)认为,格式中的数量结构"一个"与形容词和动词性词语组合,其数量意义弱化,凸显的是"X"的属性及其负载的信息。韩雪(2013)认为,格式中的"一个"已经发生了虚化,不再是一个数量结构。其作用是突显未知成分"X"的性质特征,并且增添了夸张语气。林忠(2015)认为"一个"之类数量词的作用是增加主观认同,提高谈论对象的可及性。同时,它能包装、改造其后的形容词或者动词,使其名词化和个体化。相关研究略有出入,但大体结论趋同,即构式中的"一个"已经发生了功能异变游离于数量表达,用来凸显和强调"X",并带有夸张语气。比较而言,周一民(2006)的"整个的"和"完全的"解释具有可分析性,理据性更强,因为,"一"除了表示数量外,还有一个重要用法就是表示完整、全部、所有、彻底。如"一辈子""一屋子人""而或长烟一空""房间粉刷一新"等。这种用法与主观极量表达具有很强的契合性,因为"一"所表达的全部、完整、所有、彻底等语义可以很自然地迁移到构式的主观极量语义表达,全部包含、无一例外、完完全全、彻彻底底、彻头彻尾等全量性语义因子特别适合主观夸张性语义语气的表达。这种表达特点又可以成为无法换用其他数量成分的最好解释,且可以在变换使用中得到验证。例如:

(6)当天晚上,拉拉回家把跟黄国栋见面的情形和王伟一说,末了拉拉叹气道:"开始我还纳闷,他和我说话时怎么连看也不看我一眼,就跟他眼前压根儿没杵着我这么个大活人似的!当时我还真蒙住了,闹不清他那身体语言纯粹是个人习惯,还是有意怠慢我?可后来李卫东一来,他立马就像换了个人,<u>那叫一个热情</u>!跟刚出锅的馒头似的!我就明白了,他是要给我一个下马威呀!"(李可:《杜拉拉升职记》)

(7)我在夜色之下,万众之中,远远眺望那一张十元钞票大小明晃晃色彩缤纷的舞台上演绎的中外故事,嘛也不懂又惊又喜,深以为<u>那叫一美</u>。(王朔《看上去很美》)

(8)赵忠涛一笑说:"外行了不是?全聚德是真不错,名气也大,可老北京都知道,烤鸭要论起辈分,那还得说便宜坊,600年历史了,焖炉烤鸭不见明火,<u>那叫个地道</u>。"(豆豆《遥远的救世主》(电视剧《天道》))

(9)磨过镰刀的石头有铁锈的气息,那是逝去的青春的味道;"爬地龙"草有恋鼻子浸脸的香气,那是牛最爱吃的;女孩子走夜路也不用害怕,月亮是女的,陪着你走路呢;榆钱儿甜甜的,爬上树去可以生吃;风把树梢的人一摇一摇的,<u>那叫快活</u>;东南风刮着柳树,也吹着人的头发,是风梳着人哩;围着房舍一圈种的枳棘,叫"橙刺林子",那密不透风的尖刺下,是辛劳而年青的祖父,预知自己的死亡和交代后事的地方……(CCL:2000年人民日报)

上述四个例句中的相关用例代表了"那叫一个X"构式中数量结构的四种类型,例(6)中的"那叫一个热情"为完型建构,例(7)和例(8)中的"那叫一美"和"那叫个地道"属于部分省略结构,例(9)中的"那叫快活"属于全省略结构。由此进一步证明,构式中的数量结构"一个"并非用于数量表达,而是一种强化夸张性语义语气的规约性用法,且仅限于数词"一",因此才有例(7)和例(8)中的部分省略用法。这种全量性夸张用法还可以在其他相关表达结构中得到验证。例如:

(10)我突然感到一阵绝望和愤慨,粗鲁地骂起来,"我根本没拿你当回事。瞧你那副德行,真叫人讨厌。什么东西。<u>混蛋一个</u>!"(王朔:《编辑部的故事》)

(11)亦秋冲着雅丽的背影喊:"赵雅丽,你把话说清楚!""还不够清楚么,你心里可比谁都明白。"雅丽回首,一脸不屑。"赵雅丽,你他妈的<u>整个一个大傻瓜</u>!"(张麟:《爱意荒凉》)

(12)你俩<u>整个一个活宝</u>,到哪儿都贫!(转引自郑娟曼(2012))

(13)谁会在这买房,<u>整个一个没头脑</u>。(转引自周一民(2006))

上述例句中相关用例中的"一个"都倾向于全量表达,用于主观夸张,无法更换为其他数量结构,其中例(12)和例(13)最富典型性,例(12)表述对象为"你俩",但述谓部分用了"一个",使其与组配成分"整个"取得语义上的协同。例(13)中的谓词性成分"没头脑"进一步佐证了构式用例中"一个"夸张性全量表达的语义贡献。

10.1.2 构式变项的考察分析

较之状中和中补等传统程度性表达句法结构,"那叫一个X"主观极量表达构式已经滋生出一些新的表达特点,这种新特点不仅表现在构式恒项的建构上,即规约性框式结构具有赋义功能,还表现在待嵌的构式变项层面。相关问题已经引起了专家学者的关注,唐雪凝(2009)将其归纳为"形容词或形容词性短语""动词或动词性词语""名词""其他词"等四种类型。甄珍(2016)从韵律、性质、语义特征、量性特征等方面对其进行了分析归纳,得出"以单、双音节词语为主""以性质形容词、心理动词为主""多具有'[＋感觉]/[＋心理]'的语义特征""一般具有全量幅特征或蕴涵高程度量语义"等研究结论。林忠(2015)从音节长短和构成性质两个维度对其进行了考察分析,发现在音节上以单音节居多,但也有双音节乃至多音节的句子;构成性质上主要是形容词,且此类形容词多为极限类形容词,句法上一般不受"很"和"太"的修饰。比较上述研究,唐雪凝侧重于"X"的词性考察,林忠兼顾了"X"的音节长短和构成性质,甄珍的考察分析最为细致全面,已经深入到语义特征和量性特征层面,不过这些特征仍可归入林忠的"构成性质",因此,我们拟以林忠的两个维度为纲,运用定量和定性分析手段,系统探究能够进入构式的"X"的形式特征和性质特征。

10.1.2.1 "X"的形式特征

为了弄清构式变项"X"的音节结构类型,我们统计分析了CCL(北京大学汉语语料库)中的22个用例,结果如下:单音节6个、双音节10个、三音节2个、四音节3个、五音节1个,其中单双音节用例共计16个,占比为72.73%。相比之下,BCC(北京语言大学语料库)中的语料因取之于多领域,尤其是网络新媒介,量大形杂,以"那叫一个"为检索项共计检索出2 389条,因其中许多条采自微博平台,类型众多,表达随意,无章可循,音节结构统计难度较大,此处不做具体分析。但从使用频率角度看,仍以单双音节为主,与CCL中的统计结果基本吻合。甄珍(2016)统计分析了463个不重复用例,其中的单双音节用例占比也高达64%(其中双音节占比40%,单音节占比24%),而林忠(2015)的单音节居多还有待检验,需要依靠海量语料的大数据统计来佐证。

实际言语生活中,该类构式用例中的"X"为何以单双音节居多?这显然与该类构式的表达特点与表达功能有关。考察发现,该类构式用例具有主观性、夸张性和口语性等表达特点,广泛运用于通俗语体文本中,尤其是微博、论坛、贴吧、聊天室等在线平台，这种表达环境对表达形式有特定要求，需要简洁明快、顺畅通达、干脆利落，因此形式简短的单双音节"X"与之具有很强的契合性与适配性，致使该类音节结构形式的用频也较高。

10.1.2.2 "X"的性质特征

与传统程度性表达的状中结构和中补结构相比，"那叫一个X"一大表达特点就是接受其程度赋值的"X"种类繁多、形式庞杂。总体来看，大致有以下几种类型。

一是形容词。该构式是一个具有主观极量赋值功能的规约性表达结构，其主要表达价值在于为构式中的变项"X"赋予主观性、极量性和夸饰性，因此，具有无界弥散量幅表达特征的性质形容词由于其内蕴程度的可塑性而成为"X"的最优选项，在实际语言生活中用频占比最高，我们以"那叫一个a"为检索项检索统计了BCC中的用例共计1 257条，占比达52.62%。此外，由于该类构式主要是为"X"赋予主观性与夸饰性，具有突出强调功能，因此，那些与程度词语不能组配的状态形容词也可以进入构式接受二次赋能，这是与传统程度性表达结构形式的重要区别。例如：

(14) 虽说炸酱这活儿比较磨人，得一直看着锅，但这碗酱一出锅那也是真香啊！炸好了酱，拌到面里吃着那叫一个香，就算不吃面，馋了吃个"炸酱饭"也是常事。(网易，2020-04-12)

(15) 最近两位92年的影后合拍的一部广告片，网上关于这两人长相、演技的对比声吵得那叫一个火热啊～周冬雨以前详细扒过了，这次就来说说这个大家还不太熟悉的春夏吧～(新浪女性，2017-03-22)

(16) 春节假期看电影，已经成了必修曲目。电影院已经挤不出路来，人山人海如同春运，人们释放的热情那叫一个火辣辣，对这久违的景象没有厌烦反而欣喜。(新浪微博，2023-01-24)

如果用常规程度性句法结构来验证上述用例中的"X"，我们发现，只有例(14)中的性质形容词"香"可以进入结构，组成"很香""非常香""特别香""香得不行""香得不得了""香得令人心醉"等多种表达形式。而例(15)和例(16)用例中的"火热"与"火辣辣"则一般无法进入传统常规程度性句法结构，由此可见,"那叫一个X"构式的表达功能已有变化,并不局限于单纯程度性赋能,已增添了范畴聚焦和夸张评价等表达特点。

二是动词。除了形容词,有些动词也有可以调取的程度性语义因子,进而可以进入该类表达结构接受主观极量赋义,尤其是那些具有无界弥散量幅内涵的心理活动动词,更是"X"的典型备选成分,唐雪凝(2006)和甄珍(2016)也都认为心理动词是动词性"X"的典型成员。不过,聂小丽(2019)在考察动词性"X"的意义类别时发现,凡是能够体现为程度、速度、频率、强度、范围等概念范畴的动词都可以进入该类结构。例如:

(17) a. 每天在办公室喝着你送我的普洱茶<u>那叫一个想你啊</u>,宝最近怎么样?

b. 太要命了,跑不动呀,<u>那叫一个喘呀</u>,看着跟甲骨文似的。

c. 开始家顺也考过高分,把他父亲高兴的,对家顺<u>那叫一个夸</u>,还满村炫耀。(转引自聂小丽(2019))

(18) 我记得14年那会儿上小学,广播操跳最炫民族风我们全班<u>那叫一个骂啊</u>,连我们老师都吐槽怎么让我们跳这种音乐,可以说凤凰传奇从小在我心里就是土的代名词。(新浪微博,2024-01-01)

(19) 服了,第一天不拴绳,一拐弯遇见一只大金毛,好家伙,你那一点还挑衅起人家来了,你俩<u>那叫一个跑</u>,我俩<u>那叫一个劝</u>~(新浪微博,2023-03-05)

上述用例中的"喘""夸""骂""跑""劝"都不属于心理活动动词,但因为涉及程度、速度、频率、强度等概念范畴,与构式语义表达具有一定的适配性,自然可以进入该类构式。相关建构可以进一步证明凡是具有[+可度量性]特征的成分都有充当"X"的身份潜质。

三是名词。上述考察的形容词和动词等谓词性成分由于具有无界弥散量幅典型特征,成为该类构式中"X"的典型备选项,不过,我们在考察实际语言运用时发现也有少部分名词性成分可以进入构式充当"X"。我们以"那叫一个n"为检索项检索统计了BCC中的相关用例共计253条,现摘引几条如下:

(20) 没有什么国际知名造型师什么鬼的造型,我觉得好多了!每套衣服每双鞋每个包我都觉得"哇,好好看!"<u>那叫一个气质</u>!!!

(BCC:微博语料)

(21)爱人请我食扒,开心。去年吃到,那叫一个美味啊。(BCC:微博语料)

(22)新年快乐,朋友们!人分高低贵贱,有些人,生来就为王。半小时后,再拿了个第二名。今天斗地主那叫一个运气啊。(BCC:微博语料)

(23)回想起今天中午的一幕,那叫一个速度!我一点到市里,在市里逗留到二点,花十二分钟从鼓楼狂奔百花井工行那边,取了钱,狂奔电大,可恶的是他快三点才开门收费,当时又没通知要身份证复印件,又狂奔外面复印,再跑六楼缴费,又跑下来交资料,直到三点十分弄好,看时间紧急打的回来了。(BCC:微博语料)

上述用例中的"气质""美味""运气""速度"都属于名词性成分,细究其能够进入构式的理据发现,这四个名词都有可以调取的性状类属性内涵特征,经过构式赋义,表达的大致相当于"气质爆棚""味道精美""运气极佳""速度飞快"等结构语义。因此,从本质上来说仍遵从了"X"必须具有"[＋性状义]和[＋可度量性]的共性特征"。关于名词参与该类构式语义表达问题,韩雪(2013)做了较为系统的考察探究,她将能进入构式的名词性"X"细分为抽象名词、指人名词、物质名词等三种类型,不过其所援引的"那叫一个传统""那叫一个绅士""那叫一个火"等用例中的"X"均非其对应名词类型中的典型成员,所内蕴的性状特征凸显,于是便可以与程度性副词组成"太传统""很绅士""非常火"等"副＋名"程度性表达结构,由此证明其与该类构式具有一定的契合性与适配性。

四是短语。考察发现,除了上述探究的三大类实词,诸多具有性状描述性特征的短语也是"X"的重要备选项。这也是该类构式表达的一大特点。以下分别从CCL和BCC中各取三个用例进行比较分析。

(24)反正每次都是这样的话吧,什么"我瞎了眼找了你""下辈子做猪也不跟你结婚"等,都差不多。她还哭,那叫一个伤心和委屈,真不是装出来的。(安顿:《绝对隐私》)

(25)张桂芝说:"这可不好说!我跟您说.我那堂哥的孩子,也跟王伟一样,长得那叫一表人才,还是个硕士!说起来,我堂嫂到现在还后悔,当初就不该让他去外地读书,结果他在学校里找了个女朋友,毕业后就没回过北京。把我堂嫂郁闷得,跟我念叨过好几回,辛辛苦苦养了多好的一个儿子,就这么白送给人家做女婿了。两口子<u>那叫一个心有不甘呐</u>!可谁叫咱孩子不听劝呢,这都是他的命!"(李可:《杜拉拉升职记》)

(26) 门打开,外面赫然站着一位中年妇女,身材魁梧,体格粗壮,一身正蓝色卡其布工作服,一看就是三代贫农出身。还有她那两道浓眉,<u>那叫一个过目难忘</u>。(当代电视《家有儿女》)

(27) 不过买的时候,旁边理肤泉的 ba 说这不是台湾那牌子,另外一个要买的 mm 马上就放下了,应该就是台湾那个吧,只是在大陆叫法不一样,产地是苏州?记不太清楚了。交通<u>那叫一个严重堵塞</u>!(BCC:微博语料)

(28) 今早从高楼望下去,<u>那叫一个云里雾里的奇观</u>……如此空气,不能出门,不能开窗,只能自己呼吸自己隔夜的尾气……(BCC:微博语料)

(29) 不让我 a 了。我支持总可以吧!哈哈,这人太低调了!哇!!!好赞!齐舞帅的勒!我瞬间被震撼了。<u>那叫一个功底扎实干脆带劲儿给力漂亮</u>!让女孩哭的男孩都是坏男孩!!!(BCC:微博语料)

比较发现,两个语料库中都有短语参与建构的构式用例,共同特点是这些构式用例中的"X"虽然结构形式各异,但都有"[＋性状义]和[＋可度量性]的共性特征",如 CCL 中的"伤心和委屈""心有不甘""过目难忘"分别为联合、主谓、连谓等结构类型,BCC 中的"严重堵塞""云里雾里的奇观""功底扎实干脆带劲儿给力漂亮"分别为状中、定中、联合等结构类型,但都有程度性语义因子可供构式抓取并凸显放大。区别在于 CCL 收录的为传统纸媒语料,比较严谨规范;而 BCC 收录的多为网络新媒体语料,更为自由灵动。此外,我们在新浪微博平台中也发现一些同类构式用例。例如:

(30) 兜崽精力太旺盛了,整个一好奇宝宝。他到了"分离焦虑"的月份,我去上厕所,他就把眼泪花包上了,泪眼汪汪。我忙急忙慌赶回来,以为他会哭唧唧伤心欲绝,结果这个小渣男在他爹怀里贴贴、晃脚脚,那叫一个悠闲自在快乐逍遥。(新浪微博,2024-01-01)

(31) 严锋那叫一个温和理性有爱心。(新浪微博,2024-01-01)

(32) 过一阵打算出门,当地的食物人尽皆知的不好吃,准备带着方便食品去,去超市买了冻干技术的皮蛋瘦肉粥,今天早饭没有主食打算尝一尝,结果打开包装就觉得味道难以形容,刚才吃了一口,那叫一个一吃一个不吱声。(新浪微博,2024-01-01)

五是熟语。诸多具有规约性语义特征的熟语(含诗句)也可以进入该类构式,成为"X"的备选项。其中尤其以成语居多。例如:

(33) 昨晚梦到我喜欢的人跟别人表白了,然后我通过第三方得到这个消息,当时那叫一个万念俱灰啊,那叫一个悲痛欲绝啊,感觉相当逼真!(BCC:微博语料)

(34) 无意中翻出来很久以前记录的明海师的轶事,如今回忆起来依然亲切温暖。回复这篇稿写的时候那叫一个义愤填膺啊!(BCC:微博语料)

(35) 真的不能太信仙图照骗……看到一条满黄翡镯子的仙图,满心欢喜入了,拿到手简直晴天霹雳,该怎么形容呢,大理石质感的布丁黄,还透着股诡异的芒果色,丑得那叫一个人神共愤,抓紧和商家协商退了。(新浪微博,2024-01-01)

(36) 对比新旧版的时候我就发现,墨香真的好擅长写很刀的剧情……什么沈清秋自爆啦,莲花坞覆灭啦,血洗不夜天啦,风水地啦,百剑穿心啦,之类的,写得那叫一个一气呵成……修文时也几乎没有改动……(新浪微博,2024-01-01)

(37) 今日头条上给我推了很多机器人写的文章,写的那叫一个惨不忍睹,不忍直视。作者也是懒出天际了,连校审一下的工作也免了,直接就发出来了。头条是疯了么,给我推这种垃圾文章,我做错什么了,每天用这种垃圾文章污染我的眼睛。(新浪微博,2024-01-01)

(38) 当案牍只摆放三两件事体的时候,那叫一个肝脑涂地条分缕析切中肯綮鞠躬尽瘁,一抹溜儿保证给办妥帖,丝毫不带含糊的。(荆

楚网 2010.09.30)

(39) 我妈妈这些天对待我,<u>那叫一个眼睛不是眼睛,鼻子不是鼻子</u>。(《深圳晚报》2004年05月21日)

(40) 这里人特没追求老牛自知夕阳短,不用扬鞭自奋蹄,那是东方的人生哲学。在加拿大这肥沃的土地,可以自在虚度光阴而无怨无悔,<u>那叫一个"老牛迟暮夕阳下,不用奋斗知足矣"</u>。(BCC:微博语料)

上述用例中的"X",既有单个成语,如例(33)(34)(35)(36),还有串联成语,如例(37)(38),此外,还有俗语,如例(39),以及化用诗句,如例(40)。

六是字母、数字、符号等。考察发现,构式"那叫一个X"中变项"X"的多样性还表现为可以接纳英文、数字等非常规成分。例如:

(41) 现在是日偶的场子,QM表现的像是火星来的。那叫一个镇定!<u>那叫一个OUTMAN!</u> 根本没有刚才在外面吃冷风时还不停老大老大的HC热情。(BCC:微博语料)

(42) 狗狗们在家里玩逮狗……三个屋子乱窜,在沙发上上蹿下跳,玩的<u>那叫一个H</u>,是同时得了多动症吗……(BCC:微博语料)

(43) 想听听《牙疼的猫头鹰》》! 鬼影绰绰啊! 还是要看原汁原味的,虽然英文听得迷迷糊糊,也比翻成中文的顺多了,台词功夫<u>那叫一个NB</u>。(BCC:微博语料)

(44) 有那么好笑吗,表情帝～哈哈朴有天我爱死你了!! 哈哈旁边的弟弟都无语了笑得<u>那叫一个2</u>＝＝有焕都要无视你了＝＝(BCC:微博语料)

(45) 棒棒糖小朋友大清早对着钟点工阿姨喊奶奶,而且喊了好几声,外婆很生气凌晨5:15棒棒糖体温38.2,醒来后开始大哭,哭得<u>那叫一个T_T啊</u>! (BCC:微博语料)

(46) 最爱白话野史啦! //:＝口＝野史八卦什么的最有趣啦!莫扎特让我想到学园handsome的老湿……李白和辛弃疾不愧是我的文学本命,<u>那叫一个V587</u>! (BCC:微博语料)

以上用例均采自BCC中的微博语料库,其中的变项"X"分别为英文单词

"OUTMAN"、英文字母"H"(high 的首字母)、汉语拼音字母"NB"("牛逼"拼音首字母)、数字"2"、符号"T_T"、字母数字混合"V587"等,充分说明范畴重置图式构式"那叫一个"具有极强的包容性,也反映出新新人类所创造与使用的微博语言具有创新性与新奇性,因为比较发现,以收录传统常规纸质文献为主的 CCL 语料库中未见相关用例。

10.2 范畴重置图式构式的语义表达

上文讨论了范畴重置图式构式"那叫一个 X"的构件类型及其表达特点,研究发现,该类构式中的构件对构式整体语义表达的贡献已经有别于其常规用法,具有不可推导性。Goldberg(1995/2007:4)对构式的经典定义是"C 是一个构式当且仅当 C 是一个形式—意义的配对 $<F_i, S_i>$,且 C 的形式(F_i)或意义(S_i)的某些方面不能从 C 的构成成分或其他先前已有的构式中得到完全预测"。参照 Goldberg 的界定,此处探究的"那叫一个 X"具有构成成分和已有构式的不可预测性,属于一个典型构式。这里我们还需要运用构式语法理论深入探究该类构式语义的生成机制及其理据。关于"那叫一个 X"构式义及其表达特点已有一些研究成果问世,唐雪凝(2009)认为"'那叫一(个)X'格式关注的焦点在'X'负载的夸张信息上,作用在于强调凸显说话人主观夸张的色彩";林忠(2015)认为"该句式多表达说话人的强烈情感,即说话人对事物或事件的某性状具有特殊感受,这种强烈的主观感受使说话人觉得只有采用特殊形式才足以将它表达出来";甄珍(2016)将其构式义概括为"通过对某一主体性状的强主观性评价与命名来表达高程度义";尹若男(2018)认为"'这/那叫一个 X'是一个表示主观评价义和主观程度义的典型构式,主要是说话者从主观视角对某一主体性状的高程度进行的判断及评价,整个构式的表达功能是强调和凸显'X'所承载的信息"。纵观上述研究结论,大致有两点共识:一是构式语义凸显了"X"所承载的信息;二是构式语义具有主观性、感受性和评价性。不过,关于该类构式语义生成机制及其理据的研究仍有进一步拓展与提升的空间。

10.2.1　由常规程度表达到构式化程度表达

语法层面程度表达主要分为词汇与句法两个层面,词汇层面以程度副词为代表,句法层面以需要赋值成分的前置状语和后置补语为代表。不过,程度性表达融进了较多的主观元素和表情功能,表义夸饰而模糊,其程度义极易受损(erosion),语言表达系统需要对其补偿,进而催生出诸多新创表达形式。林忠(2015)在研究"天气那叫一个冷"时也认为,附加程度副词(intensifier)"很""真""特"等会随着时间的流逝渐渐变得普通,语义漂白了(semantic bleach),进而催生出"超""巨""冷飕飕"等表达形式。相关研究已经关涉到程度义"磨损"与"补偿"方面的语言表达系统动态发展问题。汉语中程度义表达补偿手段有多种,构式化补偿就是其中的一种,此处探究的"那叫一个 X"即为典型用例。

通过历时考察发现,"那叫一个 X"程度构式的建构与运行有个发展过程。我们以"那叫一个"为检索项检索了北京大学 CCL"古代汉语"语料库,结果未见相关用例,说明最早在民国时期还没有出现这种程度性表达构式。周清艳(2018)据此否定了甄珍(2016)的表程度量的"那叫 X"来源于"那叫一个 X"构式成分"一个"脱落的论断,认为情况刚好相反,"那叫一个 X"构式是由表程度量的"那叫 X"结构添加标记成分"一个"形成的。我们以"那叫"为检索项检索统计了 CCL"古代汉语"语料库,结果发现有 28 个用例,由此可见,就出现时间早晚而论,显然"那叫 X"要先于"那叫一个 X",周清艳(2018)的研究可信度更高。构式中"一个"的有无显示出构式语义表达性质的变化,"那叫 X"兼有命名陈述和程度表达功能,且以命名陈述为主,而"那叫一个 X"则专司程度表达,二者之间有衍化关系。相关问题涉及命名陈述如何发展到程度评价问题,留待下文详述。此处研究的重点是在汉语主观极量程度表达的历时演变中新创的"那叫一个 X"构式是如何加入汉语主观极量程度表达系统中的。我们的研究结论是,其生成机制与语言表达系统的形义动态调整协调有关,原有的表达形式因高频使用而出现表达形式陈旧和语义强度磨损,无法维持程度表达的高强度,进而也无法满足表达者的主观需求,于是,"那叫一个 X"主观极量程度表达构式便应运而生了。

10.2.2 由命名陈述到程度评价

上述研究表明,"那叫一个 X"与"那叫 X"有内在的渊源派生关系,"那叫一个 X"是在"那叫 X"基础上发展衍生出来的专司主观极量程度表达的一种表达形式,其在 CCL"古代汉语"语料库中未见用例,而在 CCL"现代汉语"语料库中有 22 个用例,说明该构式是在现代汉语语境中新出现的高程度表达构式。而"那叫 X"在两种语料库中都有用例,其在 CCL"古代汉语"语料库中有 28 个用例,在 CCL"现代汉语"语料库中有 248 个用例,说明该构式是有历史传承关系的表达构式。这里我们需要重点关注的问题是:"那叫 X"是如何在长期使用过程中由命名性陈述发展出程度评价功能的,然后又进一步派生出专司主观极量程度表达的"那叫一个 X"构式?为了弄清相关问题,我们可以从古汉语语境中"那叫 X"构式的语义表达谈起。经过筛选,我们整理出符合条件的用例共计 19 个,其中明代 1 个、清代 12 个、民国 6 个。在这些用例中,典型地用于命名性陈述的共有 3 例。

(47)太宗问道:"那座桥是何名色?"判官道:"陛下,<u>那叫做奈河桥</u>。"([明]吴承恩《西游记(上)》)

(48)安老爷道:"老哥哥你这可是搅了,<u>那叫作墓志铭</u>,岂有你一个好端端的人,在这里我给你铭起墓来的理?"([清]文康《侠女奇缘(下)》)

(49)这往近了说,那道小河子北边的一带大瓦房,<u>那叫小邓家庄儿</u>,原本是二十八棵红柳树邓老爷子的房,如今给了他女婿一个姓褚的住着,又叫作褚家庄。([清]文康《儿女英雄传(上)》)

上述三例中的"那叫做奈河桥""那叫作墓志铭"和"那叫小邓家庄儿"都属于命名性陈述表达构式用例,其中的"奈何桥""墓志铭""小邓家庄儿"都是具有称名特点的名词性成分,是"那叫 X"构式的最初用法。此外,我们在清代和民国期间的语料中发现构式变项"X"也有谓词性的,例如:

(50)道爷说道:"过耳之言不可听。要叫人不知,除非己莫为。眼见为真,耳听为虚,不可妄信。焦公子聘请你,<u>那叫金钩虾米钓鲤</u>

鱼。许你养老送终,以何为凭?……"([清]张杰鑫:《三侠剑(下)》)

(51) 我学艺学得已经成了无用之人了。若讲短打长拳,老朽练的年头比别位多点,先别说短打长拳,老朽若是动手,那叫倚老卖老。([清]《三侠剑(中)》)

(52) 违者并汉人一起杀戮。或是撞着了无理的生苗,把你杀死了,将所有细布抢个干净,那叫偷鸡不着蚀把米,白白送了性命。([民国]许啸天:《明代宫闱史》)

(53) 这样地过了半年,那叫日久生懈,世宗帝于疑心于文华,逐渐有些忘了,文华也狐狸的尾巴要显出原形来了。([民国]许啸天:《明代宫闱史》)

上述四个构式用例中"X"分别为"金钩虾米钓鲤鱼""倚老卖老""偷鸡不着蚀把米""日久生懈",都属于熟语性表达成分,是对上文相关情状的陈述与评价,具有述谓性。对于上述命名性陈述与情状性陈述的"那叫X",甄珍(2016)与周清艳(2018)称之为"同形异构",周清艳(2018)将"那叫X"区分为"称名结构"和"程度量结构",并认为"那叫一个X"高程度量构式是在程度量结构"那叫X"基础上通过添加主观性标记"一个"而生成的。如果从功能角度考察,我们认为上述用法的"那叫X"属于多功能句法结构,因为在现代汉语语境中,这种构式的多功能性仍然存在。例如:

(54) 比如说有一次贾宝玉病了,病起了以后,第一次出门,到园子里头来散散心,这个时候已经到了暮春,他沿着那一条沁芳溪的岸上,那叫翠月堤,走来一看。(周汝昌:《〈红楼梦〉的艺术个性(下)》)

(55) 老刘说:"肥羊肉炖口蘑,那叫香!四家子的莜面,比白面还白。坝上是个好地方。"(汪曾祺:《七里茶坊》)

而且考察CCL现代汉语语料库中的248个"那叫X"用例发现,虽然称名性结构用例占比较高,但也不乏情状性陈述用例。由此值得探讨的问题是:为何这种构式的多功能性从古汉语语境一直延续到现代汉语语境?这两种功能之间有何关系?通过历时语料考察发现,上述明代文献《西游记》中的"那叫做奈何桥"为称名表达结构,其后出现了大量情状性述谓结构,说明二者之间有内在衍生理据,即称名表达与情状表达有内在逻辑关联。因为,称名活动也是一种认知定性活动,这种活动施及对象既可以是体词性实体概念范畴,如上例中的"奈何桥""翠月堤"等,也可以是谓词性性状概念范畴,如上例中的"倚老卖老""日久生懈"等。而性状概念范畴成分进入构式又极易滋生出程度语义,因为,性状表达诉诸称名构式会自然获得一种焦点凸显和认知定性,通过为性状命名可自动获取一种强调提升和程度高量。如例(55)中的"那叫香",是对上文"肥羊肉炖口蘑"的情状评价,其中隐含着一种问答性评价,即:问:肥羊肉炖口蘑怎么样?(你认为肥羊肉炖口蘑怎么样?)答:肥羊肉炖口蘑,那叫香。答话将需要凸显强调的"香"置入称名性构式"那叫 X",将需要强调凸显的新信息包装成一种定性称名,且因隐含的问答又进一步强化了其性状程度。

基于情状陈述性表达结构"那叫 X",又进一步滋生出专司程度评价表达结构"那叫一个 X"。已有研究认为其中的"一个"是主观化标记,实际上正如上文构件相关研究,其主观极量赋义与"一个"的全量表达有关,因为这里的"一个"已无法替换为其他数量结构,是对变项"X"的全量强调,进而可以赋予主观极量义。

10.2.3　由客观陈述到主观评价

关于语言表达过程中的主观性与主观化问题,已发展成为语言研究中的热点议题,受到了极大的关注,已有一批研究成果问世。具有代表性的观点是:"主观性"(subjectivity)是指语言的这样一种特性,说话人在说出一段话的同时表明自己对这段话的立场、态度和感情,"主观化"(subjectivisation)是指语言为表现这种主观性而采用相应的结构形式或经历相应的演变过程(沈家煊,2001)。基于相关理论考察"那叫一个 X"结构语义的生成过程,我们发现,该结构也是一个典型的主观性构式,内蕴主观化演变程序。其主观化演变机制及结果主要表现在以下几方面。

10.2.3.1　构式恒项建构变化:添加主观标记

梳理主观极量表达构式"那叫一个 X"的生成机制,我们发现大致经历了这样一个程序:"那叫 X"(命名表达结构)→"那叫 X"(性状表达结构)→"那叫一个 X"(主观极量表达结构),属于双重主观化。其中,构式主观化的第一道程序为:"那叫 X"由称名表达结构滋生出性状表达结构,结构语义性质由客观指称发展为性状评价,且两种结构语义并存,该类结构也发展成为多功能结构。也可以说,是情状评价套用了称名表达结构外衣,致使相关性状表达成为一种冠名性性状表达,"X"在形式上被提升为语义焦点,进而强化了性状语义表达。构式主观化的第二道程序为:性状表达结构"那叫 X"发展成为主观极量表达结构"那叫一个 X",即为了表达主观极量语义而在原有性状表达结构"那叫 X"基础上添加了主观标记"一个",进一步强化了性状语义表达,使"那叫一个 X"结构主观化程度进一步加深,进而专司主观极量语义表达。

10.2.3.2 构式变项性质变化:由实体到性状

该类构式恒项经过双重主观化,发展成为稳定的主观性表达结构框架。这一表达性质的变化在其填充材料(即变项)层面得到了充分体现。例(49)中的"那叫小邓家庄儿"与例(55)中的"那叫香"是充填材料性质发生变化的典型代表,也彰显了构式框架主观性和主观化程式。"那叫小邓家庄儿"是典型的称名性概念实体表达结构,其表达基于上文"那道小河子北边的一带大瓦房",遵循的是先描述后界定,将"X"置于语义尾焦点,起到凸显强调作用。同理,"那叫香"是典型的评价性属性特征表达结构,其表达基于上文"肥羊肉炖口蘑",遵循的是先描述后定性,充填材料"香"是典型的性状成分,融入了表达者的感受性与体验性,具有较强主观性。如上所述,由"那叫 X"衍化而成的"那叫一个 X"已专司主观极量表达,其中的框体结构"那叫一个"已具备极强的语义表达规约性,可以对充填材料语义表达施加强制性影响,即构式压制。致使填充材料"X"呈现出极强的复杂性与多样性,但在构式语义规约性的调节下,还是能够取得语义表达的协同性。如上述分析的"X"的性质特征所示,除了典型的形容词性充填材料,还有动词、名词以及各类短语、熟语、数字、字母、符号等充填材料,充分证明该类构式已具有极强的语义表达压制协同功能。

10.2.3.3 构式恒项功能变化:由称名到赋量

上述研究显示,经历了双重主观化的"那叫一个 X"构式,其表达功能已由始源的称名表达发展为性状评价乃至主观极量表达,即由称名到赋量。二者之间的演化机制与其结构语义衍生协同有关,即称名表达结构可以用着性状评价,进而可以主观赋量,内蕴隐性问答和性状冠名机制。具体语境中,"那叫小邓家庄儿"基于上文相关描述提供的是地名概念信息,属于客观陈述;而"那叫香"则挪用了称名性表达结构框架,即通过为"香"冠名,排斥其他感觉,提供的是性状程度信息,属于主观赋量。这里我们需要重点关注的是,完成主观化演变历程的"那叫一个 X"构式,其主观性表达有何特点?主观赋量情形如何?对比考察发现,其赋量机制具有广义性,在传统程度性表达基础上又衍生出一些新的特点。具体表现为:一是容纳性。较之传统常规程度性表达,"那叫一个 X"构式表达的一大特点是可以将诸多需要突显强调性状程度的对象收纳进来,组装成花样繁多的构式用例,以满足表达之需。也可以说,"那叫一个 X"构式就是一个性状程度表达收纳箱,内存五花八门的备用材料,而这些材料绝大多数只能运用于"那叫一个 X"构式表达,无法转化为传统常规程度性表达,如上述列举的诸多成语、俗语、诗句等。二是感受性。这一特点已为相关研究所证明,林忠(2015)认为是"说话人对事物或事件的某性状具有特殊感受,这种强烈的主观感受使说话人觉得只有采用特殊形式才足以将它表达出来";温锁林和胡乘玲(2015)直接将其命名为"指认式范畴聚焦构式"所演化出来的"感知性构式"。考察林林总总的"那叫一个 X"构式用例,这种表达特点主要体现在:无论是否可以换用传统常规程度性表达结构,都统一动用了该类表达形式,旨在借助构式语义的体验性与感受性来强化主观性和程度性。例如:

(56)常年在地层深处工作、厮守着黑暗和寒冷的矿工们,面对面地看着他们的矿工老哥与著名表演艺术家瞿弦和一起主持节目,听着矿区自己的歌手以及刘君侠、胡月、罗宁娜、何静、张兆北等"大腕儿"演员们演唱《煤海春潮》《矿工老哥》《矿山没有夜晚》《快乐的采煤工》等歌曲,心里真像"煤海春潮"一样地翻滚啊,<u>那叫一个激动</u>!(CCL:2000 年人民日报)

(57)他说:日本的企业是私有的,我就奇怪了,工人从来不用老板看着,干活<u>那叫一个兢兢业业</u>;后来,我弄明白了,除了职工收入与企业盈亏联系外,他们还持有企业的股份,听说欧美企业中持股的比例更大。(CCL:1994 年报刊精选\09)

比较上述两个例句,例(56)中的"那叫一个激动"可以换为"非常激动""十分激动""特别激动""异常激动""无比激动""很激动""挺激动"等多种常规表达,但是如果将这些表达用例替换到例(56)语境中,我们发现不但上下文语义连贯受损,所要表达的语义语气也大打折扣。究其因,显然是这里的"那叫一个激动"已经获得了一些新的表达特点和功能元素,而这些新要素是其他表达形式所不具备的。联系上文语境,可以看出,在一系列富有感情的描述铺垫基础上,作为结束语必须收束有力,以与上文情感表达取得协同,显而易见,传统"非常激动"之类的表达都无法胜任这一表达需求,必须另寻他途,即"只有采用特殊形式"(林忠,2015),而"那叫一个激动"因其内蕴了强烈的感受性和夸饰性便成了一个最优选择,承接上文"心里真像'煤海春潮'一样地翻滚啊"的比喻表达,顺势而为,前后语义连贯协调性指数最高。例(57)中的"干活那叫一个兢兢业业"则无法更换为传统常规状中式程度表达结构,因为"兢兢业业"本身就是一个自带性状程度表达的重叠式成语,与程度副词不兼容,一般不能说成"十分兢兢业业""很兢兢业业"等,但是"那叫一个 X"构式却能突破这一表达限制,说明二者表达特点与表达性质有别,"那叫一个 X"构式以一种特殊的方式实现了对"兢兢业业"的再赋量。因为通过变换比较发现,例(57)中的构式框架"那叫一个"可以取消,剩下的"干活兢兢业业"仍然成立,不过其语义表达强度要逊色许多,例(57)选用了"干活那叫一个兢兢业业"就是为了进一步强化"兢兢业业"的程度表达,所采用的方式是融进感受性,生成评价性,获取赞誉性。

10.3 范畴重置图式构式的语用功能

构式语法理论持综合性互动语言观,认为不仅词库与句法之间没有严格的分界线,就是语义与语用之间也不存在严格的分界线,"焦点成分、话题性以及语域等信息和语义信息一起都要在构式中得到表达"(Adele E. Goldberg,1995/2007:7);牛保义(2011:28)更是明确提出,"在一个构式里,句法、语义和语用信息是互动的;而且这种互动是规约性的(conventional),语言运用者的能力大部分可以看作是信息束储存库,包括形态句法形式、语义解释原则和具体的语用功能"。因此,我们在探究范畴重置图式构式"那叫一个X"的建构特点与表达价值时也不能仅局限在构式内部静态层面,还应该将其拓展到实际语言运用中的动态层面。考察发现,该类构式在动态使用中的语用功能主要有组篇功能和表情功能。

10.3.1 组篇功能

作为一个极具主观评价表达特点的语言组块,"那叫一个 X"构式在实际语言运用中还承担着造句组篇职责。关于其表达功能问题已有一些研究成果问世,唐雪凝(2009)探究了该类构式的篇章功能,总结出"焦点信息←描写、说明"和"描写、说明→焦点信息"两种组篇模式,即"倒推"和"顺推";甄珍(2016)考察了该类构式在句法层面的表现,归纳出独立成句、充当谓语、充当补语三种类型。总体来看,相关研究还有一定的提升空间,尤其是组篇的内在逻辑机制与深层理据还需要系统考察与深入探究。为了更为全面地呈现"那叫一个 X"构式在动态使用层面的语言组织功能,我们不妨将其分为句内组织和句际组织两个层面进行考察分析。

10.3.1.1 句内组织

"那叫一个 X"构式的句内组织功能与其构式语义性质有关,上述研究表明,"那叫一个 X"构式旨在凸显"X"所负载的信息,且该构式会对其中的"X"施加语义压制,使其取得语义协同,整体构式语义具有主观评价性,属于高程度性状语义范畴。因此,该类构式用例在句内组织中通常充当述谓性句法成分,即充当谓语、补语等句法成分,形成"S+那叫一个 X"和"V/A+那叫一个X"两种句法结构。例如:

(58)两年前,有同事生了双胞胎,其他人<u>那叫一个羡慕</u>!因为有两个孩子的家庭太稀少了,想生没有指标。(人民日报,2017-03-12)

(59)早些年由于工伤,她失去了左手,加上大儿子因脑瘫长年卧病在床,家庭十分困难。"过去家里只能靠种玉米维持生计,吃的都是返销粮,一年下来每人不到几百元,日子过得<u>那叫一个苦啊</u>。"(人民日报,2017-08-12)

第10章 范畴重置图式构式的主观极量表达

上述两个例句中的构式用例分别属于"S+那叫一个 X"和"V/A+那叫一个 X"句法构型。其中的"那叫一个羡慕"充当谓语,用来陈述"其他人";"那叫一个苦"充当情态补语,用来补充说明过日子所呈现出来的情态。

除了上述分析的依附性句内组织外,实际语言运用中还有两种相对独立的句内组织模式,即"C(Clause,小句),那叫一个 X"和"S(大),那个 S(小)+叫一个 X"。例如:

(60) 我是没那么高的手艺,有次来朋友,<u>我照着菜谱做"鱼香肉丝"</u>,那叫一个紧张,几乎是手脚都上,满头大汗,结果乱七八糟的肉丝一出锅,里边竟然出来一只汤匙,哈哈……(人民日报海外版,2000-12-18)

(61) 2010年,我家装了电脑,这之后,电视就基本"下岗"了,尤其装了宽带后,<u>看体育比赛</u>,那叫一个过瘾。(人民日报,2012-08-21)

(62) 旅行回来就开始犯懒勒,好吃哟,WOK!WOK!好呒呀,我是有多少天不打算开伙勒?特别滴爱给特别的你!没吃畅啊!这也太不禁吃了!<u>徐福记燕麦酥,那个味道真叫一个正</u>!以前不稀饭的现在都当宝了!(BCC:微博语料)

(63) 群星版贺岁写真:今晚录制主题《完美恋人》,芒果妈妈得知,这期将在春节期间播出。<u>扔一个刚刚长沙粉丝接机的视频,那场面叫一个惨不忍睹</u>。就像火灾现场似的。(BCC:微博语料)

例(60)和(61)中的用例属于"C+那叫一个"句法组构,其中的"我照着菜谱做'鱼香肉丝'"和"看体育比赛"是以小句形式充当陈述对象,而独立使用的"那叫一个紧张""那叫一个过瘾"则是对前置小句的评价性陈述。该类句法组构的表达特点是:作为框体构件的"那"似乎又充当了形式主语的角色,用来复指前置小句,即"那"一身兼两职。而例(62)和(63)中的用例句法组构则属于汉语特殊句式中的主谓谓语句,由两套主谓结构套叠而成,大小主语之间有领属关系,如例(62)中的大主语"徐福记燕麦酥"与小主语"那个味道"就构成了这种关系。其中大谓语"那个味道真叫一个正"是"那叫一个 X"构式进入语境的一种变化调整,根据表达需要将构式部件"那"由虚转实,使其语义表达更为精确细化,以更好地满足句法结构的信息表达。

10.3.1.2 句际组织

结合具体语境考察分析"那叫一个 X"构式用例的表达特点与功能效用，我们发现其还具有一定的句际组织功能，即语篇组织功能。上述唐雪凝(2009)曾归纳出来的"顺推"和"倒推"两种组篇类型，不过，我们在结合具体语境考察分析"那叫一个 X"构式用例的运行情况时发现，其组篇机制还具有一定的复杂性，用"顺推"和"倒推"来概括还不够准确全面。以下我们拟结合具体语境用例进行分析探究。例如：

（64）当千年厚重的植茶历史遭遇最新科技，不妨设想这样一个场景：你身处无论何地，打开电脑就能看到从景迈山传来的实时画面，与朋友围炉夜话，喝着昨日从画面里这棵千年树龄的古茶树上采摘下的新鲜茶叶——<u>那叫一个"高端、大气、上档次"</u>。(人民日报海外版,2013-12-12)

（65）"这电话，是人就来打。"传达室的大爷说，"厂子里厂子外，我认都认不过来，都瞅着这儿不收费了，打起来<u>那叫一个玩命</u>，特别是那些小年轻，给对象打电话长聊，我是黑更半夜不得沉睡。什么话说？什么叫寒碜——不知道！电影电视里的爱情片酸吧？酸不过我这电话。这不，我京戏也不听相声也听不了，全改听电话了，倒是个乐子。"(王朔：《枉然不供》)

（66）当天晚上，拉拉回家把跟黄国栋见面的情形和王伟一说，末了拉拉叹气道："开始我还纳闷，他和我说话时怎么连看也不看我一眼，就跟他眼前压根儿没杵着我这么个大活人似的！当时我还真蒙住了，闹不清他那身体语言纯粹是个人习惯，还是有意怠慢我？可后来李卫东一来，他立马就像换了个人，<u>那叫一个热情</u>！跟刚出锅的馒头似的！我就明白了，他是要给我一个下马威呀！"(李可：《杜拉拉升职记》)

上述三个语言片段中的构式用例代表了语篇组织功能的三种类型，即作结型、统领型、串联型。例(64)中的构式用例为作结型，"那叫一个'高端、大气、上档次'"是对上文设想场景的一种评价性总结，而上文中的电脑实时传送画面、与朋友围炉夜话、喝着千年古茶树上的新鲜茶叶等则属于具体情景描述。上下文之间形成"具体情景描述→评价性总结"语篇组织模式。例(65)中的构式用例为统领型,其与陈述对象"打起来"组合成一个评价性信息组块,统领下文语篇信息表达。打电话长聊、让人黑更半夜不得沉睡、不知道什么叫寒碜、爱情片酸不过的电话等是对"打起来那叫一个玩命"的具体描述。上下文之间形成"评价性统领→具体情景描述"语篇组织模式。例(66)中的构式用例为串联型,在上下文中起上承下接的串联作用,其对上文"可后来李卫东一来,他立马就像换了个人"是一种评价性说明,下文"跟刚出锅的馒头似的"对其则是比喻性描述。上下文之间形成"相关情况陈述→评价性说明→比喻性描述"语篇组织模式。

10.3.2 表情功能

从功能主义视角考察人类语言符号的建构与运用,我们发现,语言不仅能够客观地表达命题式的思想,具有信息传递功能;而且还可以表达说话人的情感、态度和意图,具有表情功能,即人际互动功能。而这种功能的获得来源于语言的主观性和主观化,或者说,语言的表情功能就是语言的主观性和主观化的具体表现。因为根据 Traugott(1995)的观点,语言中表达说话人的主观信念或态度的形式和结构会逐渐变为某种可识别的语法成分,这一过程就是主观化过程。也就是说,讲话人的主观意识或情感会体现到语言的编码过程中,某种语言形式总是与特定情感表达(即使是细微的)紧密联系,而且这种编码模式会逐渐凝固(entrenchment),结果就形成了可识别和阐释的主观性表达成分。(魏晓斌,2011)以此理论考察实际语言运用中的"那叫一个X"构式用例,我们发现其表情功能的获得也内蕴了这一表达机制。如上所述,"那叫一个X"构式是在传统常规程度化表达形式无法满足特定情感态度表达的情况下产生的一种新的表达形式,即"强烈的主观感受使说话人觉得只有采用特殊形式才足以将它表达出来"(林忠,2015)。这种表达形式的生成是表达者强烈主观评价融入语言中的一种编码过程,其生成机制是:表达者在面对表达对象的性状和情态产生出强烈特殊感受时需要借助特定表达形式加以输出,于是大脑语言库藏中的"那叫一个X"构式便进入到表达者认知加工的备选程序,因为较之其他表达形式,该构式具有强烈的感受体验性与主观评价性,特别适合强烈情感的输出,借助命名式表达框架,实现嵌入材料的范畴重置和语义突显,可有效增强语言表达效力。考察发现,为了提升表达强度,该类构式用例与叹词具有较高的共现频率,BCC 中就有"那叫一个亮哦""那叫一个亲切呀""那叫一个心疼啊""那叫一个墨迹呦""那叫一个壮观呐"等多个带叹词构式用例。此外,该构式用例还可以与语气副词"真""才""就""简直"等配合使用以强化语气语势,有时还可以转用反诘句类加以强化。例如:

(67) 老艺术家谢添在其北京的寓所中对来访者说,上了年纪的人最怕生病,特别像他们这样的,孩子们都不在身边,一旦有病,提起上医院,那真叫一个发怵。(CCL:1994 年报刊精选\07)

(68) 虽说上班辛苦,但有一份不错的收入,下了班还是可以享受生活。但是如果自己当老板,业余时间没有了,而且每天不得不面对千丝万缕的事情,那才叫一个累。

(69) 好莱坞最红双生花奥尔森姐妹之一阿什利·奥尔森(Ashley Olsen)从纽约入住的酒店离开。上身穿皮草大衣,脚上穿露趾凉鞋,如此"上暖下凉"的土老帽穿法在 Icon 级奥尔森姐妹身上,那就叫一个合情合理的"跨界混搭"!(BCC:微博语料)

(70) 今天的第二件大事,快来祝贺我,我今天终于学完这本书了!!!! 从初二到现在,那简直叫一个坎坷十挫折啊,姐现在也是有 N4 水平的人啦!(BCC:微博语料)

(71) 蒙特卡罗和拉斯维加斯之外的世界第三大赌城,对于中国来说,澳门的浪漫是绝无仅有的,而豪赌时的壮志豪情,那怎不叫一个浪漫呢?(BCC:微博语料)

上述例句中,例(67)—(70)用例中分别使用了"真""才""就""简直"等语气副词,配合高评价性构式"那叫一个 X"以强化"X"的性状情态表达,增强确认性、肯定性和强调性。而例(71)则使用了反诘句类来进一步强化语义表达,其表达效力显然要强于"那叫一个浪漫",主观极量评价性更为凸显。

综合考察发现,在语言符号表达系统中,上述诸例中的构式用例及其附带成分以及句类变换都有较强的语境适切性和顺应性,是对传统常规程度表达形式强度磨损弱化的一种补充强化,对所述对象情感态度的增强加深,即表情功能的提升是其产生运行的主要动因。如例(67)中的"那真叫一个发怵",基于上文相关情况介绍,"上了年纪""孩子们都不在身边""有病""上医院"可以自然导出最终的主观极量评价"那真叫一个发怵"。也可以说,非"那真叫一个发怵"不足以表达老艺术家谢添的心理状态,面对此情此景,"发怵"的性状程度必须得到凸显强化,而在可资利用的表达形式中"那叫一个X"恰好满足了这一表达需求。其他诸例也都是在这种动因的驱使下得以建构运行。

总之,特定表达形式的建构与运行总是服务于特定语义功能的表达需求。经过临时范畴化的特殊处理,即范畴重置,由称名性表达结构"那叫X"衍化而来的"那叫一个X"构式滋生出了主观极量表达功能,被赋予强烈的主观评价性。该构式建构机制性质的变化主要表现在构式恒项"那""叫""一个"三元组合呈现出的"不可推导性"和"不可预测性",在高频使用过程中凝固成语言预制模块,旨在对构式变项"X"赋值。且由于该预制模块超脱了概念性表达,专司夸饰性主观极量评价,与高程度性表达成分具有较强的兼容性和适配性,一些无法进入常规性程度表达架构的成分都可以与该预制模块组配,诸如"那叫一个惨绝人寰""那叫一个伤心欲绝""那叫一个天生丽质难自弃"等。其中的"惨绝人寰""伤心欲绝""天生丽质难自弃"本身就具有极高的程度评价义,无法进入高程度副词"很""非常""十分""相当"的表达场域。能够进入该预制模块足以体现出其表达性质的变化,即在高程度表达的基础上又增添了突出强调表达功能,表达范畴的重置实现了对"X"的聚焦,营造出浓重的主观评价氛围。经过这番处理之后的"那叫一个X"语用功能也发生了相应的变化,一方面具有了涵盖句内组织和句际组织的语篇组织功能;另一方面增添了表情手段,承担了强烈主观感受的表达功能。

总之,人类语言具有动态调适性,形式与功能密不可分,为了完成特定表达任务,常常需要打破现有表达格局,既可以新创表达新构式,也可以改造已有表达形式,目的在于通过改变获得新的表达动能。此处考察探究的范畴重置图式构式"那叫一个X"可以为这一发展规律又添一佐证。

第 11 章　语用转移图式构式的主观极量表达

11.1　关于两个图式构式的多功能性

人类建构的语言结构形式与其所要表达的意义之间存在着不对称性,结构形式有限,所要表达的意义无穷,用有限的结构表达无穷的意义必然会产生多义现象。这种现象早就引起了人们的关注,相关研究主要集中于形义之间的对应关系。因为语言表达最理想的状况是一个形式对应一种意义,即"语言的自然情形是维持一个形式具有一个意义,一个意义使用一种形式"(Bolinger,1977:x)。不过,这只是"关于形式范围选择和信息最大化动机的一种理想。它通过另外一种最优性而获得了平衡和弥补,即把相似的形式和相似的意义联系起来,换言之,是通过发展多义性(Haiman1985a)"(Hopper & Traugott,1993/2008:96)。相关论述道出了形义关系互动变化的真谛。目前,关于语言多义性的研究主要集中于词语多义和句法结构多义等方面。鉴于语言符号系统是形式、意义和功能的复合体,形式既是意义的载体,也是功能的载体,因此,语言表达形式所内蕴的多功能性也是相关研究的题中之义,值得关注。陆俭明(2004)曾在审视 Goldberg(1995)的构式语法理论和郭锐(2002)的"词语的语法动态性"基础上提出了"词语的语法、语义多功能性",并提出"语言研究要重视对一个个具体句式的研究,而且要从具体句式所表示的语法意义来考察分析句式内部词语之间的语法关系与语义关系。而具体的句式可能不只限于跟基本论元结构式相关的那些句式,可能包括所谓的'变式',可能包括由于语用因素所造成的格式"。李宗江(2022)探究了"没说的"多功能性及其句法表现问题,归纳出"表评价→表程度"和"表道义情态→表认识情态"两种功能分支及其演化路径。上述相关研究对我们考察探究具有主观极量表达特点的语用易变图式构式具有重要的参考价值和借鉴意义。因为,当我们把研究触角聚焦于以下这些语言现象时,可以清楚地发现实际语言运用中多义现象并不只局限于词义表达层面和句法结构语义关系层面,还会延伸到语用层面。

(1) 柳州螺蛳粉简直<u>不要太火</u>,我还是头一次听说闻臭师这样的职业呢,好的酸笋就臭得很高级有分寸!(新浪微博,2024-03-14)

(2) 绿源 s20 换了个控制器简直<u>不要太爽</u>!(哔哩哔哩,2023-06-26)

(3) 叉车怎么卸集装箱里面的货物?1 个工具即可搞定,简直<u>不要太轻松</u>!(搜狐网,2020-11-25)

(4) 夏天到了,最近不少应季水果纷纷上市,荔枝、芒果、西瓜、李子……吃货们简直<u>不要太快乐</u>!(知乎,2021-06-21)

(5) 昨天飞机延误,今天景区封闭,我<u>还能再倒霉点吗</u>???(新浪微博,2019-06-26)

(6) 现在的手机壳<u>还能再丑点吗</u>?我请问。(新浪微博,2024-03-21)

(7) 这是影视开车镜头,竟如此拍摄,<u>还能再假点吗</u>!(网易,2022-07-27)

(8) 茅台立春 159 万一瓶?网友:<u>还能再离谱点吗</u>?(茅酒管家,2023-02-16)

上述例句中的相关构式用例都不属于词义表达层面或者句法结构语义关系层面生成的多义现象,而是语用层面的多义现象,即语用多功能性,相关表达都是"由于语用因素所造成的格式"。十禾(1993)在探究"不要太……"句型用法时曾明确提出"言语在使用中受到各种各样因素的制约,同一种形式会在一定的语境条件下会分化成不同的语义底蕴",这里所说的"语义底蕴"也包含了语用功能。不过,考察发现,现有关于多义现象的研究主要集中于词义表达层面和句法结构语义关系层面,语用层面的多义现象较少涉及,原因在于语用层面的多义现象可识别度和可分析性较低,具有强烈的语境依附性,其多义问题的剖析较为复杂,难度较大,无法从结构本身及其组件语义关系层面作出分析,需要另辟蹊径。

我们从上述用例中可以分别抽取出"不要太 X"和"还能再 X 点吗"两种图式构式,其语义功能表达都有别于常规,具有规约化特点,构式语义都具有强烈的主观极量评价性。关于其建构状况、语义功能分化机制与理据、语境分布与表达特点都有系统考察和深入探究的必要。尤其是这类原本用于劝告和征询的表达形式为何会生发出主观极量评价性?即该类表达形式为何会衍化出多功能性?其深层次上的生成机制与运作理据具有较高的研究价值。

11.2 "不要太 X":从减量劝告到程度夸张

11.2.1 "不要太 X"构式来源及其类型比较

11.2.1.1 "不要太 X"构式来源

关于"不要太 X"构式的来源,现有研究大多数认为是与吴方言口语表达有关。阮恒辉与吴继平(1994)编撰的《上海话流行语辞典》收录了纯正方言发音的"勿要忒",词条下解释为"置于形容词前,表示程度强烈,含感叹色彩。这是以否定形式表示肯定意义。该词语出现于 90 年代初,首先出现的是'勿要忒潇洒'等词语。在中青年中十分流行"。顾之民(1996)认为,上海方言区的特殊语言习惯是"不要太 A"特殊表达式形成的文化背景。该类表达通常后附感叹词"噢"以加重语句的夸张程度;浓重的上海方音吐词,使"不要太 A"特殊表达句式的褒贬程度越发强烈,其中的"不要"发音是"勿要",且两字合为一个音节 fiɑo〔viau〕(普通话中无对应字,借用国际音标表示)。并举例佐证,如"这个小囡,大大的眼睛,圆圆的脸,一笑两个酒窝,一张咀巴覅太甜噢",其中的"一张咀巴覅太甜噢"就是典型用例。方言口语表达因受发音快慢的影响,"勿要"二字在实际言语交际过程中发生语流音变,合音为"覅"fiɑo〔viau〕。类似用例还有常用上海话"勿要太结棍喔!(覅太结棍喔!)"。刘志基(2002)认为该用法是由上海话中的"勿要忒……"发展为"不要太……哦"而逐渐流行的。易中天(2015)则认为"不要太……"由杭州话中的"莫牢牢"发展而成。尽管相关溯源有分歧,但该类表达源出于吴语区已成共识。考察发现,该类表达在上海话中用频较高,已成为其典型的方言用语。陈永生和冯济民合作推出"沪语悦读:上海话里个'勿要忒……噢'(上)"相关研究成果,发表于2021年8月2日的"澎湃在线",其一大特色是冯济民的沪语改写,生动形象地还原了上海话实际交际情形。例如:

(9)"借了钞票赖极皮,勿要忒垃圾噢。"(借钞票后赖掉,太下流不要脸面。)

(10)"侬迭个人乐开,勿要忒模子噢。"(你这个人很大方,是个楷模。)

(11)"伊书读过头了,现在勿要忒书笃头噢。"(他读书太多,书呆子气十足。)

(12)"挌个人常庄开大兴,勿要忒夜壶台噢。"(这个人常说大话,太不靠谱。)

(13)"自助菜吃到扶墙,勿要忒退招势噢。"(自助餐吃到撑,真是太难看了。)

(14)"迭只瘪三,勿要忒小家败气噢。"(这家伙,实在是太小气了。)

(15)"伊是只小刁模子,勿要忒会白相人噢。"(他很刁钻,非常会耍人。)

(16)"伊跌脱一跤,跌得勿要忒结棍噢。"(他摔了一跤,摔得很重。)

(17)"挌个赤佬,勿要忒烂污噢。"(这家伙,是个下三烂。)

考察发现,上述例句中的"勿要忒……"已成为上海方言中的一种用频很高的表达格式,嵌入成分除了典型的谓词性成分外,还可以有体词性成分"垃圾""模子""书笃头""夜壶台",甚至是短语,如上例中的"退招势""小家败气""白相人"。框体结构对这些嵌入成分具有语义压制性,统一用来表达性状程度之高,带有极强的主观评价性。

基于上海的重要地位,沪语也成为强势方言,极易从沪语区辐射到周边方言区乃至普通话中。而"勿要忒……"本身又极具表达性,能够很好地满足情绪化表达需求,因此,凭借沪语的重要地位和表达优势,兼以网络媒介的加持,该类表达便在沪语"勿要忒 X"的基础上被进一步加工成"不要太 X",由沪语走进普通话,尤其在网络平台中已成为年轻网民,特别是年轻女性网民十分钟爱的一种表达形式,具有很高的使用频率。而该类表达最为成功的运用案例当属杉杉西服于 20 世纪 90 年代推出的广告语"杉杉牌西服,不要太潇洒",借助央视平台,该广告语打出以后,"杉杉"品牌迅速爆红,创造了一句广告语奠定了 500 亿元的商业奇迹。细究该广告语成功的奥秘,显然是其巧妙地借用了特定方言文化的独特魅力。由沪语"勿要忒 X"转化而来的普通话"不要太 X"迅速走红,发展成为极具程度夸张表达特点的习语构式,为人们所喜闻乐用。

11.2.1.2 "不要太 X"结构的类型比较

11.2.1.2.1 两种"不要太 X"

考察实际语言运用,我们发现运行于互动交际中的"不要太 X"可以分为两种类型,即同体异构多用。其中一种表劝阻或禁止,为祈使语气;另一种表高程度评价,为感叹语气,常与语气词"噢"共现。例如:

(18) 郑曼为我们沏上浓浓的香茶,然后嘱咐老伴:"你心脏不好,<u>不要太激动啊</u>。"藏老挥挥手,说:"不要紧,我们慢慢聊。"(李培禹:《留恋的张望——写给离世廿载的王洛宾先生》)

(19) 晓卉想起甄真爸爸是卫生局的行政干部,想他现在也该退休,甄真似乎读出她的疑惑,答道:"我不用我爷的路子,这种事我老公最有办法,谁不想讨好有权的人,我老公的路子<u>不要太粗噢</u>!"(唐颖:《糜烂》)

上述用例代表了两种类型,例(18)中的"不要太激动啊"表达的是劝阻语义,例(19)中的"不要太粗噢"表达的是高程度评价。关于这种分类,已有一些相关研究。十禾(1993)认为该句型有两种语用方式,一种是含调侃色彩的评价或感喟,一种是委婉的劝诫或严正的警告。顾之民(1996)将其分为正常句和特殊表达句,并认为"不要太 A"的特殊表达意义是表示赞美、贬斥或对描述程度的肯定和否定的夸张。王敏(2000)认为"不要太 A"句式不仅可以表示阻止告诫,而且还可以表示赞美表扬的情感。张丽萍(2010)将其分为"不要太"祈使义式和"不要太"感叹义式,认为"不要太 A"语义表达已经发生了很大变化,不再表示劝诫和阻止,而表示赞美、贬斥或对描述程度的肯定和否定的夸张,因此又称前者为"正常式(A 式)",后者为"特殊式(B 式)"。韩淑俊(2019)将其分为劝诫构式和极量评价构式,认为二者内部成分组合路径有别,前者是"[不要]+[太 X]",后者是"[不要太]+[X]"。代宗艳(2020)将其分为元语否定义的表达和极性程度义的表达两种类型,前者凸显的是劝诫义,后者凸显的是主观情感。牛晓燕(2022)将其分为主观限量构式"不要太 X1"和构式主观高量"不要太 X2",认为"不要太 X1"的构式义是说话者对某事某物程度量或数量的主观限制,"不要太 X2"的构式义是说话者对某事某物程度量或数量的主观高量评价。纵览上述相关分类,尽管表述不尽相同,但是研究结论基本趋同,即实际语言运用中存在两种类型的"不要太 X",一种表劝诫阻止,一种表高程度评价。这里我们需要重点关注的问题是:实际语言运用中为何会出现同体异构多用现象?为了称说方便,我们暂且将二者码化为"不要太 X[Ⅰ]"和"不要太 X[Ⅱ]"。

11.2.1.2.2 关于两种"不要太 X"的比较

考察发现,"不要太 X[Ⅰ]"与"不要太 X[Ⅱ]"虽属于同形异构,但二者产生与发展并不同步。其中发端于吴语区的"不要太 X[Ⅱ]"("勿要忒 X"或者"勥太 X")要晚于"不要太 X[Ⅰ]",二者之间有潜在的内在联系,相关问题留待下文详述。这里我们首先探讨二者在形式建构和语义表达方面所呈现的差异。

就形式建构而言,"不要太 X[Ⅰ]"包含了四个构件,即否定副词"不"、能愿动词"要"、程度副词"太"和待嵌成分"X"。这四个构件各负其责,都是结构语义的贡献者,整体结构语义成分及其关系具有显见的理据性和可分析性。其中"不"与"要"组成一个语块"不要",类同于"别",是劝阻或禁止语义语气的主要承担者;"太"是典型的超量程度副词,王力(1985)将其归为绝对程度副词,有过分之意,刘勋宁(2002)认为"太"表"不满"时是"过分",表"赞叹"时是程度高。其他相关研究基本上都认为"太"除了表示"过分"义以外,还可以表示"极端、程度极高"的含义。《现代汉语词典(第7版)》认为作为副词的"太"有三种含义：① 表示程度过分(可用于肯定和否定)；② 表示程度极高(用于赞叹，只限于肯定)；③ 很(用于否定式,含委婉语气)。例如：

(20) 膳食不要太油腻,不要太咸,不要有过多的动物性食物和油炸、烟熏食物。清淡膳食有利于健康。(CCL:健康养生\大话养生)

(21) 一会儿何剑尘转来,杨杏园问道:"那一卷纸是什么?"何剑尘道:"是春联。"杨杏园笑道:"你还弄这个,太无聊了。不说起来我也忘记时候了,今天是什么日子?"(张恨水:《春明外史》)

(22) 可是借助灯光,花色仍浓,呈粉红的颜色。不知町枝是少言寡语,还是顾忌官子,不怎么说话,却谈起了自家的庭院里,樱花花瓣落满了刚修剪过的枝头,清晨起来,映入眼帘,实在太美了。(川端康成:《湖》)

(23) 我只是想同毕女士单独谈一谈,我知道您似乎不太乐意。但你我之间,这样一次谈话是不可避免的。(毕淑敏:《预约财富》)

上述"太"的不同用法列表概括如表 11-1 所示。

表 11-1 "太"的用法分析表

用法		用例	语气
表示程度过分	肯定	太无聊了	感叹
	否定	不要太油腻,不要太咸	祈使劝阻
表示程度极高	肯定	实在太美了	赞叹
	否定	不太乐意	委婉

关于"不要太 X[I]"的内部结构关系,韩淑俊(2019)认为是"[不要]＋[太 X]"构型,即"[不要]"组块对"[太 X]"施加否定性影响,表达的是劝阻或禁止"[太 X]"。因此,该类建构属于常规句法建构,表示否定的"[不要]"组块所组配的对象较为宽泛自由,"X"可选形式复杂多样,除了常规的形容词、动词外,还可以是较为复杂的短语。例如：

(24) 谢元嵩朗朗打着哈哈,说:"啸天兄,你是书生气十足哇!

不要太为那种我们管不着而又无法管的事乱操心。抗战的高潮过去啦！这点你还看不出来吗？我们还是清净无为些的好。（王火：《战争和人》）

(25) 邬中也拉开了吉普车的车门，正要抬脚上车，忽而转身追上陈政委说："政委，我还是想劝劝您，对彭其这样的人<u>不要太仁慈过度了</u>，对我们也不要苛求过火了，这里面有一个感情问题，立场问题，您是政委，您不会不懂。要是让毛主席和林副主席知道您这种感情倾向……"（莫应丰：《将军吟》）

上述两个例句中的"不要太 X[I]"用例都是较为复杂的结构，例(25)的程度表达还采用了复叠模式，其中的"太"与"过度"都表示程度超量，以进一步强化"仁慈"的程度表达。相关表达充分证明了"不要太 X[I]"结构具有较强的组配功能和可分析性。

与之相对,起源于吴方言并经过构式化处理的"不要太 X[II]"具有较强的结构凝固型和语义规约性,主要表现在构式恒项"不要太"已凝固成一个预制框架,其所由出的沪语"勿要忒（勠太）"就是方言俗语化的固定表达形式,由其参与建构的图式构式"勿要忒（勠太）X（噢）"相关用例广泛运行于方言口语交际中,对吴方言及其周边地区日常言语交际产生了重要影响,并逐渐扩散到其他地区乃至普通话交际场域。在强势方言和高频使用的助推下,"勿要忒（勠太）X（噢）"逐渐衍化成典型的图式构式"不要太 X[II]",其内部结构关系也演变为"[不要太]＋[X]",即"[不要太]"为构式恒定框架构件,不可增删易变,构式变项"[X]"较之"不要太 X[I]"中的"[X]"所受限制较多,可选形式有限,通常都是些简短的可赋量的形容词或心理活动动词,以单音节和双音节为主,上述"不要太 X[I]"构式用例中的那些复杂成分无法进入"不要太 X[II]"架构。这一表达特点也充分验证了"表达的习语化往往导致信号的缩减和简化"（霍伯尔、特拉格特,1993/2008:89）的论断。例如:

(26) 最右霸气了！最右亮爆了！最右<u>不要太亮啊喂</u>！矮油→_→//:写一首世界上最短的诗。（BCC:微博语料）

(27) 昨天我走了,他们狂说我坏话。幸好有啊拉 niki。哈哈,我<u>不要太乖哦</u>。你最懂我了～（BCC:微博语料）

(28)下一个春天会很漫长,适合结婚哦!得不到的东西最好,够不着的果子最甜额,第一名??我<u>不要太专情</u>哦!怎么会脚踏两条船呢!(BCC:微博语料)

(29)气温逐渐升高,眼看着天气就要热起来,不只孕妈妈,所有人都怕热,但是不出门就行了啊,特别是夏天里各种吃的<u>不要太丰富</u>哦,外面热家里吃吃吃,一茬一茬,根本停不下来,有没有!(生育帮,2021-11-25)

(30)待在京都是没有前途了,咱们去大阪吧。再开家黑市吃食店,钱可<u>不要太好赚</u>。(野坂昭如:《萤火虫之墓》)

(31)双子双子……什么情况!!什么情况!!为什么Francesco大半夜地在FB上找我聊天!!!尼玛,瑞典语飙地<u>不要太high</u>。欺负我瑞典语语法烂么?(BCC:微博语料)

从上述例句中的构式用例可以看出,能够进入该类构式的"X"都是可以被赋予主观极量评价的简短成分,以形容词为主,如"亮""乖""专情""丰富""好赚""high"等。

就语义表达而言,Goldberg(1995/2008:65)在研究构式之间的关系时曾经提出语言组织"无同义原则",即"如果两个构式在句法上不同,那么它们在语义上或语用上也必定不同"。以此理论来观照"不要太X"结构,我们发现其分化出来的同体异构"不要太X[I]"和"不要太X[II]"的语义表达吻合了这一观点,即内部结构关系有别的两种表达形式各有其表达功能。如上所述,其中"不要太X[I]"的内部结构可析分为[不要]+[太X],否定性组块"不要"对"太X"施加否定性影响,表达的是对"太X"的禁止或劝阻,为祈使性语气。吕叔湘(1980:520)认为这种用法的"不要"可以改用为"别"。考察语料库中相关用例用频,我们发现"不要太X[I]"结构用例仍占主流,在CCL中,这种用法用例占比在95%以上,足见其具有较高的表达价值。究其因,显然是由于"不要太X[I]"具有较强的理据性和可分析性,语义功能表达符合常规,具有较高的通用性,能够很好地满足委婉劝诫或严正警告的表达需求。总体来看,"不要太X[I]"结构的语义表达具有以下两个特点。一是具有较强的表述性。"X"可选形式多样,能够满足多样化表达需求。如CCL中除了常见的形容词和动词外,还可以根据表达需求建构起更为复杂的表达形式,如"不要太专注于方法""不要太注意家庭的外观及形式""不要太计较眼前的一些恩恩怨怨""不要太在意一时的涨涨跌跌""不要太为难田亮班长和梁军士长""不要太为个人的目标兴奋过了头"等,其中的"X"用例以动宾结构为主,整体结构表达的是对相关行为或做法的否定性态度,即劝阻或禁止。二是具有较强的可变性。"不要太 X[I]"是常规性表达结构,其构件组合较为松散自由,可以换用构件甚至改变结构。如"不要太 X"可以更换为"不要过分 X""不要过于 X""不要那么 X""不要如此 X",甚至还可以叠用程度构件,如"不要那么太 X"。此外,该类建构还可以与其他相关表达组成程度不等的表达系统,如"不 X""不要 X""不太 X""不怎么 X""不能 X""不可以 X""不允许 X""不应该 X""不怎么太 X""不能太 X""不可以太 X""不允许太 X""不应该太 X",而"不要太 X[I]"只是该类表达系统的成员之一。由此可见,"不要太 X[I]"的结构语义表达还有赖于其构件的语义贡献,即构件具有上文所说的"理据性和可分析性"。除了否定副词"不"以外,能愿动词"要"和程度副词"太"都可以换用为其他近似构件,如"能""可以""应该""允许"和"过分""过于""那么""如此"等。此外,结构中的"不要"组块还可以替换为"别"。充分证明该类结构具有较强的建构可变性与表达自由性。

与之相反,"不要太 X[II]"结构已习语化,其结构高度凝练固化,语义表达具有很强的规约性。其结构凝练固化的典型表现是"不要太 X"具有图式构式表达特点,其中的"不要太"已凝聚成构式的恒定框架,无法拆分或替换。参照 Goldberg(1995/2008:4)的构式定义:"C 是一个构式当且仅当 C 是一个形式—意义的配对<Fi, Si>,且 C 的形式(Fi)或意义(Si)的某些方面不能从 C 的构成成分或其他先前已有的构式中得到完全预测。"这里讨论的"不要太 X[II]"结构是一个典型构式,且属于有待嵌空位的图式构式。因为"不要太 X[II]"的构式义是对"X"相关性状情态的主观极性评价,带有强烈的夸张和感喟色彩,而这一构式义无法从其构成成分或其他构式中得到完全预测,即就构式框体"不要太"而言,我们无法从其中的"不""要""太"三个构件推断预测"不要太 X[II]"所要表达的构式义。这一表达特点在其待嵌构件"X"层面也得到了充分体现,因为较之上述探究的"不要太 X[I]",该构式中的"X"可用形式极为有限,都是些可以赋量的简短成分,以表达性状情态的谓词性成分为主,"不要太 X[I]"结构可容纳的其他复杂表达形式无法进入该构式。究其因,显然是因为这两个表达形式的结构性质与表达功能有别,"不要太 X[I]"属于常规的陈述性或祈使性表达结构,其中的结构成分语义关系是"[不要]+[太 X]",否定性能愿组块"不要"自成一体,未与"太 X"粘连,这样就赋予"太 X"以极大的表达自由,大凡需要劝阻或禁止的对象都可以进入该类构式,致使其中的"X"可选形式复杂多样,以满足多样化的语义表达需求。而经过构式化处理所生成的"不要太 X[II]"是专司主观极量评价的一种习语构式,多运用于口语互动交际中。其内部结构成分语义关系是"[不要太]+[X]",其中的"不要太"凝固为该类构式的框体架构,旨在为"X"赋予主观极性值。这一结构性质与表达作用的变化极大地限制了"X"的可选范围,只有那些可量化的简短的性状情态表达成分才能进入该构式,以满足口语化主观极性评价表达需求。

此外,就结构语义表达的倾向性而言,这两种结构中的"X"语义色彩也呈现出较为显著的差异。其中"不要太 X[I]"中的"X"表达的几乎都是负面状况,而"不要太 X[II]"中的"X"则以正面状况为常。这种表达倾向显然与人类趋利避害和弃恶从善的价值观有关,因为"不要太 X[I]"的表达功能是劝阻或禁止,受上述表达原则影响,劝阻或禁止的对象一般都是人类需要避免或舍弃的状况或事物,因此,该类构式中的"X"便与负面状况建立起自然联系。我们以"不要太"为检索项检索统计了 CCL 中的第 1—50 条用例情况,结果如表 11-2 所示。

表 11-2 CCL 中 1-50 条用例"X"类型分析表

类型	用例
单音节词	长 3、高 2、多 4、大 3、凉、厚、重、硬、热、晚、快、咸、艳、旺、过
双音节词	计较、执着 2、直白、深刻、悲观、守旧、铺张、剧烈、油腻、强求、用劲、简单、无情、较真、忧虑、稠密、伤心
三音节词	人工化
短语	远就放炮、偏于中央集权、受到"资本主义"的影响、为个人的目标兴奋过头了、把事当回事、多华丽的色彩、注重晚霜、过压抑、计较自己的职位、苦了自己、窄或太紧、过紧张、过频繁

统计发现,"X"基本上都是贬义或中性构件,也有少量褒义构件。其中贬义构件接受程度副词"太"修饰会进一步增强其贬义程度;而中性构件和褒义

构件接受程度副词"太"修饰以后会改变其中性色彩和褒义色彩,语义表达都归于贬义,如上述的中性构件"长3、高2、多4、大3、凉、厚、重、硬、热、晚、快、咸、人工化、注重晚霜"和褒义构件"艳、旺、执着2、直白、深刻、较真、把事当回事"等。这种感情色彩的变化显然与咱们传统上信奉的中庸之道有关,即讲究不偏不倚,保持中正平和,力避过犹不及。这种理念投射到语言表达层面,那些由表示程度过头的"太"所修饰的对象都成了我们需要劝阻或禁止的对象,无论这些对象是何种状况、何种色彩,最典型的是那些褒义色彩极为浓厚的构件,一旦进入"不要太 X[Ⅰ]"架构也难逃被贬命运。例如:

(32)一切都过去吧!不要害怕自己留下不好的印象,勇敢的做自己,享受大家一起玩的快乐,人<u>不要太优秀</u>,优秀的人太难懂,懂得你的人太难寻,孤独会常伴你!(BCC:微博)

(33)一个女人太能干会把老公吓跑,无论是肉体还是精神,他都将失去想要保护你的欲望,从而想去外面寻一个他想要保护的,能让他感觉自己的重要性。所以说女人<u>不要太能干</u>,但也不要太没用。(BCC:微博)

上述用例中的"X"分别为"优秀"和"能干"。从弃恶向善角度看,这些充满正能量的好表现应该是<u>越</u>X越好,可是一旦被装入结构进入语境,其正面色彩都打了折扣。从言者表达立场角度看,例(32)中的"不要太优秀"传达出的则是"曲高和寡""水清无鱼"等信息;例(33)中的"不要太能干"则源于对女性的一种传统定位,即在两性有别的世界里女性的"能干"应该有度,讲究分寸,过于强势则不能算是什么好品质。而"不要太 X[Ⅱ]"中的"X"以正面情况表达为常也是事出有因。因为对应于人性的弃恶向善,夸张和感喟的对象一般以好情况为主,相应的结构语义褒贬色彩也呈现出一定的不对称性,在实际语言生活中,褒义色彩占比明显要高于贬义色彩,CCL 中的褒义用例多于贬义用例即为明证。

11.2.2 "不要太 X"构式义的生成机制

上述我们已经较为系统地探究了"不要太 X"的构式来源及其表达差异,

发现"不要太 X"具有同体异构表达特点,可以析分为"不要太 X[I]"和"不要太 X[II]"两个小类,前者表劝阻或禁止,后者表主观极量评价。这里我们还需要进一步探究这种构式义的生成机制。具体来说,就是该类表达形式同体异构多用的生成路径及其构式义的生成理据。

11.2.2.1 同体异构多用生成路径比较

考察语料发现,"不要太 X"结构分化出来的同体异构"不要太 X[I]"和"不要太 X[II]"不仅语义功能表达有别,其结构形式的生成路径也存在一定差异。比较而言,表劝阻或禁止的"不要太 X[I]"产生时间更早,可以追溯到北宋时期,一直沿用至今,成为一种常用的句法语义范畴表达形式。我们在 CCL 古代汉语语料库平台中检索考察了相关用例,现选摘如下。

(34) 盖上九以刚阳居上,击去蒙蔽,只要恰好,<u>不要太过</u>。([北宋]《朱子语类》)

(35) 今医家亦说小儿子<u>不要太煖</u>。内则亦是小儿不要著好物事。([北宋]《朱子语类》)

(36) 王匠说:"三叔久别,多饮几杯,<u>不要太谦</u>。"([元]《元代话本选集》中的《玉堂春落难逢夫》)

(37) 家里读书的事,弟弟要时刻留心,如甲五科三,都要读书,不失大家子弟风范,<u>不要太疏忽了</u>。(咸丰九年六月初四日)([清]曾国藩《曾国藩家书》)

(38) 只听晃道成说:"贤弟请起。<u>不要太急</u>,我早已想下一计了。"([清]《七侠五义(下)》)

(39) 安、邓二人道:"妙极了!我等正要饱尝先生这山林风味,可<u>不要太费事</u>,只随便家常饭菜足矣。"([清]《侠女奇缘(下)》)

(40) 宝钗笑道:"终不免过于丧败。我想,柳絮原是一件轻薄无根无绊的东西,然依我的主意,偏要把他说好了,才不落套。所以我诌了一首来,未必合你们的意思。"众人笑道:"<u>不要太谦</u>。我们且赏鉴,自然是好的。"([清]《红楼梦》)

(41) 难儿道:"二姐精于医,要二姐随意诌几句,一个庸医,一个神医,语句<u>不要太文</u>,只要明白显亮,说得透快,便是合式。"([清]《野叟曝

言》）

(42) 兀术见了自己的旗帜，胆便大了许多。遂即说道："韩将军，你不要太逼迫我。我总要设谋渡江，他日整军再来，必将江南踏为平地，杀得草木不留。"（[民国]《宋代宫闱史》）

(43) 章筱荣道："你口里要干净点，谁是烂骚婊子？为人也不要太不知趣了。"（[民国]《留东外史续集》）

上述用例显示，在古代汉语语境中，"不要太 X[I]"表达形式最早出现于北宋语录汇编《朱子语类》，如其中的"不要太过"与"不要太煖"，一直沿用到民国时期的《宋代宫闱史》和《留东外史续集》等小说文本中，如"不要太逼迫我"和"不要太不知趣了"。而在 CCL 现代汉语语料库平台中，这种用法仍占主导地位，说明"不要太 X[I]"是汉语中一种语义范畴的常规表达形式，有其较为久远的发展与使用历程，且在当下语境中仍具有较强的生命力。

比较而言，表主观极量评价的"不要太 X[II]"走的是另外一种发展路线。从所收集到的研究文献来看，该表达形式来源于吴方言，出现时间尚短，古汉语语境中未见用例。早期相关研究文献主要集中出现于 20 世纪 90 年代，有齐沪扬(1992)的《"勿要忒"是啥意思》、俞吾金(1992)的《从"……勿要太……"的口头禅谈起》、黄爱东西(1993)的《不要太复杂》、十禾(1993)的《恐怕还得复杂一些——谈"不要太……"句型的语用方式》、史有为(1995)的《"看勿懂"和"勿要忒好"》、杨庆铎(1996)的《"不要太……噢"小议》等。由此推断，该类表达形式大概出现于 20 世纪 90 年代初，齐沪扬(1992)认为"勿要忒"是上海话口语中的一个俗语，是新派上海人的一种创新用法；十禾(1993)认为"这种句型并非今人所造""今天的上海人只是创造了这个句型的一种语用方式"。上述关于"不要太 X[II]"构式来源的研究已经呈现出其在上海话中的运用情况，"勿要忒 X"（"覅〔viau〕忒 X"）用例在上海话口语交际中具有较高的使用频率，是一种富含调侃色彩的极性评价或者高程度性感喟，具有鲜明的地域方言特色，与"交关""穷""老""看勿懂"等构成了上海话中特有的高程度表达系列用语。检索相关新闻类文献资料，发现该类构式用例最早出现于 20 世纪 90 年代初，与上述研究时间基本吻合。例如：

(44) 今朝套牢，明朝解放不要太开心噢。（《上海证券》，1992 年 6

月1日)

(45) 她们顾虑重重,其中最怕的一定是:被人家知道了,<u>不要太难为情噢</u>!(《生活周刊》,1992年9月27日)

(46) 花了介许多钞票去接一个看不见、摸不着的财神菩萨,<u>不要太好笑</u>。(《青年报》,1993年2月2日)

(47) 他一头如云似波的秀发,用其妻子的话形容:"<u>勿要太潇洒噢</u>!"(《文汇报》,1993年1月13日)

由此可以推断出"不要太 X[Ⅱ]"构式的演化机制:上海话借用了普通话中的"不要太 X[Ⅰ]"的构型,加以语用化改造,这种改造除了将相关构件转化为方言构件"勿要忒(覅忒)",还会通过添加"噢"类感叹语气词或者"简直"类语气副词来进一步强化其口语化高程度表达,也可以说这类附加成分已经成为"不要太 X[Ⅱ]"构式语义表达的显性标识。经过如此改造,"不要太 X[Ⅱ]"构式就规约成为一种专司程度夸张的表达形式,并从上海方言区拓展到周边区域乃至普通话表达场域,其表达形式又还原为"不要太",旧瓶装新酒,语用功能已有质的变化,进而为汉语主观极量表达提供了一种新创表达手段。

11.2.2.2 "不要太 X"[Ⅱ]构式义的生成理据

在特定语言表达形式的活动场域中,其所衍生出来的新的语义功能都植根于其母体,且二者会呈现出强烈依附性和可分析的复杂关系,探究这些语义功能衍化脉络和复杂关系需要厘清其内在逻辑机理。因此,由同一母体"不要太 X"所衍化出来的"减量劝告"和"程度夸张"两种表达功能也需要联系其内在逻辑机理进行考察探究。两种语用功能貌似了无关涉,但其潜在逻辑关联却仅有"一墙之隔",探究这"一墙之隔"的重点在于要弄清前者如何"翻墙"到后者。关于该类问题已有一些相关研究成果。王敏(2000)从逻辑语义基础层面探究了"不要太 A"的语义表达问题,结论为:"不要太"句式虽然在表面上看起来是一个否定的表示劝阻的祈使句式,其实在逻辑上它包含了一个肯定的强程度的语义预设,就是说"不要太 A"实际是在肯定了"很、非常、十分,甚至极 A、最 A"的基础上来否定和劝阻"太"的发展趋势的。代宗艳(2019)从语用推理和语境吸收等角度探究了相关问题,她认为"说话人为了达到一定的修辞效果,产生一种特殊的会话含义,导致语言形式与实际意义的分离,在语境作用下使对方能够理解,这种创新用法在交际语境的高频使用逐渐被言语社团成员不断模仿类推至普遍接受,于是形成了一种新的形式与意义相对应的认知图式"。"不要太 XP"从表示否定意愿发展出极性程度的感叹义,是在具体语境的促发下经过语用推理形成的语言动态演变结果。构式发展了其原型基式"太 XP"在语境吸收中基于反语表达形成的主观情感义,造成正话反说的反语修辞表达,构式吸收了语境中言者的语用情感功能,这种正话反说产生的修辞效果极易进入构式中,逐渐固化成为构式义。同时,构式在语境中完成其构式化,逐步演变为习语化的形义配对体。韩淑俊(2019)运用动态范畴化理论探究了相关问题,结论为:劝诫构式"不要太 X"与极量评价构式"不要太 X"具有动态范畴化关系,前者经"去范畴化—再范畴化"过程形成后者;前构式具有原型义,指向概念化量值区间的逆向调变,原型义通过动态范畴化延伸为后构式的语义指向:概念化量级的正向极限加强;认知凸显转移机制是劝诫构式"不要太 X"动态范畴化为极量评价构式"不要太 X"的重要认知理据。牛晓燕(2022)将这两种表达形式界定为"主观限量构式"和"主观高量构式",认为二者发生转变是基于语义上的共通性,主要体现在事件事物发生存在性和言者言语态度的主观性两个方面。上述研究切入的角度不尽相同,但都深入到该类构式底层的概念运作和语义范畴生成层面探究问题,具有一定的理论深度,对我们进一步探清相关问题具有借鉴意义。

为了进一步弄清二者之间的语义功能发展关系,我们不妨结合具体例句展开分析。

(48)但没走多远,那个小个子军官却从后边赶上来把他叫了回去。尾崎阴沉着脸,不大情愿地朝他摆摆手,他说,那好吧,吴先生,你们可以过去,但人<u>不要太多</u>。(季宇:《县长朱四与高田事件》)

(49)"到底谁福气好哇,苏家爸爸,晓卉已经做外国人,房子买了好几幢,铜钿<u>不要太多</u>噢,在伊面前我还能做人吗?"没有一丝嘲讽,甚是欢快。(唐颖:《糜烂》)

上述两个用例结构语义有别,其中例(48)中的"不要太多"是减量劝告,要求过去的人不能太多;例(49)中的"不要太多"是程度夸张,极言铜钿之多。同样的表达形式履行了两种语义表达职能,其理据值得深究。细察发现,二者之间能够实现不同语义功能自由切换,主要有两个理据动因。一是量的表达和语义预设。一方面,上述用例中表达减量劝告的"不要太多"源于表达者心目中的量标准,何谓"太多"?没有确数,需依情而定;但"太多"从反面提示了表达者心目中有理想的期望值,也隐含着有超出期望值的可能性,从而为后续超量程度表达埋下伏笔。另一方面,减量劝告的"不要太多"还内蕴了存在超量情况的语义预设,因为如果没有这层语义预设,否定性减量劝告就没有意义,原因在于受事理逻辑和省力原则支配,那些不可能出现的情况一般不会被关注进而被劝止。这种语义预设在特定情况下经过加工处理极易变现,于是,"不要太X"的主观极量义应运而生。也就是说,"不要太X"结构形式本身就内蕴了高程度性表达的内在逻辑语义元素,即王敏(2000)所言的"肯定的强程度的语义预设"。经过特殊加工处理,这种内在语义预设元素便外化为全新语义表达形式。因此,这里还需要继续探究其外化的深层动因。综合考察发现,这种外化转换的另一个理据动因是源于特定表达形式的表情化改造。根据上述十禾(1993)和顾之民(1996)等人的研究,"不要太X"的高程度性用法最初源于上海话中的"勿要(覅)式",为上海年轻女性口语交际中的惯常用语,且经常前附"简直""实在"等语气副词和后附"噢""哦"等语气词,以强化其夸张程度和表情意味。就其性质而言,从否定劝告到程度夸张的语义功能表达变化属于一种表达创新,这种表达创新融进了浓厚的表情元素。有吴侬软语特有表达风格和沪上年轻女性感情渲染的加持,"不要太X"表达的流行指数不断上涨,于是就从强势方言区拓展到周边区域乃至普通话使用场合,影响不断扩大,进而成为一种常用的高程度新创表达形式。严格意义上讲,"不要太X"语义功能的变化并非完全源于其表达结构层面的变化,在一定程度上也源于其表达方式的变化,即表情化改造。因为,考察发现,其高程度夸张性语义表达还与互动性口语交际密不可分,需要通过在场交际中语气语调的辅助来实现其创新表达与程度强化,经常附加语气性成分即为明证。

11.2.3 "不要太X"构式的语法化机制及动因

关于语法化问题的讨论由来已久,但作为正式理论提出为时尚短,因此其理论尚未定型,还处于发展过程中。一般认为,语法化(Grammaticalization)

这一术语最早是由法国语言学家 Meillet(1912)提出的,他认为,研究语法化的目的就是研究自主词向语法成分作用的演变。在诸多研究中,Traugot & Heine(1991)的研究最具代表性,他们从历时和共时相结合的角度指出,语法化是语法范畴和编码(即意义)的组织的历时性和共时性的过程,是研究语言和言语、范畴和类范畴、固定成分和非固定成分之间相互依赖性的语言理论,旨在强调自由的词汇表达和受制约的形态句法编码之间的控制关系以及范畴的基本非离散性和语言的非确定性。关于语法化的类型,一般认为有实词虚化、句法化现象和词汇化现象三种情况。其中的"句法化现象"是指章法成分向句法成分的转变,语用因素规约后向语法因素过渡以及词序在实际使用中被凝固化,从而表达某一具体语法功能等转变过程。参照语法化理论,此处探究的"不要太 X"生成机制问题应归属于语法化理论中的"句法化现象"。为了弄清"不要太 X"构式的生成奥秘,其语法化机制、动因及条件都有系统探究的必要。

11.2.3.1 "不要太 X"的语法化机制

根据语法化理论,重新分析和类推是语言演变的主要机制,其中重新分析是触发语法化的关键机制。此外,包含语用推理、隐喻转喻、语用强化与淡化等在内的语用因素也是关涉语法化理论的重要议题,因为"语法化发生的潜在可能性存在于说话人出于情景的需要而试图最大限度地提供信息"(Hopper & Traugott,1993/2008:122)。探究"不要太 X"的语法化机制,可以从这些维度着手。

一是重新分析与类推。关于重新分析,Hopper & Traugott(1993/2008:61)转引了 Langacker(1977:58)的定义,即"一个或一类表达的结构变化,这种变化不包括它任何直接或固有的表层显现的修饰关系"。就此认为重新分析包括构成成分、层次结构、范畴标注、语法关系和黏着性(边界类型)的变化(Harris & Campbell,1995:61)。并比较了重新分析与类推的区别与联系,认为"重新分析在本质上涉及的是线性的、组合性的、经常是局部的重新组织和规则演变。它是不能直接看得见的。另一方面,类推在本质上涉及的是聚合关系的组织、表层搭配和用法模式中的演变。类推使无法看得见的重新分析的演变成为看得见的"(Hopper & Traugott,1993/2008:84)。就此而言,"不要太X"构式语义功能表达性质的变化也涉及其内部结构关系的重新分析和表层搭配的类推。换言之,其结构语义关系的动态变化也需要纳入语法化理论视阈中进行考察探究。"不要太X"构式内部结构关系重新分析情况图示如图11-1所示。

阶段Ⅰ:[不要]+[太X]→【重新分析】→阶段Ⅱ:[不要太]+[X]

图11-1 "不要太X"构式重新分析示意图

上图显示,"不要太X"构式的重新分析是在横向组合轴层面完成的,始源结构中的"[不要]"和"[太X]"两个组块经过语法化机制中的重新分析,演变为新构式中的"[不要太]"和"[X]"两个组块,涉及的是结构局部的重新组织和关系变化,其中的"不要"与"太"合并,属于内部成分跨层组合。经过此番操作,"不要太"被固化为一个语块整体,具有主观极量赋义功能,即程度夸张,其运行也从减量劝告表达场域拓展到新的语言环境中。

二是语用推理。上述讨论的重新分析关注的是语法化载体的内部情况,如果将考察视野拓展到构式语法化的外部状况,那么语用问题就是不可回避的重要存在。Hopper & Traugott(1993/2008:90、101)对这一问题作了系统阐述,他们认为:"语法化(和一般意义上的实际语言演变)受到说话人—听话人之间相互作用的诱发,还应该指出,交际策略就是主张演变受到目的的驱动。""在语法化的早期阶段会话隐含义经常变得'语义化',即成为某一形式的语义多义性的一部分。"关于这个问题,他们还转引了Dahl(1985:11)的相关研究,即"当某一范畴被使用时,如果某些条件恰好也得以频繁地实现,那么这个条件和这个范畴之间就会发展出强有力的联系,这个条件开始被理解成这个范畴的意义的一个有机组成部分"。就新构式"不要太X"来说,其新功能的获得也是语用推理的结果,与特定交际环境中交际参与者的互动协作密不可分。吴侬软语中具有特殊表达风格的"勿要忒(煞太)X"频现于程度夸张性表达语境,为交际双方接受并协同,久而久之,这一程度夸张语用功能便与该类表达形式建立起自然联系,进而成为其结构语义的有机组成部分。

11.2.3.2 "不要太X"的语法化动因

11.2.3.2.1 转喻动因

Hopper & Traugott(1993/2008:115)在讨论语法化中的隐喻和转喻问题

时,认为"寻求调整交际和协调说话人—听话人之间相互作用的方式"是一种转喻演变。"它标示和指向那些或许可能只是隐藏的意义,但这些意义却是会话实践很自然的部分。""转喻演变涉及用另外一种在语境中存在的、即使只是隐藏的意义来确切说明一种意义。它在很大程度上与存在于主观信念状态或对包括语言在内的情景态度中的意义转移有关。"根据构件逻辑内涵关系,转喻主要分为三种类型:实质替代形式、结果替代原因、使用者替代使用对象。以此理论观照"不要太 X"的语法化动因,我们发现,在对旧构式进行语义预设分析时,其在被使用前就已经有了肯定"X 到极限"的语义预设,这样的语义预设与新构式"X 到极限"的语义有内在联系。这种语义预设是旧构式转喻成新构式的重要概念基础。经过推理,我们可以得出新旧构式的转化逻辑:因为某性状发展到极高的程度极易产生不良后果,为了避免事态走极端而向反面发展,需要加以管控与制止,于是,表请求、警告或劝阻的"不要太 X"便会被激活调用。这其中新构式语义"某性状发展到极高的程度"属于原因,"请求、警告或劝阻"属于结果,因此可以推断出新构式的转喻类型应属于结果代原因。

11.2.3.2.2 经济动因

除了转喻动因,从使用者角度考虑,新构式"不要太 X"的生成还内蕴了经济动因。因为在日常语言生活中,人们总是希望能够增强语言表现力,可选手段不外乎两种:一是新创表达;二是旧式新用。遵从"经济原则",后者优于前者,成为惯用手段。因为,最理想化的语言莫过于计算机语言,在其编码工具中,储存好的想法转化成只有一种功能的符号。其中"一个形式——一种意义"的原理在运作,每一个"话段"传达出没有歧义的信息。但是"像这样的透明度在人类语言中实际上是不存在的。这一方面是基于记忆和语法分析的局限,在真实世界的语言中一套小的单位或结构必须具有一套大得多的功能。更重要的是,语言是一种社会习俗,它重要的功能之一是在言语的相互合作中保持社会网络和维持兴趣。因而间接性(如在礼貌现象中所发现的)、隐喻以及其他非字面意义是语言中必不可少的部分"(Hopper & Traugott,1993/2008:50)。因此,经过重新分析、转喻和语用推理的"不要太 X"新构式,在不增加任何外在认知负担的情况下能够带给语言使用者新体验,就是人们在"经济原则"干预下追求语言表现力的新产物。在新构式的使用中,受话者接触到这样的表达方式,不能按照该构式一般的语法原则和语义关系进行解读,而是在交际双方共知的范围内进行必要的语用推理,这样的推理过程能够让受话者有新奇体验,形成回味空间,产生解码延宕,进而增强表达效果。

11.3 "还能再 X 点吗":从加量征询到程度夸张

在现代汉语实际运用过程中,"还能再 X 点吗"构式用例有两种用法,值得关注。例如:

(50) 这水煮鱼辣椒放少了,不太辣,还能再辣点吗?(转引自赵万勋(2019))

(51) 方颖冷笑:"你的意思是,让我专门写一篇稿子,高度赞扬你,号召大家都来向你学习?"李小白摸了摸鼻子:"差不多就是这个意思,那什么,你别误会,这是系里的意思,不是我非要的。你也别觉得这是给我写,事实上,这是学生会的工作,是你身为副主席的本分。""滚,你还能再无耻一点吗?"方颖都快气炸了。(青瓷梅瓶:《我重生回到了 2003》)

上述两个例句中的"还能再 X 点吗"构式用例性质有别,用法各异。例(50)中的"还能再辣点吗"是基于上文量不足表达"不太辣"而发出的加量征询,即要求在水煮鱼中再多放点辣椒,属于概念性表达,具有逻辑语义真值;而例(51)中的"还能再无耻一点吗"则是对极高程度"无耻"的一种夸张性暗讽,并非语表层面上的要求受话人加量"无耻",而是意味着"无耻"程度已达峰值,无以复加,属于修辞性表达,不具有绝对逻辑语义真值。关于该类表达已有一些少量研究成果,甄珍、丁崇明(2017)较为系统地探究了"还能再 A 点吗"构式义及适切语境、变项"A"的特征、构式句法特征、语用特征、构式极量义来源及扩展形式、构式使用群体特征等问题。赵万勋(2019)在分析甄珍、丁崇明(2017)研究问题的基础上提出了自己的观点,认为该构式来源于反问句"还能再 A 点吗",主观极量义的形成机制是:副词"还"表示超预期添加,陈述句"还能再 A 点"表示当前事态的发展只有再添加 A 才能达到预期,反问句"还能再

A点吗"则表示当前事态的发展已经达到预期,不能再添加了,从而蕴含极量的主观评价义。上述研究中,赵万勋(2019)主要针对甄珍、丁崇明(2017)的构式极量义来源问题研究提出了异议,认为"还能再A点吗"不属于同形异构,表示超预期添加的副词"还"和反问句式为该构式义的形成提供了理据和来源。相关研究及异议阐述对我们继续探究该构式具有参考价值和启示意义,可以成为我们开展进一步研究的逻辑基点。综合来看,该构式的语义生成机制及理据以及其适切语境仍是我们关注和讨论的重点。

11.3.1 "还能再X点吗"构式义的生成机制

11.3.1.1 "还能再X点吗"的构式义

根据Goldberg(1995/2007:4),"如果短语型式的形式或意义的某些方面不能从其构成成分的特征或其他构式中得到完全预测,那么该短语型式是一个构式"。即认定为构式的原因是"该构式的意义和/或形式不能从语言中已经存在的其他构式中综合推导出来"。以此理论观照"还能再X点吗"表达形式,我们发现其已经具备了构式界定的特征,即"还能再X点吗"所表达的主观极性程度义既不能通过其构成成分的语义简单相加得来,也不能从其他已经存在的构式推导出来,属于一个典型的主观极量表达构式。且该构式组件处于半开放状态,"还能再……(一)点吗"为构式恒定框架,"X"为构式待嵌可变空位,属于构式小类中的图式构式。其整体结构的生成内蕴了框架提取、充填操作和不断衍生的机制与过程,可以允准多个实例,具有较强的表达优势。关于该构式语义,甄珍、丁崇明(2017)将其概括为"说话人对某一主体某一方面的性状特征做出已达到自身心理预期和可接受度极值的主观极量评价,带强烈质询、感叹语气且多表强负面评价"。我们认为,该构式语义是通过对传统加量征询表达结构进行语用创新赋能,进而赋予表达对象的性状特征以夸张性主观极量评价,往往带有强烈嘲讽性负面评价色彩。这里需要说明的是,甄珍、丁崇明(2017)认为构式语义带有"强烈质询"色彩;赵万勋(2019)认为表主观极量的"还能再X点吗"是反问句,是"对该程度进一步发展的可能性提出反问,从而蕴含极性量的主观性"。我们认为相关研究结论都值得商榷,实质上,该类表达的性质特点既不是"强烈质询",也不是所谓的反问,而是运用了反话正说的"反语"修辞,带有强烈的嘲讽和调侃意味。相关问题留待下文详述。

11.3.1.2 "还能再 X 点吗"构式义的生成机制

在实际语言生活中,表加量征询的"还能再 X 点吗"与表程度夸张的"还能再 X 点吗"并存共用,甄珍、丁崇明(2017)称之为"同形异构",即属于歧义构式,并用去语境的"这水煮鱼还能再辣点吗"予以佐证。这里我们需要重点关注的问题是:由"还能再吃点吗""还能再喝点吗""还能再便宜点吗"之类表达用例提取出来的加量征询表达结构"还能再 X 点吗"是如何衍生出"还能再丑点吗""还能再乱点吗""还能再不要脸一点吗"之类表达用例提取出来的程度夸张表达结构"还能再 X 点吗"? 即表主观极量的"还能再 X 点吗"的生成机制是什么? 总体来看,该类构式语义的生成机制大致有以下几方面。

一是"加量征询→极量表达"。就其内部语义运作而言,"还能再 X 点吗"结构语义由最初的加量征询衍生出程度夸张有其内在语义逻辑发展脉络,属于有理据衍化。因为该结构表达本身就蕴含着一种极性程度表达潜势,其构件"还""能""再""(一)点"以及超结构的疑问语气都对极性程度表达有贡献。赵万勋(2017、2019)对结构中的副词"还"和"再"作了较为详细的探讨,认为"还"有一个义项"表示超预期添加,其语义结构为:预期事物发展的当前状态已经达到预期,但实际上并没有达到预期,还要继续发展才能达到预期。继续发展的部分是不在预期的范围之内的,是超出预期的"。并且认为"副词'再'和'还'都表示添加语义,二者的语义结构和语篇结构基本相同:包括两个或两个以上的语义元素,'再'或'还'用于后面的一个或几个语义元素,表示对前面语义元素的添加关系"。其实质就是副词"还"与"再"的使用都以已有高量表达作为前提,也可以说,已有高量状况就是副词"还"与"再"的语义预设,两者语义表达具有自洽性与顺应性。此外,能愿动词"能"的主观意愿、能力与可能性征询,小量成分"(一)点"的少量添加请求,以及疑问语气的协商情态,都传达出在原有高程度基础上进一步提升的需求和愿望。例如:

(52) 蕾:真不错诶。我还真有点儿上瘾了。诶,我<u>还能再吃点儿吗</u>? (当代电视剧:《编辑部的故事》(赵宝刚、金炎执导))

上述用例中的"还能再吃点儿吗"是基于上文"真不错""有点儿上瘾"的加

量征询请求表达。其中"有点儿上瘾"隐含着食用量大语义元素,致使后续小句"还能再吃点儿吗"在原有高量基础上有进一步提升为极量甚至超量的语义潜势。这种语义潜势经过特殊加工处理极易变现,主观极量表达构式"还能再X点吗"就是在此背景下产生的。在特定嵌入成分的制约下和上下文语境的辅佐下,"还能再X点吗"可以由加量征询的真性疑问发展固化为程度夸张的假性疑问,且在高频使用过程中逐渐固化为主观极量惯用表达式,进而为汉语主观极性程度表达增添新形式,以有效解决汉语传统极性程度表达形式因高频使用而出现的程度义不断磨损弱化问题。

二是"临时语用→构式固化"。就其外部运用状况而言,"还能再X点吗"由加量征询的真性疑问发展固化为程度夸张的假性疑问,还与其在具体语境中的动态运行变化有关。因为,构式就是"人们在对频繁出现的语言现象进行范畴化(或概括化、固化)而形成的形义配对体,且在心智中得以表征和储存"(王天翼、王寅,2010)。而最初"频繁出现的语言现象"往往都是临时语用修辞现象。关于语言运用对于语言表达形式的形成和塑造作用,相关研究可以追溯到维特根斯坦后期(1953)的哲学研究转向,其在反思前期理论不足的基础上,主张回归生活世界,"应当回到这个有摩擦力的粗糙地表面上来,因为没有摩擦力人就不能行走"(维特根斯坦 1996:70)。大力倡导意义用法论,在语言游戏中求解语义之真谛,从而开启了日常语言学派。维氏研究道夫先路,为后续CL(包括CxG)开辟了注重人本性的全新研究路径,促成了一批真知灼见相继问世。最具代表性的当推 Langacker(1987)的"基于用法的模型"("UBM")和 Goldberg(2006)的"所见即所得分析法"(What-you-see-is-what-you-get Approach),前者认为"语言系统的实际运用和讲话人关于语言使用的知识具有十分重要的作用";后者意在强调要根据实际存在的"表达形式(Surface Form)"来分析语言,这更为贴近自然语言的实际。因此,我们在考察探究"还能再X点吗"主观极量义的生成机制问题时也必须要联系其实际语言运用状况。关于该类表达的最初来源,甄珍、丁崇明(2017)检索发现表主观极量的用法较早出现在2008年的网站新闻标题中,并援引用例"还能再像一点吗?拥有明星脸的手机一览(中关村在线 2008.08.13)"予以佐证,认为其中"还能再像一点吗"的主观程度量构式义已非常明晰。限于语料检索条件,我们暂不对该类表达进行精准溯源,但可以对该类表达的生成机制进行估推和拟测。

检索语料发现,该类表达用例在 CCL 和 BCC 两大语料库中呈现出显著差异,CCL 中以加量征询的真性疑问用例为主,程度夸张的假性疑问用例极为有限,而 BCC 中的用例情况则刚好相反。此外,我们还在"新浪微博"和"百度"检索平台中检索了"还能再……点吗"结构用例,结果发现表程度夸张的假性疑问用例占比极高,具有压倒性优势。究其原因,我们发现 CCL 语料大多来源于传统纸质文献,而 BCC、"新浪微博"和"百度"中检索到的语料则以当下网络在线语料为主。例如:

(53) 那个叫什么擂饭的,<u>还能再抠门点吗</u>,将近三十块五片一卡卡大小的肉,你比大米先生还要抠(新浪微博,2023-12-24)

(54) 大桔家的烤肉<u>还能再难吃点吗</u>?(新浪微博,2023-12-24)

(55) windows11 你<u>还能再丑点吗</u>。早知道不更新了(新浪微博,2023-12-25)

(56) [第 15 集] 玩起失忆来了,<u>还能再烂点吗</u>?(豆瓣电影,2019-08-01)

(57) 打假|某百科惊现 29 岁"少将",编得<u>还能再离谱点儿吗</u>?(中国军网,2016-12-13)

(58) [百姓话题]昆山农村商业银行你<u>还能再无耻点</u>?不经同意开了卡还扣我 200 块年费!(昆山论坛,2021-10-08)

(59) 战毒:这广告植入得<u>还能再明显点儿吗</u>?女二号满满的尴尬溢出屏幕(魔宁剧评社,2020-07-11)

由此推断,表主观极量的"还能再 X 点吗"最初应该来源于新兴网络媒介,并在其中得以发扬光大,进而衍化成一种主观极量创新表达结构。其最初出现应该是为了满足网络新新人类极度夸张表达需求,因为传统常规高程度表达形式与网络新新人类率性恣意的交际风格不兼容,无法满足他们极度释放的表达需求。因此,带有嘲讽或调侃意味的强烈主观极量评价"还能再 X 点吗"便进入了他们的交际场域。起初可能是偶然为之,但很快便为网络新新人类所普遍接受,知晓度与影响力不断提升,进而发展成为一种主观极量新创表达式。关于这种偶然为之的临时语用修辞现象发展成为较为稳固的语法构

238

式,刘大为(2010)曾做了全面而深入的探讨。他认为:"修辞学显然更关心那些在语言系统中没有稳定存在、只在使用过程中发生的现象。它们一开始都是些偶发的、即兴的、独一无二的临时形式,往往由于人们对语言采取了非典型、不规范包括创新性的用法而形成。它们通常被修辞学首先注意到,因为修辞学关注人类使用语言的所有动因,尤其是无法容纳于语法功能的那些动因是如何通过塑造语言的结构而得到实现的。""构式不仅是句法的一种框架,还是我们编码认知经验、赋予经验以形式的框架。当语言使用者面对一种真实的认知场景而试图对之进行表达时,首先是认知场景激活了长时记忆中储存着的某一构式,关于这一场景的认识也就经由构式的整理和规范而被编码在该构式的组织形式中。"此处考察探究的"还能再 X 点吗"构式正是在这种运作机制的调控下得以生成的。其最初也是"偶发的、即兴的、独一无二的临时形式",是表达者在面对特定交际情境时产生了强烈的情感态度,而传统常规程度表达已无法满足表达需求,于是,为了强化表达性,便对加量征询的"还能再 X 点吗"进行了非常规的加工处理,以更好地容纳特定情境中的认知体验和情感态度。这种认知体验与情感态度编码进既有构式之后便成为其结构语义的有机组成部分,并经高频使用而逐渐凝固为一种形—义配对的惯常表达形式,主观极量语法构式"还能再 X 点吗"应运而生。

三是"网络批判→负面侧重"。就其语义表达倾向而言,受运行环境影响,"还能再 X 点吗"以负面极性评价为主。不过,检索语料发现也偶有正面评价用例。例如:

(60) 2019 款保时捷卡宴到港拆箱,桃红木外观米色内饰经典配色,<u>还能再帅一点吗</u>?(新浪网,2019-12-26)

(61) 我滴天!!!!! 佟丽娅穿民族服<u>还能再美一点吗</u>??????(新浪微博,2019-10-23)

(62) 啊啊啊啊萌出血! 十部动画电影中的激萌时刻大盘点!<u>还能再可爱一点吗</u>!!(新浪微博,2018-11-01)

这些用例中的嵌入成分"帅""美"和"可爱"都是褒义词,整体构式义为正面极性评价,说明"还能再 X 点吗"构式司职主观极量评价,褒贬皆可。但是就构式语义表达的总体情况来看,表达负面语义的构式用频要远高于表达正面语义的构式用频,即存在明显的负面语义表达偏向。这种表达偏向显然与交际环境和交际风格的改变有关。线下现实交际语境中,人们需要遵循"礼貌原则"(Politeness Principe)中的"得体准则"(The Maxim of Tact)和"赞誉准则"(The Maxim of Approbation/Flattery),前者要求"最小限制地使别人受损,最大限制地使别人得益";后者要求"最小限度地贬低别人,最大限度地赞誉别人"(Leech,1983)。这些交际准则对现实语境中的交际用语褒贬色彩比例有影响,一般情况下交际者都会遵循而慎用贬损性表达形式,这也是 CCL 平台中极少使用相关构式用例的根本原因。与线下现实交际情况相反,新兴网络媒介中的交际情境发生了质的变化,非在场的虚拟交际环境解除了现实交际环境所施加的种种束缚,因人生经历所产生的种种不满情绪被激发,隐忍与顺从为发泄与抗拒所取代,批判性思维占了上风,现实交际环境中所要遵循的"礼貌原则"发生了倒转,"贬损原则"大行其道,促使网络交际环境中表主观负面极性评价的"还能再 X 点吗"构式用例批量产出,广为流布,相应的结构语义感情色彩也呈现出不平衡性。

11.3.2 "还能再 X 点吗"的表达特点及其适切语境

11.3.2.1 "还能再 X 点吗"的表达特点

根据建构情形与运行状况,"还能再 X 点吗"的表达特点可以从形式建构和功能表达两个层面进行考察分析。

就形式建构而言,"还能再 X 点吗"相关建构已经形成较为复杂多样的同义构式群。即假性疑问表达风格和主观极性评价功能一以贯之,但具体构件及组配方式可以变化和调整,进而生成多样化表达形式。例如:

(63) 7月25日14点17分,在东城某国企上班的高女士在朋友圈里晒出一张照片,车里的温度计显示温度为38℃:"<u>还敢不敢再热一点</u>! 有高温补贴吗?"(中国网,2016-07-26)

(64) <u>可不可以不要这么帅</u>! 洛杉矶大饱眼福又免费的景色——擎天柱(搜狐网,2020-02-07)

(65) 快来羡慕一下! 西成高铁美食车厢,<u>要不要这么丰盛</u>! 冒

菜、钵钵鸡、羊肉泡馍和肉夹馍,还有熊猫盒饭,哈哈哈!(大众网,2017-12-07)

(66)网友们看了余阿姨的采访以后,纷纷表示余阿姨你<u>还能不能再不要脸一点</u>?还少年,您配吗,手动狗头!(网易,2018-10-11)

上述例句中的构式用例都采用了前置能愿动词正反问的疑问句形式,貌似就其中的"Vm 不 Vm"(Vm 代表 Modal verb)的可能性发出疑问,实质上是对其中的"热""帅""丰盛"和"不要脸"等性状特征的高程度赋值,属于假疑问真夸张,上述构式用例后有的弃用问号而直接使用感叹号即为明证。通过间接表达形式以增强表达性,以满足特定情境下所产生的主观极量评价表达需求。

而就"还能再 X 点吗"构式本身来说,其构件及组配方式也并非一成不变。具体来说,其变化主要表现在以下几方面:

一是表加量的核心成分"还"与"再"可省可变。例如:

(67)这些整容脸<u>能再不要脸一点吗</u>?街头"流浪大师"遭网红主播围堵。(搜狐网,2019-03-22)

(68)属于这代人的城市之光<u>还能更黯淡一点吗</u>?(知乎,2017-04-06)

其中例(67)中的构式用例省去了"还",例(68)中的构式用例用"更"替换了"再",整体构式语义没有发生改变。

二是表能愿情态的"能"可以替换为其他相同功能成分。例如:

(69)巴哥犬钥匙链<u>还可以再呆萌一点吗</u>?(手工客官网,2015-03-24)

(70)LOL:无限火力还偷家?你<u>还敢再"无耻"一点吗</u>?(搜狐网,2019-11-07)

三是构式中疑问标记可以有"吗""嘛""么"甚至"不"等变化。例如:

(71)史上最慢!沈阳地铁,你<u>还能再慢一点吗</u>?!(白塔网,2017-12-11)

(72)尼玛<u>还能再脑残一点嘛</u>?(豆瓣电影,2013-04-05)

(73)明星蹭饭,<u>还能再不要脸一点么</u>?(知乎,2020-03-04)

(74)众泰要换新车标了,简直亮瞎我的双眼!<u>还能再土点不</u>?(搜狐网,2018-02-14)

四是该构式陈述关联对象在具体表达过程中可以有外置和内嵌两种处置方式。例如:

(75)狐妖小红娘:翟潇闻面具造型曝光,动漫党怒了,<u>还能再丑点吗</u>?(哔哩哔哩,2023-06-15)

(76)<u>还能把周笔畅画得更丑点吗</u>?(百度贴吧,2014-01-25)

就陈述对象位置而言,上述两个构式用例分别属于外置型和内嵌型。例(75)中构式用例"还能再丑点吗"陈述对象为其上文的"翟潇闻面具造型",属于外置型;例(76)将陈述对象"把周笔畅画的"内嵌于构式之中,属于内嵌型,也可以转换为外置型"把周笔畅画的还能更丑点吗",基本意思不变。

就功能表达而言,经过语用调变之后的"还能再X点吗"专司主观极量评价,褒贬皆可,但受运行环境影响,贬抑性评价在网络媒介中占据了上风。为了探清特定结构形式的语义功能表达问题,我们可以借助构式语法相关理论进行系统考察。该理论认为,构式是形式和意义的规约性配对,句法建构在很大程度上取决于语义和语用条件。语法研究应以意义和交际功能为基础,对形式参数做出详尽的阐释。据此理论,我们在考察探究主观极量图式构式"还能再X点吗"时还应该关注其语用功能表达状况。或者说,"还能再X点吗"构式的生成正是特定语用功能表达需求驱动的结果。即首先出现主观极量评价表达需求,表达者接下来便在可以调用的表达形式知识库中进行搜索筛选,淘汰掉程度语义磨损严重的旧形式,"还能再X点吗"便进入了备选视窗,其新颖别致的表达风格能够满足程度夸张表达需求。构式语义本身的高程度预设在加量征询疑问语气的加持下被推向了极端,所传达的潜在语义便是程度之高无以复加。这种极度夸张能够很好地满足强烈情感体验表达需求,进而成为相关语用功能的热门表达形式。

11.3.2.2 "还能再X点吗"的适切语境

构式"还能再X点吗"的语义功能表达与其运行语境密切相关。为了更为全面地弄清该构式的表达特点与运行状况,我们还需要系统考察该构式用例在具体运用过程中的依存语境状况。总体来看,该构式用例运行语境可以从宏观和微观两个层面进行考察分析。

一是宏观语境——网络新语体。传统上,语体一般分为事务性语体、科技语体、政论语体以及文艺语体四种类型。新兴网络媒介出现以后,线上交际与线下交际风格迥异,又形成了网络新语体与传统语体之间的对立性差异。上述CCL和BCC两个平台中的构式用例运用情况对比发现,主观极量评价构式"还能再X点吗"主要运行于BCC中的网络媒介平台中,与网络新语体具有强兼容性和适配性。关于网络语体,张颖炜(2015)认为,"网络语言作为一种客观存在,已经在新媒体语境中形成一种实现网民之间信息交流的兼具传统口语语体和书面语体特点的新的混合性语体,即网络语体。"通俗点说,这种网络新语体特指在网络聊天、网络论坛、网络文学等平台载体中表现出来的风格、格调与气氛。简约直观、生动有趣、打破常规、随意创造是其典型特点。而具有创新表达特点的"还能再X点吗"构式恰好吻合了这一表达特点,因此,受到了广大年轻网民的青睐。我们在"新浪微博"里随机检索了"还能再……点吗",结果如下:

(77)买转买的还能再搞笑点吗?金泰亨糊成啥样了都没活粉♯金泰亨2个月中输被世永一田柾国4天秒了♯(2023-11-06)

(78)你俩是不是在一起了忘了官宣啊 两个人还能再贴近点吗?(2023-12-01)

(79)是需要表扬摸摸头的小盆友,任安乐还能再可爱点吗!!!太子殿下的甜住了!(2023-07-13)

(80)真是服了,大姐你吐口水的声音还能再大点吗?(2023-12-31)

(81)医院发的冰袋用来冰手机真的刚刚好。iPhone你还能再烫点吗?(2023-12-31)

(82)新密法院还能再无耻点吗?还有你们那个张海涛副院长?有你们这么打劫的吗?你爷、你爹都撤销了判决,你们打死不执行回转?我们公司就是肥肉,你们吃定了是吧?张海涛你有什么资格给我司工作人员做笔录?(2023-12-31)

(83) 老子笑得，你们翔霖拍立得,贺你<u>还能再严肃点吗</u>？（2023-12-30）

(84) 今年家里发生的变故<u>还能再多点吗</u>？（2023-12-30）

(85) 跑男的剧本<u>还能再假点吗</u>？（2023-12-30）

(86) 我服了啊怎么一个高中爱情电影还踏马扯到穿越平行时空和演唱会爆炸,大哥要素<u>还能再多点吗</u>？（2023-12-30）

上述用例显示,只要有主观极量评价表达需求,尤其是负面性评价表达需求,"还能再X点吗"便会成为备选项,进入调取应用程序。而网络新语体则成为其孵化孕育的温床,与CCL平台中相关用例情况进行比较发现,BCC网络语料中的极量程度表达极少使用传统表达形式。究其因,显然是因为新兴网络媒介较之传统纸质媒介已经发生了质的变化。首先是交际群体及其表达风格发生了显著变化。作为网络新语体创造主力军的网络新新人类,他们追求个性时尚,崇尚自由多元,为了在网络海量信息中赢得更多关注,他们热衷标新立异,力求与众不同,于是大量网络新语体及其奇异表达得以产生。弃用传统程度表达而另创新式正是这种表达风格驱使的结果。其次是信息发布与传递的方式发生了显著变化。网络时代,信息传递方式呈现出多样化、碎片化与平民化特点,网民们能及时有效地发布和接受各种讯息,并借助互联网加速传播与流行。"还能再X点吗"构式能够流行并迅速走红与新兴网络媒介传播方式的变化不无关联。再次是媒体信息所呈现的社会现实发生了显著变化。新兴网络媒介信息传播具有更强的跨地域性、自由性、开放性、交互性和远程实时性;交际对象的陌生化与自由化也解除了诸多交际禁锢;此外,网络交际还具有随意性和游戏性。诸多元素形成合力,助推了说话人以其独特的方式表达情感与想法。"还能再X点吗"构式语义的负面侧重正是源于这种交际方式与交际心态的变化。

二是微观语境——情绪化表达。遵循语篇信息组织的内在逻辑脉络,强主观评价性表达构式"还能再X点吗"对其依存语境的表达特点有相应需求,高程度情绪化表达语境方能满足"还能再X点吗"构式的表达需求。这种相容性表达特点主要体现在以下几方面。首先是构式用例上下文中有强主观评价性语气表达成分。例如:

(87) 我天呢。食堂你做面还能再敷衍点吗？一大块料化都没化开就给我出锅了！（新浪微博,2023-12-30）

(88) 豆瓣,我真的不想说你了,今年的年度报告还能再丑点吗？（新浪微博,2023-12-28）

(89) 服了,还能再神经点吗？都要把我搞疯了！能不能让我遇到个正常人？（新浪微博,2023-12-26）

(90) 今年冬天,天气还能再恶劣点吗？不是下雪就是下冰粒,大路和镜面一样滑,零下十七度,真无语……（新浪微博,2023-12-29）

上述诸例中分别用了"我天呢""我真的不想说你了""服了""真无语"等表夸张性语气成分,与其前后"还能再X点吗"构式用例语义具有很强的契合度。

其次是构式用例上下文中有强主观评价性语义表达成分,其语篇组织形式可分为统领型与作结型。（构式用例关联内容用"＿＿＿"标注）例如：

(91) 不是我说,生物你还能再离谱点吗,有丝分裂减数分裂你是一道题都不考啊,遗传题都不算数,真的很搞笑,大题全三四分的大长句子,还得是材料中分析的,我真无语了……（新浪微博,2023-12-28）

(92) 嚯,《榜下贵婿》影视化了呀,现在这些资方的眼光还能再烂点吗,这个小说我最后到底是没看完,实在是无聊至极了,而且不伦不类的,宅斗吧也算不上,探案吧,那一个个案子还特别降智,男主人设也不行,看着我就烦（2023-12-28）

(93) 去吃饭,隔壁咖啡店放白月光,因为隔着点距离,歌声凄凄哀哀隐隐约约的,夹了菜往嘴里放都有点恍惚,还没恍惚两分钟,下一首歌切到凤凰传奇,律动感一下子强起来。吃到现在,已经开始放京剧了……不是我说,咱这咖啡店风格还能再多变点吗？（新浪微博,2023-12-27）

(94) 27号崴伤脚,28号摔伤膝盖,29号学生证丢在高铁上,晚上又发现没带药,紧急买药。还能再不顺点吗？（新浪微博,2023-12-29）

上述四例中的构式用例语篇组织模式分属于两种类型：统领型和作结型。其中例(91)和(92)属于统领型，用例中的"还能再离谱点吗"和"还能再烂点吗"属于先行总领性评价，其后的小句群对其进行具体阐述，提供后续概念性语篇信息支撑，且用例中的"真的很搞笑""我真的无语了""实在是无聊至极了""看着我就烦"等表达都带有强烈情绪化和主观性，为先行"还能再X点吗"构式用例作注解，前后构成总分逻辑语义关系；而例(93)和(94)则属于作结型，用例中的"还能再多变点吗"和"还能再不顺点吗"属于殿后性总结性评价，其上文小句群为具体情况阐述，提供先行概念性语篇信息支撑，用例中歌声多变和接连遇到挫折的相关描述隐含程度之高，为后续"还能再X点吗"构式用例出场作铺垫，前后构成分总逻辑语义关系。

汉语主观极量语义表达具有夸饰性、模糊性和易损性等特征，其因高频使用所导致的程度耗损需要通过创新表达加以补偿。汉语所动用的创新手段主要有新创表达和旧式新用两种，本章所探究的语用转移图式构式"不要太X"和"还能再X点吗"即属于后者。其在传统减量劝告和加量征询基础上衍生出了程度夸张新功能，用于主观极量评价，旨在补偿强化程度表达，致使该类结构语义呈现出多功能性。关于其多功能性生成机制及运行状况，相关研究首先明确这两种图式构式的语义功能表达都有别于常规，具有规约化特点，即原本分别用于减量劝告和加量征询的结构形式都统一发生主观极量评价性语用易变，新兴构式具有语用多功能性。其次，分别就"不要太X"和"还能再X点吗"两种构式主观极量表达问题进行了系统分析阐述。关于"不要太X"，本章重点探究了其构式来源、结构类型比较、构式义的生成机制、构式语法化机制及其动因与条件。研究发现，始源结构"不要太X"的量表达及其语义预设为目标结构"不要太X"的主观极量表达提供了逻辑语义基础。此外，其从减量劝告发展出程度夸张还经历了结构与功能层面的双层演化。相关演化机制及路径可图示总结如图11-2所示。

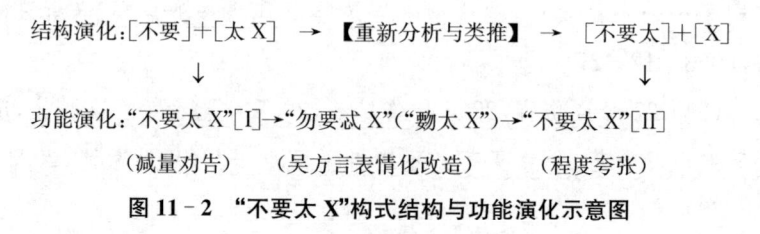

结构演化：[不要]+[太X] → 【重新分析与类推】 → [不要太]+[X]

　　　　　　　↓　　　　　　　　　　　　　　　　　↓

功能演化："不要太X"[I]→勿要忒X"("覅太X")→"不要太X"[II]

　　（减量劝告）　（吴方言表情化改造）　　（程度夸张）

图11-2　"不要太X"构式结构与功能演化示意图

如图所示,"不要太 X"的结构演化机制与路径为:始源的常规结构"[不要]+[太 X]"经过内部重新分析与外部语用类推,产生出新兴图式构式"[不要太]+[X]",即由"[否定组件]+[程度组件+概念组件]"发展演变为"[否定组件+程度组件]+[概念组件]",其中的"[否定组件+程度组件]"属于跨层组合,二者融合为一个预制块,成为主观极量图式构式"不要太 X"的结构模框,可以对概念组件"X"赋予极性值。而其功能演化机制与路径则为:由传统的减量劝告表达结构"不要太 X"[I]经过吴方言表情化改造与加工,进而生成具有程度夸张表达功能的"不要太 X"[II]表达结构。其功能演化融进了浓厚的表情元素,得到了吴侬软语特有表达风格和沪上年轻女性感情渲染的加持,使其流行指数倍增,影响不断扩大,进而由吴方言走进普通话,成为汉语主观极量语义范畴一种常用的新创表达形式。

关于"还能再 X 点吗",本章重点探究了其构式义的生成机制、构式的表达特点及其适切语境。构式语义表达运用了"反语"修辞,带有强烈的嘲讽和调侃意味。其构式义的生成机制大致有三个方面。首先是"加量征询→极量表达"的内部语义运作机制。其结构语义由最初的加量征询衍生出程度夸张有其内在语义逻辑发展脉络,属于有理据衍化。其次是"临时语用→构式固化"的外部运用成型机制。其由加量征询的真性疑问发展固化为程度夸张的假性疑问,与其具体语境中的动态运行变化密切相关。再次是"网络批判→负面侧重"的语义表达偏好机制。受运行环境影响,"还能再 X 点吗"以负面极性评价为主。其根本原因在于,新兴网络媒介中的交际情境发生了质的变化,现实交际情境中所要遵循的"礼貌原则"于其中发生了倒转,"贬损原则"大行其道,促使网络交际语境中表主观负面极性评价的"还能再 X 点吗"构式用例批量产出,广为流布。此外,其具体运用过程中的适切语境可分为网络新语体宏观语境和强情绪化表达的微观语境两种类型,主观极量评价是贯穿其中的语篇组织内在逻辑主线。

第 12 章 结 语

12.1 研究总结

本书以现代汉语中具有主观极量表达特点的诸多图式构式为研究对象,运用理论阐释和语料分析相结合、总体研究和个案剖析相结合、形式分析和功能考察相结合等研究方法,较为系统地探究了现代汉语中诸多主观极量图式构式的建构机制、语义表达、语用功能和生成理据等问题。研究发现,诸多图式构式已经成为现代汉语表达主观极量的一种重要方式,也是一种强化高程度表达的重要手段,具有特定结构语义图式范畴化和主观极量化表达特质,可视为现代汉语主观极量表达的一种广义形态标记,即"框架标"。该类构式的建构机制、语义表达和语用功能是本书考察探究的重点问题。

关于现代汉语主观极量图式构式的建构机制问题,本书首先指出该类表达形式具有图式构式建构特点,即整体结构由恒定框架与可变构件组合而成,其中可变构件处于开放状态,可以允准多个实例,构式与用例之间形成图式—例示关系。根据不同构式的结构特点及其生成理据,将重点考察的主观极量图式构式分为同语差比图式构式、同语限制图式构式、紧缩倚变图式构式、喻化唯补图式构式、跨域类比图式构式、元语否定图式构式、范畴重置图式构式、语用转移图式构式等八种类型,统一纳入构式语法、认知语法、功能语法、主观性与主观化、语法与修辞互联等理论视阈中进行较为系统的考察探究。此外,根据不同图式构式框架结构及其部件的组构特点,参考并完善了邵敬敏(2011)的框式结构分类,进一步将其细分为双项双框式、单项双框式、双项单框式、单项单框式、双项隐框式和双项变框式等六个小类,并结合具体构式用例进行了系统分析。

第12章 结　语

关于现代汉语主观极量图式构式的语义表达问题，文章首先结合构式语法理论相关观点，即构式是形式和意义的规约性配对（a form-meaning conventional pair），具体考察探究了主观极量图式构式的表义问题。研究发现，该类图式构式的语义表达具有规约性、整合性和传承性，即相关结构所表达的语义和功能不能简单地从其结构组件的语义中推算（calculate）出来，而是由构式整体赋予，具有表义规约性和整合性。表达结构中的恒定框架具有主观极量赋义功能，可以为其中的待嵌构件统一赋予主观极性值。不过，尽管该类所有构式都具有主观极量赋义功能，但具体到每一例构式来看，其主观极量义的赋予机制却不尽相同。综合考察发现，现代汉语主观极量图式构式的语义表达大致有逻辑悖谬构式赋义（含同语差比与同语限制）、紧缩倚变构式赋义、喻化唯补构式赋义、跨域类比构式赋义、元语否定构式赋义、范畴重置构式赋义、语用转移构式赋义（含原减量劝告和加量征询两种构式）等几种类型。文章结合相关构式的实际用例，对这些构式的语义表达问题进行了具体分析。

关于现代汉语主观极量图式构式的语用功能问题，本书依据构式语法理论所特别强调的基于语言实际运用的思想，即"所见即所得"和"基于用法的模型"，详细考察分析了诸多主观极量图式构式的具体语言分布环境和实际使用情况，并基于这些要素提炼概括出其核心意义和主要用法。研究发现，在具体使用过程中，现代汉语主观极量图式构式具有组织语篇、语用顺应和主观评价等多种语用功能。就组篇功能来看，该类构式作为评价成分参与语篇建构，由其参与组织的语篇结构模式大致有"情景—评价"和"评价—依据（情景）"两种类型，尤其以前者最为典型，包含强烈主观情感态度的评价成分具有收束语篇功能，常用作大段描写说明之后的总结性评价，即为"送末之常科"，以形成一种评价性连贯（evaluative coherence）。而语用顺应则体现为一种语用适切性，即为了满足特定交际目的和表达意图而做出的一种调适与顺应。这种调适与顺应主要体现在不同表达形式的对比和选择之中。也就是说，出现在不同语境中的诸多主观极量图式构式用例都是依据不同语用动机所做出的选择。相比之下，在极性程度的表达和主观评价的实施方面，主观极量图式构式显然要比其他选项更具优势。至于主观评价，则是所有主观极量图式构式语义语用表达的共有特征。它源于表达者的思想认识，含有强烈的个人主观情感态度，诉诸语言表达，便成为相应表达形式中所呈现出来的强烈褒贬感情色彩。此外,通过对 CCL 和 BCC 语料库中的相关用例统计比较发现,具有主观极量语义表达特点的诸多图式构式用例以分布于 BCC 中的网络媒介语境为常,呈现出强烈的不平衡性。由此可见,专司主观评价与极度夸张的图式构式与稳健平和理性占优的传统纸质媒介相违和,与擅长情绪释放和尽情表达的新兴网络媒介兼容度更高。

除了总体研究外,本书还从诸多主观极量图式构式中遴选出八例较为典型的表达构式进行了个案研究,旨在更为直观地呈现该类表达形式的建构特点、语义表达和语用功能等方面的具体情状与特征。现将这八例构式的语义生成机制概述如下。

① 同语差比图式构式"X 比 N 还 N"的主观极量义来源于对构式变项"N"的典型选择、属性提取与比较夸大等加工处理。其中前"N"为典型属性特征的依存对象,即"名词容器性"(高云玲,2007),名词与其属性特征构成"容器—内容"意象图式,当该名词指称对象的某一属性足够凸显以至于接受者可以自动识别提取时,该属性就可以由其所依附的实体对象赋值,即相应的名词可以转指其典型属性。经过此番操作,同语差比图式构式"X 比 N 还 N"表达的并不是语表层面实体对象的比较,而是其潜层内附属性特征的虚拟级差比较,进而实现对陈述对象"X"的主观极量评价,致使整体构式语义具有极强夸饰性。

② 同语限制图式构式"N 中的 N"的主观极量义来源于结构成分显层逻辑语义乖互引发的认知操作。因为,同质性构件进入有概念蕴涵关系的偏正性模标,需要接受该模标语义表达规则的制约,即构式压制。压制的结果为,受常规偏正结构语义表达的制约和影响,"N 中的 N"中的后"N"需要接受性质调变以取得与整体构式语义的协同,后"N"调变大致有内隐性质义的提取极化、外显性质义的叠加极化、量级性质义的递推极化三种情况。经过此番认知操作,"N 中的 N"便成为一个极富特色的主观极量表达结构,高频运行于适切语境中。

③ 紧缩倚变图式构式"要多 X 有多 X"的主观极量义来源于构式前项"要多 X"与后项"有多 X"之间的倚变互动。结果性的"有多 X"依据意愿性的"要多 X"而动,主观意愿决定现实拥有,可以为主观极量表达提供一种唯心式的概念基础,进而滋生极度夸饰性与强烈评价性。

④ 喻化唯补图式构式"A/V+C+(了)"的主观极量义来源于补充成分

"C"终结义的喻化赋值。其赋值机制大致可以分为：空间位移域→抽象程度域、生命活动域→抽象程度域、功能效用域→抽象程度域三种类型。尽管始源域的终结性质不尽相同，但主观极量抽象程度域则为其统一映射目标域，即由空间位移终点、生命活动结束、功能效用丧失等不同始源域的终结统一映射到抽象程度域中的主观极量。

⑤ 跨域类比图式构式"X(的)Y"的主观极量义来源于构件"X"与"Y"的属种范畴逻辑错配以及"Y"典型属性特征提取。其构式语义表达的重要特征是"X"与"Y"的跨域交叉，跨域建构大致可分为人物评价性称名建构、地域评价性称名建构、其他评价性称名建构三种类型。此外，双域特质彰显也是其生成的必要条件，源域"Y"必须具有可以识别与调取的典型属性特征，而"X(的)Y"所转指的潜在靶域"W"也必须具有足够彰显的属性特质，唯有如此，二者才能形成有效的认知对接，进而生成主观极量表达结构。

⑥ 元语否定图式构式"最M+H，没有之一"的主观极量义来源于语形层面的元语否定加工。其主观极量语义生成机制为：通过对模糊极性语义表达结构"最M+H+之一"进行元语否定而建构，其否定的对象为原型表达结构中提示一定范围内的数量或事物中的一个的"之一"，旨在固化并突显评价对象与表述对象之间的极性等同关系，进而实现对陈述对象的主观极量评价。

⑦ 范畴重置图式构式"那叫一个X"的主观极量义来源于对变项"X"临时范畴化的特殊处理，即范畴重置。经过此番处理，由称名性表达结构"那叫X"衍化而来的"那叫一个X"构式便滋生出了主观极量表达功能，被赋予了强烈的主观评价性。而构式恒项"那""叫""一个"三元组合在高频使用过程中也凝固成语言预制块，呈现出"不可推导性"和"不可预测性"。该预制块旨在对构式变项"X"赋予极性值，且获得更强的兼容性，一些无法进入常规程度表达架构的成分都可以与该预制块组配，呈现出强大的主观极量表达功能。

⑧ 语用转移图式构式"不要太X"和"还能再X点吗"的主观极量义分别来源于减量劝告的语用转移和加量征询的语用转移，二者殊途同归，语用功能最终都统一转移为主观极量表达和夸张性评价。前者源出于沪语口语交际，否定性祈使变味成高程度感叹，带上了特有的海派表达情调；后者源出于一般疑问结构的特殊加工，加量征询疑问变味成高程度感叹，虚疑问表达真程度，说明程度之高无以复加，带上了强烈的讽刺和调侃意味。二者广泛运行于口

语性交际和网络新媒介中,成为极富特色的主观极量表达结构。

　　该研究的创新之处体现在研究内容和研究方法两方面。就研究内容来说,本书开展的是现代汉语某一义类构式的系统性研究和理据性研究。考察已有研究成果发现,相关研究基本上都是个案研究,且有些研究偏重于语料罗列和形式分析,有关该类构式的系统性研究和语义生成机制研究还较为薄弱。因此,本书便以主观极量图式构式统领研究对象,将现代汉语中具有类似表达特点的诸多表达形式纳入统一研究框架,较为全面而深入地揭示出诸多主观极量图式构式的建构机制,语义表达和运作模态。其中以"主观极量"统称研究对象,具有一定的创新价值。研究过程中特别关注构式语义的主观性问题,较为深刻地分析了相关表达所蕴含的施话者的立场、观点、情感和态度等主观性要素。指出这些要素诉诸语言表达,便成为其中的主观性,使相关表达带上强烈的褒贬感情色彩。就研究方法来说,本书以"人文主义"语言学思想为指导思想,以构式语法的综观性理论作为开展相关研究的理论方法。充分认识到语言表达中富含社会文化实践性意义,语义是语法的基础,语法里包含着语用因素,语义条件和语用条件对一个语法构式的句法建构有制约作用,句法建构在很大程度上取决于语义和语用条件。语法研究应以意义和交际功能为基础,对形式参数做出详尽的阐释。因此,在具体研究中,能够注意将语法、语义和语用等因素结合起来,进而较为科学地揭示出,现代汉语主观极量图式构式的生成乃是形态句法形式、语义解释原则和具体语用功能共同作用的结果。

12.2　研究展望

12.2.1　拓展研究广度

　　就范畴特点及其表达状况而言,汉语中的程度范畴是一种极易耗损并需要不断补偿强化的概念范畴,常常是"旧的夸张没落了,新的夸张跟着起来"(吕叔湘,1956/2002:149)。也可以说,语言表达的动态更新变化在程度表达层面,尤其是极量程度表达层面体现得尤为明显。本书在考察确定研究对象过程中捕捉到这一表达特点并进行了较为系统的专题探究。不过，受限于种种条件，未能就该类构式展开穷尽式的系统研究，而是选取了较为典型的九个构式进行了较为细致的个案研究，致使相关研究的系统性略显不足，表达规律的探寻也有待加强。后续研究需要在横向研究方面进行拓展，将具有主观极量表达特点的图式构式视为现代汉语主观极量表达的一种广义形态标记，即"框架标"。在此广义形态标记统领下开展现代汉语主观极量图式构式系统性研究，力求考察对象全面，规律探寻系统。首先，可以在对相关语言现象及其研究成果进行全面考察的基础上建立现代汉语主观极量图式构式语料库，并根据各类构式形式特点与语义表达机制进行小类细化，为后续研究奠定基础。其次，尝试编制现代汉语主观极量图式构式用法手册，按照"构式名称—建构机制—语义表达—语用功能—附例"程序编写各种格式条目信息，以备查阅与参考。对于有较多近似表达形式的构式可以集群编写相关信息，比如与"还能再 X(一)点吗"构式相近的还有"还敢再 X(一)点吗""敢不敢再 X(一)点""可不可以再 X(一)点""能不能再 X(一)点"等；与喻化唯补图式构式"X 得 Y"相近还有"X 到 Y"，其中"Y"极为复杂，且随着网络新新人类的加持，建构形式不断创新求变，表达功能不断提升，因此语料收集整理也需要与时俱进，及时进行动态更新。总之，上述近似构式可以归并处理，以便开展系统性的比较研究。

12.2.2　拓展研究深度

关于语言学研究中的共时与历时区分始于索绪尔，其在代表作《普通语言学教程》中明确提出静态语言学和演化语言学的区分，并认为"有关语言学的静态方面的一切都是共时的，有关演化的一切都是历时的。同样，共时态和历时态分别指语言的状态和演化的阶段"（索绪尔，1916/1980:119）。也就是说，在任何时候，语言活动同时包含一个既定的系统，又包含一种正在演变的过程。既定的系统指的就是语言的共时性，而演变的过程则是语言的历时性。自索绪尔以降，共时和历时成为语言学研究的重要维度，即单一时间点上的语言结构（共时）和两个或两个以上时间点之间演变的语言结构（历时）。基于这一理论，我们在开展现代汉语主观极量图式构式的深度研究时，也需要从两个方面入手,即一方面是共时的表达状况研究;另一方面是历时的发展脉络研究。

12.2.2.1 共时研究

形式与语义功能密不可分,我们在探究主观极量语义范畴表达问题时需要考察分析其所寄寓的图式构式形式载体是如何建构的,或者说,该形式载体何以能够表达主观极量语义范畴? 为此,我们需要联系语言用法理论、构式语法理论、语法修辞互联等理论对其形义关系进行深入探究。"基于用法"(usage-based)的语言用法理论特别强调语言使用在语法结构形成中的核心作用,语法就是由普遍使用的话语模式规约化而成。"语言结构是某种语言型式(pattern)在语言中重复使用的结果。语言的用法理论将语言结构与人类的认知过程结合起来,强调范畴化、图式化、强化、隐喻、推理和其他识解方式在语言结构形成中的作用。"(严敏芬、李健雪,2018:前言 1)构式语法理论认为构式是形式和意义的规约性配对,"句法建构在很大程度上取决于语义和语用条件。语法研究应以意义和交际功能为基础,对形式参数做出详尽的阐释。"(牛保义,2011:62)Fillmore et al.(1988)主张"一个解释性的语法模型应当坚持这样的原则——语言能够把语义信息、语用解释原则和单一的短语结构规则所界定的非常复杂的句法构型(syntactic configurations)联系起来"(转自牛保义,2011:28)。关于语法修辞互联理论,刘大为(2011)认为"语法构式指的是任何一种可从构成成分推导其构式义的构式,以及虽有不可推导的构式义,但已经完全语法化了的构式。修辞构式指的则是所有带有不可推导性的构式,只要这种不可推导性还没有完全在构式中语法化";为此"可将语法构式和修辞构式描述为一个连续统:构式连续统的一端是可推导的构式(最典型的语法构式),另一端则是临时产生了不可推导性的构式(最典型的修辞构式),随着不可推导的意义渐渐凝固在构式上,构式也就渐渐呈现出语法的性质。待到这种意义完全凝固成构式的一部分,修辞构式也就转化为语法构式"。将上述理论运用于现代汉语主观极量图式构式研究,可以多维度打开相关研究新视阈。语言用法理论可以指导我们回归语言实际使用场景,观察现代汉语诸多主观极量图式构式是如何在高频使用过程中规约成型,并探究其表达价值,包括组篇价值和表情价值;构式语法强调句法、语义、语用三维合一,可以指导我们在具体研究过程中始终贯彻构式语法综合性思想,将三者视为语言活动的一个有机整体,句法建构必须服务语义语用表达之需,语义语用表达需要合适载体,对句法建构提出要求。同理,我们在"对形式参数做出详尽的阐释"时要密切关注其语义表达和语用功能,即需要对现代汉语主观极量图式构式展开多维综合探究,以避免将三者割裂开来。

  理论的科学选择对做好学术研究具有决定性意义。上述相关理论与现代汉语主观极量图式构式研究具有较强的适配性,可以在相关问题研究过程中大有作为。因为我们考察发现,现代汉语主观极量图式构式都具有很强的语境依附性,其语义表达和语用功能都需要联系具体分布语境进行考察分析。因此,语言用法理论与构式语法综合性理论可以运用于相关研究。除了一般性主观极量图式构式需要联系语境进行研究外,诸如"不要太 X""还能再 X 点吗""能不能再 X 点""可不可以再 X 点""敢不敢再 X 点"等多功能构式更是需要具体语境支撑来明晰其语义功能表达。此外,具有主观极量表达特点的诸多图式构式"一开始都是些偶发的、即兴的、独一无二的临时形式,往往由于人们对语言采取了非典型、不规范包括创新性的用法而形成"(刘大为,2011),诸如"比 X 还 X"的转喻处理,"X 中的 X"的逻辑乖互,"那叫一个 X"的范畴重置,"X(的)Y"的跨域类比,"最 M+H,没有之一"的语形加工,"不要太 X"和"还能再 X 点吗"的语用转移等都属于非典型的创新性用法,就是传统惯用的喻化唯补图式构式"X 得 Y"和"X 到 Y"也在新新人类的助推下发生了显著变化,其中的补位成分"Y"也与时俱进,显得不那么"规矩"和"老实"了。我们以"帅得……"和"美到……"为检索项检索了"新浪微博"中的用例,现摘录几条如下:

  (1)帅得我三高。帅得我抽搐。帅得我痉挛。帅得我休克。帅得我宫缩。帅得我六神无主。帅得我心脏病发。帅得我大脑停运。帅得我神志不清。帅得我双目失明。帅得我精神失常。(新浪微博,2023-11-14)

  (2)妈啊……帅得好轻松……帅得好发疯……帅得好无助……帅得好无语……(新浪微博,2024-01-12)

  (3)杨洋是真帅啊,帅得客观,帅得长久,帅得清澈,帅得眼睛亮

晶晶(新浪微博,2024-01-20)

(4) 我希望杨幂工作室能和红裙这次一样,美到审美统一、美到大鲨(杀)四方、美到一枝独秀、美到让我发疯(新浪微博,2023-12-07)

(5) 谁懂这两张合照啊,美到我嗷嗷乱叫！美到我失语！美到我胡言乱语,报一丝,尊嘟很好看的小男孩儿和小女孩儿啊(新浪微博,2024-01-20)

上述构式用例中的补位嵌入成分"Y"在新新人类的操弄下,显得极为复杂夸张,可以说"只有想不到,没有做不到"。新兴程度性补充结构用例的这种极度膨胀具有很高的研究价值,值得关注。总之,上述非典型的创新性主观极量图式构式可以在语法修辞互联理论视阈中得到科学阐释。因为,日常交际过程中出现的"偶发的、即兴的、独一无二的临时形式"都是为了满足特定语义功能表达之需,主观极量图式构式建构过程中出现的种种"非典型"和"不规范"是为了突破传统表达常规,以强化表达性,弥补程度耗损。而这些"非典型"和"不规范"无法单纯在语法视阈中得到科学阐释,还需要放置到修辞理论视阈中进行观察分析,因为"修辞学关注人类使用语言的所有动因,尤其是无法容纳于语法功能的那些动因是如何通过塑造语言的结构而得到实现的"。(刘大为,2011)。

12.2.2.2 历时研究

"如果共时研究的目标不仅是描写语言现象,还要解释语言现象,那就不能不把共时研究跟历时研究结合起来。"(沈家煊,1999:17)因此,一个科学的构式研究方案应该兼顾横向共时研究和纵向历时研究,将二者有机结合起来,只有这样才能呈现研究对象的完整概貌。就此而言,本书所开展的研究基本上还属于共时研究,对于有发展历程构式的历时演化问题,特别是语法化和主观化问题,未能做出系统的梳理和阐释,在历时研究与共时研究相结合方面还有许多工作要做,这应该是后续研究所要重点解决的问题。具体来说,主要有以下两个研究主题需要关注。

首先是关于现代汉语主观极量图式构式语法化的历时研究。上述基于语法修辞互联理论的相关研究已经证明,现代汉语中诸多主观极量图式构式都经历了由"偶发的、即兴的、独一无二的临时形式"经过高频使用而逐渐固化为较为稳定的结构形式,即由修辞性发展到语法化。因为"语言中凡属历时的,都只是由于言语。一切变化都是在言语中萌芽的。任何变化,在普遍使用之前,无不由若干个人最先发出"(索绪尔 1916/1980:141)因此,只有在历时研究视角观照下才能探清其演化脉络,即如何从个人创新性表达凝固为惯用的图式构式。例如,就元语否定图式构式"最 X,没有之一"来说,其最初应该是来源于"最 X 之一"表达结构,表达者受极度夸张表达欲望驱使,于是便对这一现成结构进行特殊加工,采用元语否定纯属表达者个人的即兴所为,但是因其表达新颖,逐渐为更多人接受,进而普遍使用,以至于最终发展成为现代汉语中一种常用的主观极量图式化表达构式。其由偶发的临时表达形式发展成为稳定的固化结构形式也是一种历时语法化。严格意义上讲,本书所考察探究的其他图式构式也都经历了这种语法化,只是在语法化机制与路径上存在区别。相关问题值得进一步系统探究。

　　其次是关于现代汉语主观极量图式构式主观化的历时研究。主观化与主观性密切相关。关于主观性与主观化,沈家煊(2001)曾经作了系统阐述。所谓"主观性"(subjectivity)是指语言的这样一种特性,即在话语中多多少少总是含有说话人"自我"的表现成分。也就是说,说话人在说出一段话的同时表明自己对这段话的立场、态度和感情,从而在话语中留下自我的印记(参看Lyons1977:739)。所谓"主观化"(subjectivisation),是指语言为表现这种主观性而采用相应的结构形式或经历相应的演变过程。按照这个定义,"主观化"既是一个"共时"的概念,即一个时期的说话人采用什么样的结构或形式来表现主观性,又是一个"历时"的概念,即表现主观性的结构或形式是如何经历不同的时期通过其他结构或形式演变而来的。参照上述理论,现代汉语主观极量图式构式是在历时演化过程中产生并定型的,也内蕴了主观性与主观化工作机制。其主观性典型地体现在图式构式"框架标"所寄寓的主观极性程度,即结构形式所表达的说话人强烈的评价性"立场、态度和情感";而主观化则是该类结构形式表达主观极量评价语义所经历相应的演变过程,即特定形式与特定语义相结合所经历的历时程式。相关问题只能置于历时研究视阈中才能一探究竟。例如,源出于上海方言的"不要太 X"是如何从减量劝告发展到极量评价? 普通话交际中的"还能再 X 点吗"是如何从加量征询真性疑问发展到极量评价假性疑问? 同语差比图式构式"比 X 还 X"是如何借助比较构件的逻辑悖谬表达极量评价？同语限制图式构式"X中的X"是如何将名词性概念实体转为其典型属性的识别、提取与加工？跨域类比图式构式"X(的)Y"是如何通过构件的属种关系误配衍生出主观极量评价？范畴重置图式构式"那叫一个X"是如何从称名性指称陈述发展到主观性极量评价？紧缩倚变图式构式"要多X有多X"经历了怎样的历时演化？其所联系的历史表达形式是什么？诸如此类问题都需要联系其历时发展过程进行考察探究，只有这样才能实现相关问题的深度研究目标。

　　总之，学术研究就是在不断地发现问题与解决问题的过程中向前推进的。这里所开展的现代汉语主观极量图式构式研究也只能算是相关问题研究的一个片段、一个过程、一种尝试，还远未达至研究终端，需要砥砺前行，不断探索，日臻完善。

参考文献

一、著作类

董淑慧,宋春芝.汉语主观性主观量框式结构研究[M].天津:南开大学出版社,2013.

段业辉.现代汉语构式语法研究[M].北京:世界图书出版公司,2012.

方光焘.体系与方法[A].陈望道.中国文法革新论丛[C].北京:商务印书馆,1987.

冯胜利.汉语的韵律、词法与句法[M].北京:北京大学出版社,1997.

顾鸣镝.认知构式语法的理论演绎与应用研究[M].上海:学林出版社,2013.

李宇明.词语模[A].邢福义主编.汉语法特点面面观[C].北京:北京语言文化出版社,1999.

李宇明.汉语量范畴研究[M].武汉:华中师范大学出版社,2000.

卢植.认知与语言——认知语言学引论[M].上海:上海外语教育出版社,2006.

刘勰.文心雕龙[M].扬州:广陵书社,2019.

吕叔湘.现代汉语八百词[M].北京:商务印书馆,1980.

吕叔湘.中国文法要略[M].沈阳:辽宁教育出版社,2002.

马建忠.马氏文通[M].北京:商务印书馆,1983.

马庆株.汉语动词和动词性结构[M].北京:北京语言学院出版社,1992.

牛保义.构式语法理论研究[M].上海:上海外语教育出版社,2011.

邵敬敏.汉语语法学史稿[M].北京:商务印书馆,2006.

沈家煊.不对称和标记论[M].南昌:江西教育出版社,1999.

石毓智.语法的认知语义基础[M].南昌:江西教育出版社,2000.

束定芳.隐喻学研究[M].上海:上海外语教育出版社,2000.

王力.中国语法理论[M].《王力文集》第一卷,济南:山东教育出版社,1984.

王寅.构式语法研究(上)[M].上海:上海外语教育出版社,2011.

叶蜚声,徐通锵.语言学纲要(修订版)[M].北京:北京大学出版社,2010.

张旺熹.汉语句法结构隐性量探微[M].北京:北京语言大学出版社,2009.

张亚军.副词与限定描状功能[M].合肥:安徽教育出版社,2002.

张谊生.现代汉语副词分析[M].上海:上海三联书店,2014.

赵艳芳.认知语言学概论[M].上海:上海外语教育出版社,2001.

周日安.名名组合的句法语义研究[M].北京:中国社会科学出版社,2010.

Adele E. Goldberg.构式:论元结构的构式语法研究[M].吴海波译,北京:北京大学出版社,2007.

Adele E. Goldberg.运作中的构式:语言概括的本质[M].吴海波译,北京:北京大学出版社,2013.

鲍尔·J·霍伯尔,伊丽莎白·克劳丝·特拉格特.语法化学说(第二版)[M].梁银峰译,上海:复旦大学出版社,2008.

Bernd Heine & Tania Kuteva.语法化的世界词库[M].龙海平等译,北京:世界图书出版公司,2012.

恩斯特·卡西尔.人论[M].甘阳译,上海:上海译文出版社,2004.

埃米尔·本维尼斯特.普通语言学问题[M].王东亮译,北京:生活·读书·新知三联书店,2008.

费尔迪南·德·索绪尔.普通语言学教程[M].高名凯译,北京:商务印书馆,1980.

弗里德里希·温格瑞尔,汉斯-尤格·施密特.认知语言学导论[M].彭利贞,许国萍,赵微译,上海:复旦大学出版社,2009.

兰盖克.认知语法基础(第一卷)理论前提[M].牛保义等译,北京:北京大学出版社,2013.

沃尔特·翁.口语文化与书面文化——语词的技术化[M].何道宽译,北京:北京大学出版社,2008.

亚里士多德.范畴篇 解释篇[M].方书春译.北京:商务印书馆,1959.

约瑟夫·房德里耶斯.语言[M].岑麒祥等译,北京:商务印书馆,2012.

Anke von Bergen & Karl von Bergen. Negative Polaritt im Englischen. Tübingen: Narr,1993.

Croft,W. Radical Construction Grammar. OxfordUniversity Press, 2001.

Croft, W. & D. A. Cruse.Cognitive linguistics. CambridgeUniversity Press, 2004.

George Lakoff:Women, Fire, and Dangerous Things: What Categories Reveal about the Mind, Chicago: The University of Chicago Press,1987.

Goldberg, A. E. Construction: A new theoretical approach to language . Trends in. Cognitive Science, 2003.

Grice,H.P. Logic And Conversation. In Cole,P. And Morgan, J. L. (eds.)Syntax And

Semantics. Vol.3.Speech Act,New York:Academic Press,1975.

Halliday,M.A.K. An Introduction to Functional Grammar. Edward Arnold,1994.

Hoey,M. On the Surface of Discourse.London:Allen & Unwin. 1983.

KÖvecses,Z.Metaphor A Practical Introduction.Oxford University Press,2002.

Labov,W. Language in Inner City. Philadelphia University of Pennsylvania.1972.

Lyons,J. Semantics. 2 vols. Cambridge:Cambridge University Press,1977.

Lyons,J. Deixis and subjectivity:Loquor,ergo sum? In K. J. Jarvella & W.Klein(eds.) Speech,Place,and Action:Studies in Deixis and Related topics,Chichester and New York: John wiley,1982.

Taylor, John R. Linguistic Categorization—Prototypes in Linguistic Theory. OUP,1989.

Thompson,G. Introducing Functional Grammar. London Arnold. 1996.

Winter, E.O. Towards a Contextual Grammar of English:The Clause and its Place in the Definition of Sentence.London:Allen & Unwin. 1982.

二、论文类

白丹."要多 X 有多 X"构式研究[D].哈尔滨:哈尔滨师范大学,2013.

蔡丽.程度范畴及其在补语系统中的句法实现[D].广州:暨南大学,2010.

陈小荷.主观量问题初探——兼谈副词"就"、"才"、"都"[J].世界汉语教学,1994(4).

陈一民.S 比 N 还 N——变异后的常式[J].湖南社会科学,2005(4).

储泽祥.强调高程度心理情态的"一百个(不)放心"类格式[J].世界汉语教学,2011(1).

楚成."那/这叫一个 X"构式研究[D].南京:南京师范大学,2018.

代丽丽.汉语主观量构式研究[D].武汉:华中科技大学,2016.

刁晏斌.当代汉语中的"比 N 还 N"式[J].语文学刊,2001(3).

樊中元."X 中的 X"格式句法语义分析[J].汉语学习,2015(2).

范颖.现代汉语主观极量构式研究[D].石家庄:河北大学,2019.

范雨静,邱莉芹.粘合式极性程度补语的共性与个性[J].扬州大学学报(人文社会科学版),2015(3).

方芳.现代汉语极限性程度补语的多维考察[D].成都:四川大学,2006.

房红梅.评价的语篇功能[J].当代外语研究,2012(9).

高云玲.现代汉语"比"字句考察[D].芜湖:安徽师范大学,2007.

龚晶晶."比 N 还 N"格式探析[D].湘潭:湘潭大学,2010.

龚社莲.复叠格式"X中的X"研究[D].桂林:广西师范大学,2011.

顾之民."不要太A"的特殊表达及其修辞效果[J].东方论坛,1996(3).

郭晓红."比N还N"对N的语义选择[J].衡阳师范学院学报,2001(2).

韩雪."那叫一个X"格式分析[D].长春:吉林大学,2013.

何自然.语言中的模因[J].语言科学,2005(6).

黄琴."比N还N"结构的非范畴化分析[D].南昌:江西师范大学,2013.

黄勇.现代汉语"A了去了"构式研究[D].南京:南京师范大学,2014.

胡德明,毕晋."要多X有多X"构式试析[J].遵义师范学院学报,2015(5).

胡金玉.面向第二语言教学的构式"不要太X"研究[D].长春:吉林大学,2015.

胡斯桓."要多X有多X"格式研究[D].桂林:广西师范大学,2013.

吉益民."中国乔丹"相关建构的认知阐释[J].吉林师范大学学报(人文社会科学版),2008(1).

吉益民."X比N还N"比较构式的认知考察[J].语言与翻译,2012(1).

吉益民.汉语中的极性评价表达式"X(的)Y"[J].语言教学与研究,2013(3).

吉益民.汉语主观极量构式"N中的N"[J].汉语学习,2016(3).

吉益民.论构式"最M+H,没有之一"[J].汉语学习,2017(2).

吉益民.汉语主观极量构式"要多X有多X"[J].海外华文教育,2017(7).

吉益民. 主观极量唯补结构的建构机制与运行状况[J].世界汉语教学,2017(4).

江蓝生.超常组合与语义羡余——汉语语法化诱因新探[J].中国语文,2016(5).

柯乐夷."不要太X"构式及相关问题研究[D].南京:南京师范大学,2011.

黎勇权,莫梦娜.浙江兰溪方言"死人"作极性程度副词用法分析[J].嘉兴学院学报,2015(5).

李明.试谈语言中的主体性与主观性[J].语言学论丛(第51辑),2015.

李善熙.汉语"主观量"的表达研究[D].北京:中国社会科学院研究生院,2003.

李铁范,王代娣.汉语表"极性强调"的"X极了"构式及其类型学意义[J].安徽师范大学学报(人文社会科学版),2013(6).

李宇明.主观量的成因[J].汉语学习,1997(5).

李宇明.数量词语与主观量[J].华中师范大学学报(人文社会科学版),1999(6).

李宗江.几个含"死"义动词的虚化轨迹[J].古汉语研究,2007(1).

林华勇,甘甲才."V/A透(了)"格式与谓词的类[J].世界汉语教学,2012(1).

林丽芳.龙岩话中的"死人A"结构[J].龙岩学院学报,2006(1).

林娟.现代汉语程度副词修饰动词性成分研究[D].北京:北京大学,2005.

林忠.口语句式的主观性表达——以"天气那叫一个冷"为例[J].外语学刊,2015(3).

刘大为.从语法构式到修辞构式(上)[J].当代修辞学,2010(3).

刘丹青."唯补词"初探[J].汉语学习,1994(3).

刘兰民.现代汉语极性程度补语初探[J].北京师范大学学报(社会科学版),2003(6).

刘瑾.语言主观性的哲学考察[J].外语学刊,2009(3).

刘瑾.汉语主观视角的表达研究[D].北京:首都师范大学,2009.

刘清宇.浅析汉语口语中的"那叫一个 X"句式[J].北方文学,2012(8).

刘秀莹.现代汉语极性程度补语及其教学[J].现代语文·语言研究,2015(6).

卢占鳌.汉语表主观极量义的成分复现格式"N 的 N"研究[D].沈阳:沈阳师范大学,2018.

陆俭明.构式语法理论的价值与局限[J].南京师范大学文学院学报,2008(1).

陆俭明.从语法构式到修辞构式再到语法构式[J].当代修辞学,2016(1).

蒋协众."到家"的词汇化与语法化[J].汉语学习,2010(6).

聂小丽.主观评价构式"那叫(一个)X"探析[J].乐山师范学院学报,2019(9).

马伟忠.试析"比 N 还 N"及相关句式的句法、语义特点[J].语言教学与研究,2014(6).

仇毅."不要太……"结构的"准语法化"分析[J].镇江高专学报,2007(3).

尚加加.现代汉语"比 N 还 N"句式的多角度考察[D].哈尔滨:哈尔滨师范大学,2012.

邵敬敏.口语与语用研究的结晶[J].世界汉语教学,1994(2).

邵敬敏."连 A 也/都 B"框式结构的争议及其框式化进程[J].语言科学,2008(4).

邵敬敏.汉语框式结构说略[J].中国语文,2011(3).

邵克金."X 比 N 还 N"的认知语用研究[D].上海:上海外国语大学,2012.

邵灵琳.论汉语"小夸张"[D].金华:浙江师范大学,2009.

沈波琴.构式"A 了去了"的构成、起源和构式义[D].杭州:浙江财经大学,2016.

沈家煊.句法的象似性问题[J].外语教学与研究,1993(1).

沈家煊.语言的"主观性"和"主观化"[J].外语教学与研究,2001(4).

施春宏.名词的描述性语义特征与副名组合的可能性[J].中国语文,2001(3).

石毓智."V 得 C"和"V 不 C"使用频率差别的解释[J].语言研究,1990(2).

谭景春.名名偏正结构的语义关系及其在词典释义中的作用[J].中国语文,2010(4).

谭永祥.断取——修辞新格之一[J].修辞学习,1983(1).

唐贤清,陈丽."极"作程度补语的历时发展及跨语言考察[J].古汉语研究,2010(4).

唐贤清,陈丽.程度补语"煞"的历时来源及跨方言考察[J].理论月刊,2011(2).

唐贤清,陈丽."死"作程度补语的历时发展及跨语言考察[J].语言研究,2011(3).

唐雪凝.试析"那叫一(个)X"[J].汉语学习,2009(6).

陶红印.试论语体分类学的语法学意义[J].当代语言学,1999(3).

全国斌.从"V了去(了)"到"A了去了"——兼论连续统过渡地带构式的性质[J].当代修辞学,2012(1).

汪国胜,杨黎黎,李沛.构式"要多A有多A"的跨句语法化[J].语文研究,2015(2).

王春东.要多a有多a[J].汉语学习,1992(4).

王刚,郑淼琪.现代汉语"(S)那叫一个X"研究综述[J].湖州师范学院学报,2017(9).

王洁.表量级递推的"N中的N"[J].广西社会科学,2007(5).

王雷.现代汉语句式"比N还N"的多角度研究[D].郑州:郑州大学,2011.

王卯根."最XN,没有之一"格式的来源及特点[J].当代修辞学,2011(3).

王敏."不要太A"句式表达感叹的修辞基础探略[J].修辞学习,2000(2).

王小妹."A了去了"格式及相关问题研究[D].上海:上海师范大学,2012.

王寅.构式语法中的"图式—例示"原则——兼述图式范畴理论与汉语"属加种差"构词法[J].英语研究,2010(1).

王振华.评价系统及其运作——系统功能语言学的新发展[J].外国语,2001(6).

温锁林.汉语中的极性义对举构式[J].汉语学习,2010(4).

温锁林.当代汉语临时范畴化强加模式:认知与修辞动因[J].福建师范大学学报(哲学社会科学版),2012(4).

温锁林,胡乘玲.指认式范畴聚焦构式研究[J].当代修辞学,2015(4).

吴继峰.现代汉语新兴极性程度补语试析[J].海外华文教育,2014(1).

谢璘."不要太XP"的两种表达研究[D].南昌:南昌大学,2014.

辛仪烨.流行语的扩散:从泛化到框填——评本刊2009年的流行语研究,兼论一个流行语研究框架的建构[J].当代修辞学,2010(2).

熊学亮.单向语境推导初探(上)[J].现代外语,1996(2).

熊学亮.语用学和认知语境[J].外语学刊,1996(3).

徐明星."比N还N"构式研究[D].南京:南京师范大学,2011.

徐晓阳."再X不过"构式相关问题研究[D].上海:上海师范大学,2012.

许璇."要多A有多A"构式分析[J].吉林广播电视大学学报,2012(5).

荀恩东,饶高琦,肖晓悦,臧娇娇.大数据背景下BCC语料库的研制[J].语料库语言学,2016(1).

严辰松.构式语法论要[J].解放军外国语学院学报,2006(4).

严辰松.从"年方八十"说起再谈构式[J].解放军外国语学院学报,2008(6).

杨坤.认知构式语法的基本思想及最新发展[J].西南大学学报(社会科学版),2015(1).

杨信彰.语篇中的评价性手段[J].外语与外语教学,2003(1).

杨煜."再 X 不过"格式研究[D].上海:上海师范大学,2010.

杨玉玲.可及性理论及"这"、"那"篇章不对称研究[J].河南社会科学,2011(2).

姚颖."不要太 X"的构式分析[J].安徽文学,2012(1).

叶国华.也论"最……之一"句式[J].汉语学习,1985(6).

尹若男."这/那叫一个 X"再探[J].重庆科技学院学报(社会科学版),2018(1).

张爱民,张爱玲,张秀松."X 比 N 还 N"句式探讨[J].徐州师范大学学报(哲学社会科学版),2002(4).

张伯江.功能语法与汉语研究[J].语言科学,2005(6).

张大群.评价的组篇功能研究:历史与现状[J].外语教学,2010(2).

张拱贵,陈妹金.从述补结构中的语义偏移现象谈语法修辞结合问题[J].修辞学习,1990(3).

张国宪.形容词的记量[J].世界汉语教学,1996(4).

张国宪.性质形容词重论[J].世界汉语教学,2006(1).

张佳."一个 NP"及其相关结构的研究[D].上海:华东师范大学,2020.

张蕾,苗兴伟.评价意义的语篇建构功能[J].西安外国语大学学报,2010(3).

张丽萍."不要太"结构的语法化研究[D].上海:上海外国语大学,2010.

张言军.框式结构的生成与语义、语用特点——以强调极性程度的"要多 X 有多 X"为例[J].江汉学术,2014(1).

张谊生."透顶"与"绝顶"的句法功能和搭配选择[J].语文研究,2008(4).

张谊生.程度副词"到顶"与"极顶"的功能、配合与成因——兼论从述宾短语到程度副词的结构与语义制约[J].世界汉语教学,2013(1).

张谊生.从到顶义述宾短语到极性义程度副词——以"之极、至极"和"之至、之致"为例[J].语言科学,2015(4 期).

赵国军.现代汉语变量表达研究[D].上海:华东师范大学,2008.

赵军.极性程度副词研究[D].上海:上海师范大学,2006.

赵琪.从极性程度的表达看修辞构式形成的两条途径[J].当代修辞学,2012(1).

赵日新.形容词带程度补语结构的分析[J].语言教学与研究,2001(6).

甄珍.现代汉语主观极量构式"要多 A 有多 A"研究[J].汉语学习,2015(1).

甄珍.现代汉语口语主观评议构式"那叫一个 A"研究[J].语言教学与研究,2016(3).

郑娟曼.从贬抑性习语构式看构式化的机制——以"真是(的)"与"整个一个 X"为

例[J].世界汉语教学,2012(4).

周锦国."S 比 N 还 N"结构式的修辞学分析[J].云南师范大学学报(对外汉语教学与研究版),2003(2).

周一民.名词化标记"一个"构句考察[J].汉语学习,2006(2).

朱军.汉语"N 中的/之 N"格式及其构式化研究[J].语言教学与研究,2013(3).

朱玲君,周敏莉."那叫一个 X"句式考察[J].湖南工业大学学报(社会科学版),2011(5).

朱媞媞.闽南话"死人"类程度副词分析[J].华侨大学学报(哲学社会科学版),2012(3).

宗守云.从"到家"的演变看终点义到极致义的语义发展途径[J].世界汉语教学,2014(3).

Fillmore,Charles J.,Kay and M. O'Connor:Regularity and Idiomaticity in Grammatical Construction:The Case of LET ALONE. Language,1988(64).

Givón, Talmy. Historical Syntax and Synchronic morphology:an archaeologist's field trip. Chicago Linguistic Society,1971,(7).

Nunberg,Geoffrey,Ivan A. Sag and Thomas Wasow. Idioms. Language, 1994(70).

后　记

本书是在笔者博士学位论文的基础上修改完善而成，其中的部分章节已在《世界汉语教学》《语言教学与研究》《汉语学习》《语言与翻译》《海外华文教育》等刊物上发表。读博期间，该研究还得到江苏省普通高校研究生科研创新计划项目"现代汉语极性义表达构式研究"(KYLX-1325)的资助。此外，本书也是笔者主持的江苏省社会科学基金后期资助项目"现代汉语主观极量图式构式研究"(22HQB56)的同名研究成果。项目申报过程中，上海师范大学对外汉语学院李劲荣教授、黑龙江大学文学院殷树林教授、南京师范大学文学院孙道功教授欣然接受笔者邀请，拨冗审读了全部申报成果，并给出了精准评价，对项目最终获批颇多助益。项目获批以来，还得到笔者工作单位宿迁学院的配套经费资助。书稿能够最终付梓，与南京大学出版社王日俊主任的悉心指导与热心帮助密不可分。在此对上述诸位专家领导和相关单位表示由衷感谢！

现代汉语主观极量语义范畴属于程度量范畴，是一种很有特点的语义范畴。其表达具有夸饰性、模糊性、易损性与多变性等特征，语言表达的"与时俱进"在该层面得到了充分体现。笔者在遴选阶段性研究课题时捕捉到这一现象，并在阅读大量研究文献的基础上做了深入思考，最终将研究对象定位于现代汉语主观极量图式构式研究。因为现代汉语主观极量表达极为复杂，驾驭难度大，于是在遴选研究课题时就放弃了现代汉语主观极量宏观研究，而是选择了现代汉语主观极量图式构式这一中观研究，因为其下面还有现代汉语主观极量图式构式个案的微观研究，中国知网中检索到的期刊论文和硕士学位论文基本上都属于微观研究。笔者所开展的中观研究大致分为三个阶段。一是期刊论文打底。主攻方向与研究对象明确之后，笔者便首先从微观研究着手，较为系统地考察探究了现代汉语中具有主观极量表达特点的几种图式构式,先后发表了《"X 比 N 还 N"比较构式的认知考察》(语言与翻译,2012 年第1 期)、《汉语中的极性评价表达式"X(的)Y"》(语言教学与研究,2013 年第 3期)、《汉语主观极量构式"N 中的 N"》(汉语学习,2016 年第 3 期)、《论构式"最 M＋H,没有之一"》(汉语学习,2017 年第 2 期)、《汉语主观极量构式"要多 X有多 X"》(海外华文教育,2017 年第 7 期)以及《主观极量唯补结构的建构机制与运行状况》(世界汉语教学,2017 年第 4 期)等研究成果。这些研究成果已经成为博士学位论文中观研究的有机组成部分。二是博士论文提升。所谓"提升",是指将研究对象由构式个案的微观研究提升到构式整体的中观研究,完成现代汉语主观极量图式构式综合性研究工作。该研究完成于读博期间,得到了指导老师钱宗武教授和扬州大学文学院汉语教研室诸位老师的精心指导与热心帮助,在此谨表由衷感谢。三是学术专著定型。该阶段为博士毕业以后对学位论文打磨完善进而形成专著书稿阶段。在这期间有幸得到了江苏省社会科学基金后期资助项目的立项资助,既为项目研究提供了经济支持,也对项目研究提出了严格要求。这对于研究任务的高质量完成施加了积极的双重影响。

爱因斯坦曾言,科学是永无止境的,它是一个永恒之谜。受制于认知客体的复杂性与认知主体的局限性,我们所开展的任何学术研究都是进行时,没有完成时。就此而言,这里所呈现的研究成果也只是笔者认识上的一偏,还远未达至最高境界,尚需专家学者不吝赐教。

吉益民
2024 年 2 月于宿迁公园一号